D1726907

Grundsätze der ästhetischen Integration
Claude R. Rufenacht

CLAUDE R.
RUFENACHT

Genf,
Schweiz

Grundsätze der ästhetischen Integration

Aus dem Englischen übertragen von
Per N. Döhler, M. A., Triacom, Barendorf/Lüneburg
Mag. Wilfried Preinfalk, Medword, Wien

Quintessenz Verlags-GmbH

**Berlin, Chicago, London, Tokio, Paris, Barcelona,
São Paulo, Moskau, Prag and Warschau**

Die Deutsche Bibliothek – CIP Einheitsaufnahme

Rufenacht, Claude R.:
Grundsätze der ästhetischen Integration / Claude R. Rufenacht.
Aus dem Engl. übertr. von Per N. Döhler ... - Berlin ; Chicago ; London ; Tokio ; Paris ;
Barcelona ; Sao Paulo ; Moskau ; Prag ; Warschau : Quintessenz-Verl., 2000
    Einheitssacht.: Principles of esthetic integration <dt.>
    ISBN 3-87652-922-0

Copyright © 2000 by Quintessenz Verlags-GmbH, Berlin

Dieses Werk ist urheberrechtlich geschützt. Jede Verwertung außerhalb der
engen Grenzen des Urheberrechtsgesetzes ist ohne Zustimmung
des Verlages unzulässig und strafbar. Das gilt insbesondere für Vervielfältigungen,
Übersetzungen, Mikroverfilmungen und die Einspeicherung und Verarbeitung
in elektronischen Geräten.

Druck- und Bindearbeiten: Bosch-Druck, Landshut
Printed in Germany

ISBN 3-87652-922-0

Widmung

Meiner Familie
für ihre Unterstützung,
ihre Ermutigung
und ihr Verständnis.

Inhalt

Kapitel 5: Grundsätze des ästhetischen Aufbaus   205

Sachregister   243

Einleitung

Der ästhetische Zugang zur Zahnheilkunde beruht seit jeher auf der Idee des Nachahmens natürlicher Formen, Farben und Strukturen, um deren innewohnende Schönheit in den Dienst einer weniger perfekten klinischen Realität zu stellen.

Ein Objekt geistig wahrzunehmen und als isolierte Einheit immer wieder zu reproduzieren, muss jedoch als ein rein statischer Prozess qualifiziert werden.

In Walter Armstrongs Diktum „Schönheit ist die Verkörperung von Eignung" spiegelt sich zum einen ein unterbewusstes Gefühl ästhetischer Errungenschaft und zum anderen der Aspekt einer perfekten funktionalen Anpassung wider.

Dies bedeutet, dass ein Objekt und seine statischen Merkmale erst im Zusammentreffen mit externen Faktoren die Bedingungen zum dynamischen Entstehen von Funktion und Harmonie vorfinden. Um mit Mondrian zu sprechen: „Schönheit entsteht nicht aus dem besonderen Wesen einer Form, sondern aus den zwischen Formen bestehenden dynamischen Beziehungen".

In dieser Dualität der Formen und ihrer Beziehungen sollte jedoch kein Element über das andere gestellt werden, sondern beide verdienen ihre eigene besondere Beachtung.

Wenn jedoch die technischen Kriterien zur Sanierung von dentalen und parodontalen Formen und Strukturen kontinuierlich neu bewertet und als Grundlage für Theorien und Behandlungsformen herangezogen werden, so bedeutet dies, dass die Grundlagen dieses Beziehungsgeflechts – die an der Wurzel besonderer Formeigenschaften liegenden Gründe – ausgeklammert werden und vernachlässigt bleiben.

Hierzu kommt es nicht bewusst, sondern unbewusst, da sich die Grundregeln für die Ordnung der Dinge der kartesianischen Logik entziehen und auf einem irrationalen, intuitiven, emotionalen Weg zur Erkenntnis führen.

Dieses Buch richtet sich an den einzelnen Zahnarzt und soll ihm dabei helfen, eine eigene Wahrnehmung der Formbeziehungen und eine eigene Konzeption der aus diesen Beziehungen resultierenden Formbeschaffenheit zu entwickeln.

In diesem Buch werden die verschiedenen Gesichtspunkte eines ästhetischen Wissens herausgearbeitet, das die Voraussetzung bildet, Zahnersatz harmonisch in das Erscheinungsbild eines Gesichts integrieren, auf funktionale Anforderungen eingehen sowie all die mannigfaltigen ästhetischen Mängel und Disharmonien auffinden, erklären und korrigieren zu können.

Ich bedanke mich bei Rafael Contreras. Leiter meiner Technischen Abteilung, für seine unschätzbare Hilfe. Ich bedanke mich weiterhin bei allen Mitarbeitern, Freunden und Kollegen dafür, dass sie an diesem Projekt mitgewirkt haben.

1 | Morphologische Integration

Funktion und Form

Das in der Zahnheilkunde vorherrschende Verständnis von dentofazialen morphologischen Merkmalen hat seinen Ursprung in der seit den alten Griechen über die Renaissance bis hin zur Moderne tradierten Auffassung, dass das wichtigste Ziel der Kunst darin bestehe, die Wirklichkeit nachzuahmen.

Über diese Auffassung hinaus – die bestechend einfach ist, aber ungewöhnliche rezeptive und gestalterische Fähigkeiten voraussetzt – wurde körperliche Schönheit in der griechischen Kunst stets mit sonderbaren mathematischen Formeln verbrämt, und es wurde damit suggeriert, dass sich für alle Teile des Körpers absolute physische Normen finden lassen.

Der pythagoreischen Schule zufolge lässt sich die Morphologie der leiblichen Ästhetik nur über den mathematischen Begriff eines proportionierten Körpers erfassen.

Bedauerlicherweise haben sich beim Anlegen metrischer Raster an organische Formen niemals Elemente einer vollständigen Übereinstimmung ergeben, und der Traum von der Form als Ausdruck einer mathematischen – einzigartigen, vollkommenen und reproduzierbaren – Ordnung hat sich völlig überlebt.

Indes resultiert die morphologische Wirklichkeit – unabhängig davon, wie sich mathematische Formeln auf die Schönheit von Formen auswirken – aus einem adaptiven Beziehungsgeflecht, das wohldefiniert ist: „Funktion schafft das Organ" oder „Notwendigkeit schafft Formen". Diese Sätze bringen eine Finalität des

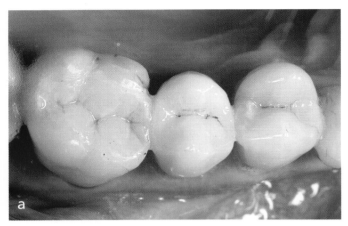 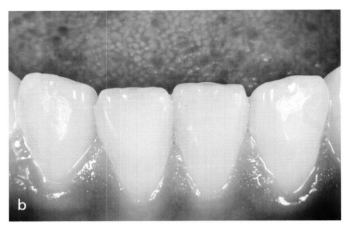

Abb. 1-1 a und b: Das morphologische Erscheinungsbild eines Zahns – d. h. seine Formmerkmale – entstehen nicht zufällig, sondern sind das Ergebnis eines adaptiven Beziehungsgeflechts und verkörpern eine präzise Funktion. Form und Merkmale eines Molaren (massig, fest und abgerundet; a) und eines Schneidezahns (flach und scharfkantig; b) zeugen von unterschiedlichen Funktionen.

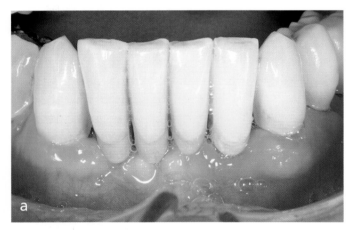 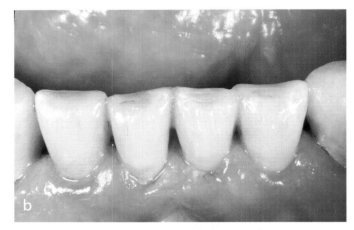

Abb. 1-2 a und b: Das Nachahmen der Wirklichkeit ist ein von den alten Griechen und in der europäischen Renaissance vorangetriebenes künstlerisches Konzept, dessen Einfluss sich bis heute erhalten hat. Diesen Einfluss auf dem Gebiet der klinischen Zahnheilkunde nachzuweisen, ist nicht immer leicht. (a) Diese implantatgetragene Prothese ist eine perfekte Illustration einer der verschiedenen Aspekte der morphologischen Abweichung. (b) Die Nachahmung der Wirklichkeit bezieht sich das naturgetreue Nachbilden von Farbe und Form des Zahns. Jedoch dürfen dabei keine Auswirkungen des Alterungsprozesses mitkopiert werden, die die Funktion beeinträchtigen würden.

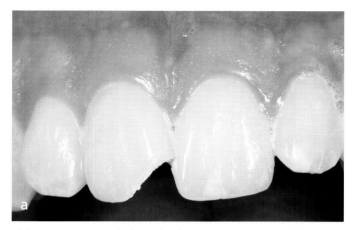 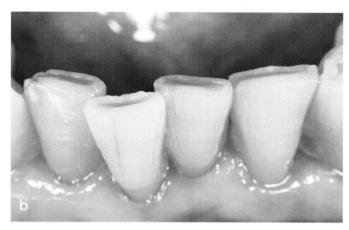

Abb. 1-3: Traumatische Schäden am stomatognathen System – ob durch Unfall (a) oder funktional (b) bedingt – sind immer durch mehr oder minder starke morphologische Abweichungen gekennzeichnet.

funktional Erforderlichen zum Ausdruck und postulieren eine Logik, nach der ein Zahn wie ein Zahn aussehen soll, damit er auch wie ein Zahn funktioniert (Abb. 1-1).

Was jedoch die alltägliche klinische Praxis betrifft, so scheint sich die Zahnheilkunde vom Zusammenbruch der pythagoreischen Schule bis heute nicht recht erholt zu haben. Groteske, künstliche, überdimensionierte, unterdimensionierte, normwidrige Formen sind offenbar die Regel. Selbst wenn diese Formen geeignet sind, das angeborene anatomische Formverständnis des Patienten zu verletzen, bewegen sie sich immerhin im Rahmen des ärztlich Vertretbaren, und dies ist auch der einzige Rechtfertigungsgrund für ihre ständige Reproduktion (Abb. 1-2).

Es hat den Anschein, dass die Zahnärzte durch den täglichen Kontakt mit Gebisserkrankungen einer optischen Verzerrung der morphologischen Wirklichkeit zum Opfer fallen, die durch die Literatur nur noch verstärkt wird.

Wenn Fachpublikationen Zahnersatz mit Verschleiß-

merkmalen als Norm präsentieren, so wird begreiflich, warum man Defekte lieber eliminiert als repariert und sich beim Aufbau künstlicher Elemente systematisch an bereits vorhandene antagonistische Deformationen anpasst.

Der Kunst der sinnlichen Wahrnehmung als Grundvoraussetzung zum Nachahmen der Natur wird allzu oft keine Beachtung geschenkt. Dies hat zur Folge, dass sich Gewohnheiten, vorgefasste Ideen und Bilder als direkte Folgeerscheinungen von Wahrnehmungsdefiziten im Kopf einnisten und den Blick vernebeln.

Diese kritische Bestandsaufnahme der klinischen Realität hinterfragt nicht nur das morphologische Wesen der Gebisssanierung und stellt sie zur Diskussion, sondern ebenso die zahlreichen Okklusionskonzepte und die Art und Vielfalt der Materialien, die im Überschwang endloser Neuentwicklungen vor lauter Modernisierungsbegeisterung eine Weile verwendet und dann wieder verworfen werden.

Es ist äußerst unwahrscheinlich, dass der Fantasie und Gewohnheit entspringende morphologische Utopien je

 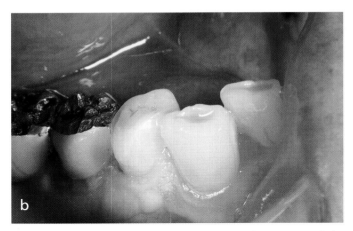

Abb. 1-4: Es ist unrealistisch, zu erwarten, dass bei morphologischen Abweichungen oder Veränderungen die ursprüngliche Funktion erreicht werden könnte.
Geklebten Zahnersatz in ein Okklusionsschema mit funktional traumatisierten Goldkronen von den Schneidezähnen bis in den Seitenzahnbereich zu führen, entspricht vielleicht den Wunsch des Patienten bzw. des Zahnarztes nach modernen zahnfarbenen Restaurationen. Schlecht geformt und einfach an die Form der Antagonisten angepasst, kann sie weder die Funktion wiederherstellen noch den bestehenden traumatischen Einflüssen standhalten.

zu nützlichen Behandlungsformen führen können, wenn die klinische Realität doch zeigt, dass traumatische und funktionale Schäden im stomatognathen System immer in Gestalt morphologischer Veränderungen auftreten, die sowohl den Zahn als auch den Zahnhalteapparat in Mitleidenschaft ziehen (Abb. 1-3 und Abb. 1-4).

„Morphologie ist Schicksal" (H. Shavell), und daher sind die Kriterien und Merkmale dentofazialer morphologischer Normen streng definiert aus und unterstreichen, dass Formen bestimmten funktionalen Anforderungen unterliegen.

Normen zu bewerten und Kriterien zu verstehen, die eine Unterscheidung zwischen korrekter und gestörter Funktion, zwischen Gesundheit und Krankheit erlauben, gilt in der Medizin und Zahnheilkunde als fundamentale Voraussetzung und gängige Praxis. Es ist jedoch völlig ungerechtfertigt, dieselben wissenschaftlichen Kriterien auch zur Bewertung von Hässlichkeit

und Schönheit (Abb. 1-5 und Abb. 1-6) heranzuziehen. Was sich hier durch die Macht der Gewohnheit eingeschlichen hat, stiftet nur Verwirrung.

Funktion und Form mögen zwar Ähnlichkeiten aufweisen, diese beruhen aber keinesfalls auf identischen Parametern. Funktionale Normalität hat mit Normalität der Form – einem Begriff, der sich einer klaren Definition seit jeher entzieht – nichts zu tun.

Man kann beobachten, dass die morphologische Normalität der dentofazialen Morphologie aus Konstanten und Variablen besteht, die allesamt auf die Erfüllung funktionaler Anforderungen ausgerichtet sind und der Form einen gewissen Spielraum an subtilen ästhetischen Variationsmöglichkeiten einräumen (Abb. 1-7).

Aus ästhetischer Sicht sind die einzelnen Elemente einer Komposition völlig statische Größen, deren ästhetische Qualität sich erst im dynamischen Zusammentreffen mit anderen Faktoren ergibt.

Dies bedeutet, dass die zwischen zwei Elementen be-

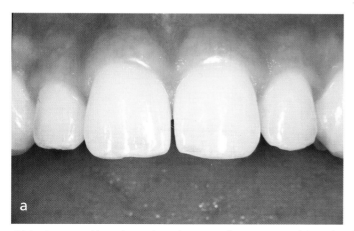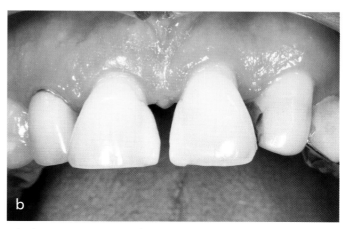

Abb. 1-5 a und b: Die Wahrnehmung einer Komposition als schön oder hässlich bleibt subjektiv geprägt, während sich die strenge Unterscheidung zwischen Gesundheit (a) und Krankheit (b) nach objektiven wissenschaftlichen Kriterien richtet. Der Zusammenhang bei diesen Kompositionen, dass eine gesunde Komposition schön und eine kranke hässlich sein soll, ist einerseits zufällig und unterliegt andererseits rationalen Überlegungen und subjektiven Wahrnehmungspräferenzen.

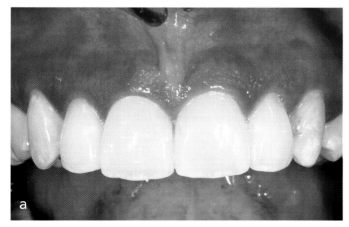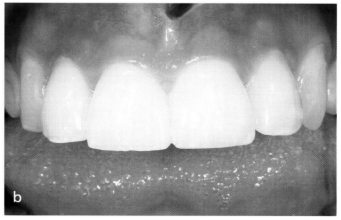

Abb. 1-6 a und b: Diese beiden Kompositionen umfassen je vier Keramikfacetten. Während die erste Komposition aufgrund der vorhandenen Gewebspigmentierung ästhetisch eher schlecht abschneidet (a), wird die zweite aufgrund des dem westlichen Ideal besser entsprechenden Gewebezustands eher als schön empfunden (b). Dieses ästhetische Verständnis ist nicht nur vollkommen subjektiv, sondern setzt sich auch über rationale Einflüsse hinweg, indem es den morphologischen Verschleiß des rechten oberen Eckzahns einfach ignoriert. Dies steht im Widerspruch zu der Annahme, dass zwischen Ästhetik und Funktion ein natürlicher Zusammenhang besteht.

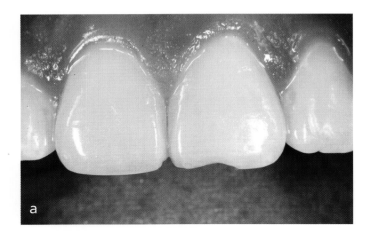

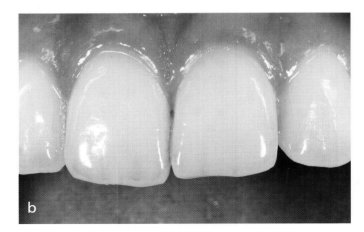

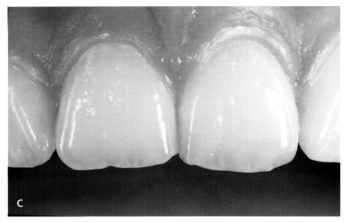

Abb. 1-7 a bis c: Das Erscheinungsbild unterstreicht die standardmäßige Morphologie der oberen mittleren Schneidezähne mit deren spezifischer Funktion.

Die Zähne zeigen auch mehr oder minder ausgeprägte Variationen, anhand derer sie optisch leichter zu differenzieren sind.

Die dentalen Einheiten (a) und (c) können nur dank der funktionalen bzw. unfallbedingten traumatischen Einwirkungen am rechten bzw. linken mittleren Schneidezahn unterschieden werden.

Bei genauerer Betrachtung zeigt sich jedoch bei (c) eine rundere Schneidezahnkante und bei (a) eine ausgeprägtere distale Krümmung sowie ein abgerundeterer Winkel.

Alle diese Variationen – ob sie nun klar zu erkennen oder subtiler Art sind – verkörpern keine funktionalen Anforderungen mehr, sondern sind Faktoren der Ästhetik.

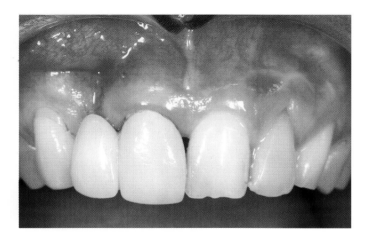

Abb. 1-8: Die der ästhetischen Qualität zugrundeliegenden dynamischen Kräfte entstehen nicht zufällig, sondern beruhen auf den zwischen den diversen Formen existierenden Beziehungen.

In dieser Komposition zeigt das Fehlen einer Korrelation zwischen Prothese, Stützgewebe und benachbarten Zähnen an, dass ein Verstoß gegen die ästhetischen Prinzipien vorliegt.

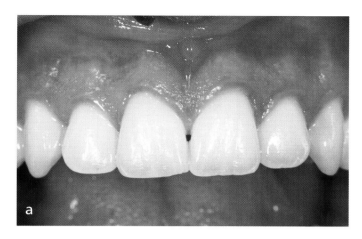

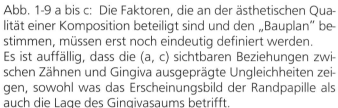

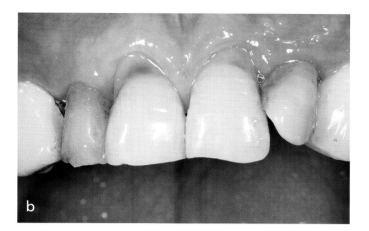

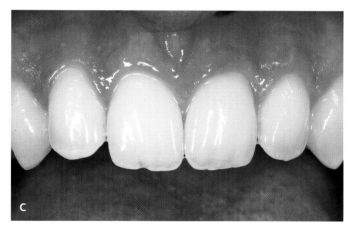

Abb. 1-9 a bis c: Die Faktoren, die an der ästhetischen Qualität einer Komposition beteiligt sind und den „Bauplan" bestimmen, müssen erst noch eindeutig definiert werden.
Es ist auffällig, dass die (a, c) sichtbaren Beziehungen zwischen Zähnen und Gingiva ausgeprägte Ungleichheiten zeigen, sowohl was das Erscheinungsbild der Randpapille als auch die Lage des Gingivasaums betrifft.
Die konvexen und konkaven morphologischen Variationen in der Übergangszone zwischen Krone und Wurzel und die Amplitudenunterschiede des sinusförmigen Zahnganzen (b) können die unterschiedlichen Beziehungen zwischen Zähnen und Zahnfleisch beeinflussen, bestimmen und erklären. Diese These wird vom Axiom „Formen schaffen Beziehungen, Beziehungen schaffen Formen" unterstützt.

stehenden Zusammenhänge die Form dieser Elemente bestimmen, die wiederum das Erscheinungsbild der Umgebung bestimmen – entsprechend dem Axiom: „Formen schaffen Beziehungen, Beziehungen schaffen Formen"
Vor dem Hintergrund der vorhandenen Umgebung und ihrer Verbundenheit mit dem Zahnersatz kann Zahnästhetik als relational definiert werden. Somit stehen ihre Ziele fest: die Formgebung auf eine Basis benannter Beziehungen zu stellen und eine autonome, fantasiegetragene Formgebung auszuschließen. Es liegt in der rätselhaften Natur der Komposition, dass un-

passende Elemente nur schwer das Auge täuschen und den Geist zufrieden stellen können (Abb. 1-8). Verkennt man im Zuge der Sanierung die Parameter, denen die wechselseitige Abhängigkeit zwischen Formen und Beziehungen unterliegen, so führt dies unweigerlich dazu, dass der Zufall nach seinen eigenen Gesetzen regiert. Die Ästhetik jedoch gehorcht anderen Gesetzen (Abb. 1-9). In der modernen Zahnheilkunde wird Zahnersatz dennoch üblicherweise als autonome Größe konzipiert und realisiert, ohne dass Art und Qualität der ästhetischen Anforderungen adäquat einfließen.
In der klinischen Realität hat man es nicht nur mit der

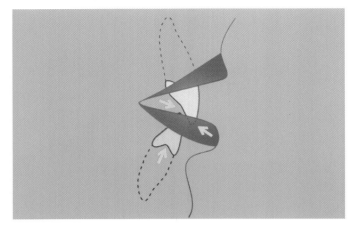

Abb. 1-10: In der Zahnheilkunde sind drei relationale ästhetische Faktoren zu beachten. Während die interokklusalen und parodontalen Beziehungen unter Zahnärzten seit jeher eine große Aufmerksamkeit genießen, wurde die ästhetische Beziehung zwischen Zähnen und perioralen und fazialen Strukturen nie wirklich objektiv und korrekt definiert.

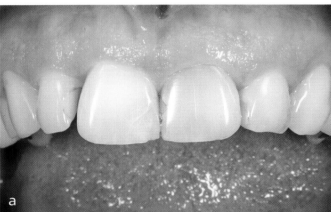

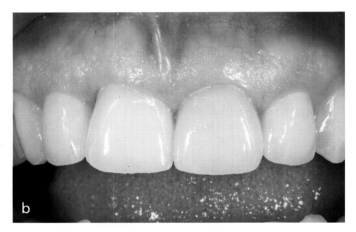

Abb. 1-11 a und b: Die Wiederherstellung der ursprünglichen Zahnform ist problemlos möglich, wenn noch ursprüngliche relationale Elemente oder Bezugselemente vorhanden sind.
Die in diesem Beispiel durch anhaltenden Verschleiß bedingte Verschlechterung des Gebisszustandes hat nicht nur zu Auswirkungen im linken oberen Frontzahnbereich (a), sondern auch zu Verschiebungen im rechten oberen Frontzahnbereich geführt. Die ursprünglichen ästhetischen Bedingungen können problemlos wiederhergestellt werden, indem man die Form und Position der ursprünglichen bestehenden Elemente des vorderen Oberkieferabschnitts dupliziert (b).

Sanierung eines Zahns zu tun, sondern auch mit seiner ästhetischen Integration in die Umgebung, die nicht nur das Parodont und die okklusalen Relationen, sondern auch periorale Strukturen umfasst (Abb. 1-10).
Alle diese Elemente gehören zu einer Reaktionskette, in der Gesicht und Lippen, Lippen und Zähne, Zähne und Parodont zusammenhängen und wichtige Parameter der dentofazialen Wahrnehmung bilden. Die perioralen Strukturen sind hierbei von zentraler Bedeutung und bilden für die Wiederherstellung der dentofazialen Ästhetik eine fundamentale Bezugsgröße.

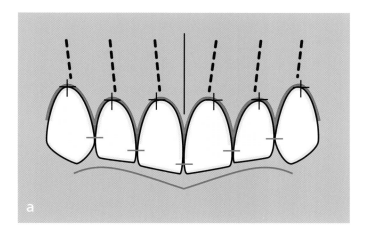

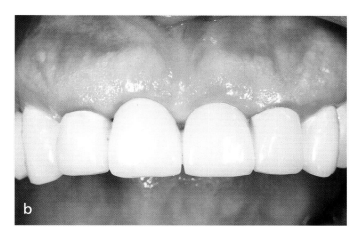

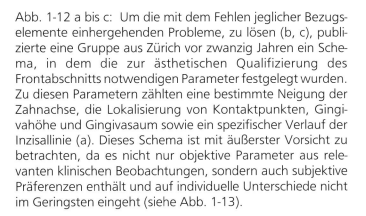

Abb. 1-12 a bis c: Um die mit dem Fehlen jeglicher Bezugselemente einhergehenden Probleme, zu lösen (b, c), publizierte eine Gruppe aus Zürich vor zwanzig Jahren ein Schema, in dem die zur ästhetischen Qualifizierung des Frontabschnitts notwendigen Parameter festgelegt wurden. Zu diesen Parametern zählten eine bestimmte Neigung der Zahnachse, die Lokalisierung von Kontaktpunkten, Gingivahöhe und Gingivasaum sowie ein spezifischer Verlauf der Inzisallinie (a). Dieses Schema ist mit äußerster Vorsicht zu betrachten, da es nicht nur objektive Parameter aus relevanten klinischen Beobachtungen, sondern auch subjektive Präferenzen enthält und auf individuelle Unterschiede nicht im Geringsten eingeht (siehe Abb. 1-13).

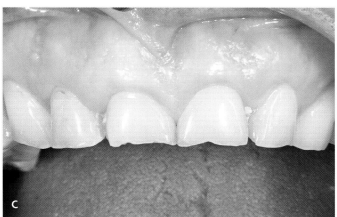

Das Nachahmen der Natur bleibt zwar ein unverrückbarer konzeptueller Grundsatz, der aber sinnvollerweise nur so aufzufassen ist, dass Originalelemente im Rahmen der bestehenden dentofazialen Komposition dupliziert werden und die durch den Verlust eines bestimmten Verbindungsglieds beeinträchtigte Reaktionskette wiederhergestellt wird. Oder, nach unserem Axiom: „Formen schaffen Beziehungen, Beziehungen schaffen Formen" (Abb. 1-11).

Im Gegensatz zu anderslautenden Meinungen gibt es keine festen Vorgaben für die dentofaziale Ästhetik

(Abb. 1-12). Es gibt nur morphologische Eigenschaften und Variablen, die sich individuell an spezifische relationale Gegebenheiten anpassen (Abb. 1-13). Bei der Sanierung schadhafter Elemente sollte stets einer morphologischen Normalität entsprochen werden, die mit den erforderlichen Variablen ausgestattet ist, um im harmonischen Ineinander der Umgebungselemente die ästhetische Qualität des Ganzen zu realisieren.

Das Fehlen bestehender Bezugselemente verwirrt, beunruhigt und beflügelt die Fantasie, Formen zu konzipieren, wo es doch eigentlich darum geht, spezifische

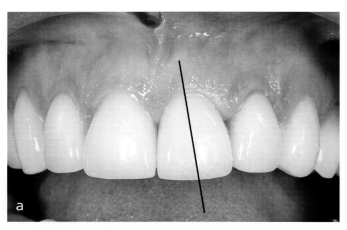
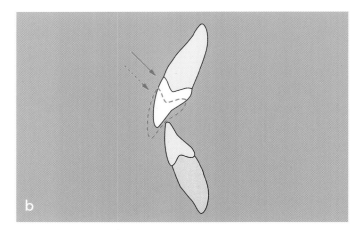

Abb. 1-13 a bis c: Dass das Zahnfleisch beim Lächeln sichtbar war, wurde durch chirurgische Elongation und Eingliederung von erhöhten Keramikfacetten vermeintlich korrigiert, jedoch folgten Beschwerden über schlechte Funktion und Ästhetik (a).

Die funktionalen Beschwerden werden durch die Wiederherstellung der durch die vorangegangene Behandlung beeinträchtigten vertikalen Relationen bzw. der verloren gegangenen Frontzahnführung beseitigt. Dieser von Parodontologen bevorzugte therapeutische Behandlungsansatz (b) beeinträchtigt regelmäßig die Frontzahnführung und erfüllt somit eine fundamentale Bedingung für einwandfreie funktionale Verhältnisse nicht.

Aus ästhetischer Sicht scheint die Lokalisierung des Gingivasaums an den mittleren Schneidezähnen mesial der Wurzellängsachse und die Tatsache, dass die Gingiva an den seitlichen Schneidezähnen höher ist als an den mittleren Schneidezähnen – auch wenn dies den ästhetischen Kriterien für den Frontzahnabschnitt nicht entspricht – nicht für die ästhetischen Probleme dieser Komposition verantwortlich zu sein (a).

Vielmehr macht sich die unausgewogene axiale Ausrichtung der Zähne – hauptsächlich durch das distale „Abstehen" des linken mittleren Schneidezahns – sehr störend bemerkbar (a). Mit dem Einsetzen neuer, etwas längerer Verblendkronen und der

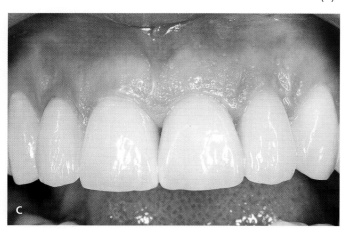

Korrektur der axialen Ausrichtung der Zähne mit abschließendem Auffüllen der bukkalen und distalen zervikalen Seite des linken mittleren Schneidezahns mit keramischem Material konnten die axiale Ausrichtung und die ansprechende Ästhetik der Zähne erfolgreich wiederhergestellt werden (c). Überraschenderweise – und ohne jegliche Veränderungen am Parodont – führte dieses Auffüllen auf der distalen zervikalen Seite des linken mittleren Schneidezahns infolge einer optischen Täuschung zu einer versetzten Wahrnehmung des Zahnzenits. Es bestätigt sich wieder das Axiom: „Formen schaffen Beziehungen, Beziehungen schaffen Formen".

relationale Gegebenheiten kritisch zur erfassen und den ursprünglichen Zustand zusammenhängender Elemente korrekt wiederherzustellen.

Selbst in den schwierigsten Fällen ist es unwahrscheinlich, dass sämtliche kompositionellen Parameter hochgradig verändert sind. Normalerweise sind zumindest bei den perioralen und fazialen Strukturen die ursprünglichen morphologischen Merkmale noch erhalten und müssen lediglich im Zusammenspiel mit geeigneten neuen Elementen ihre ästhetische Dynamik zurückgewinnen.

Ein Sanierungskonzept – das sich hier auf das Gebiss und das Parodont beschränken soll – sollte immer mit einer Bewertung von Funktion wie Ästhetik einhergehen.

Dentale Komponenten

Die restaurative Zahnmedizin hat im Laufe der Zeit dank hervorragender Zahntechniker, immer besserer Materialien und immer fortschrittlicherer Technik ein äußerst hohes Maß an Authentizität erreicht.

Jedoch deutet die Variationsbreite der ästhetischen Ergebnisse in der durchschnittlichen Laborpraxis keineswegs auf ein ähnlich universelles technisches Können und künstlerisches Verständnis hin (Abb. 1-14).

Das vorrangige Interesse des Berufsstandes an Faktoren rund um die Farbe und materielle Beschaffenheit des Zahnersatzes hat dazu beigetragen, dass man die unter normalen Umständen aus persönlichen Geschmack, Stichproben oder die Gesetze des Zufalls entstehenden Gebote weitgehend ignoriert.

Diese Konzentration auf die materiellen Komponenten ist auf eine sehr enge Auffassung von Zahnästhetik zurückzuführen, für deren Beurteilung Umgebungs-

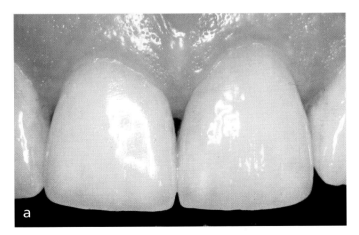 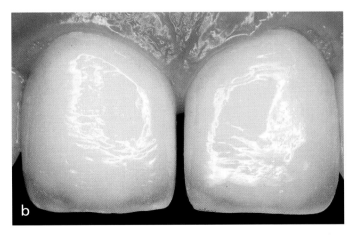

Abb. 1-14 a und b: Die Existenz zweier verschiedener technischer und individueller Ansätze zur Wiederherstellung authentischer Zahnstrukturen zeugt von unterschiedlichen Wahrnehmungsfähigkeiten und beweist, wie schwierig es ist, die Macht der Gewohnheit, vorgefasste Meinungen oder Vorlieben völlig auszuschalten. Schönheit eines Zahns ist jedoch sinnlos, wenn sie isoliert betrachtet wird und nicht zur Umgebung und den perioralen Strukturen in Bezug gesetzt werden kann. (Mit freundlicher Genehmigung von Dr. Bozzi, Comacchio, Italien bzw. Dr. Fornararo, Florenz, Italien.)

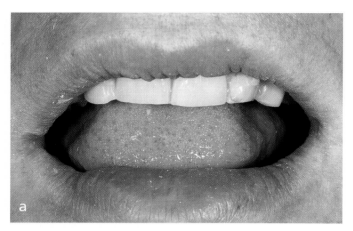
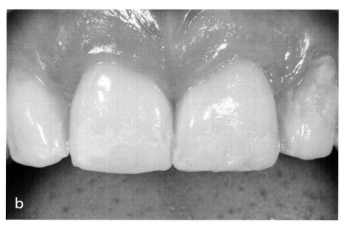

Abb. 1-15 a bis f: Anfängliche Situation bzw. abgenutzte dentale Elemente in Beziehung zur perioralen Umgebung (a). Nahaufnahme des nicht-adhäsiven Komposit-Zahnersatzes (b) in Beziehung zur Umgebung (c).

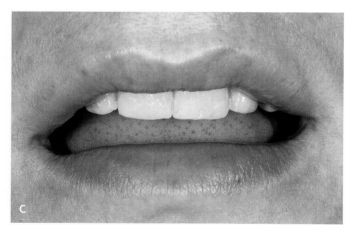
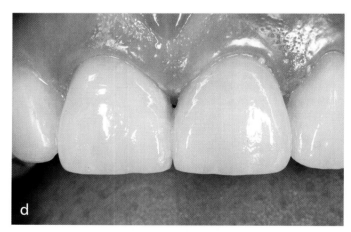

Technische Wiederherstellung im Frontzahnbereich vom rechten mittleren Schneidezahn bis zum linken Eckzahn. Das Nachahmen der Natur erfordert hier ein Duplizieren der diagnostischen Aufstellung, hier durch eine offenkundig reduzierte Breite der mittleren Schneidezähne im gingivalen Drittel simuliert (d).

faktoren einfach ausgeblendet werden (Abb. 1-15). Anders ausgedrückt: Die zahnärztliche Wahrnehmung von Ästhetik ist zu selbstbezogen und technisch orientiert. Der Zahnersatz verliert seine soziale Dimension und wird in seiner strategischen Position – d. h. im normalen optischen Zusammenhang mit dem Parodont und den perioralen und fazialen Strukturen – nicht wahrgenommen.

Parodontale Komponenten

Aus ästhetischer Sicht ergeben sich Morphologie und Lokalisierung eines Zahns direkt aus dem Aufbau der parodontalen und perioralen Strukturen.

Eines der hervorstechenden Merkmale von Zahnerkrankungen ist der Abbau parodontaler Strukturen nach Zahnverlust oder Parodontopathien, der den Stützzusammenhang zwischen Zahn und Parodont bis zur Unkenntlichkeit zerstört. Die einzelnen perioralen Strukturen, die den Zusammenhang zwischen Zähnen und Lippen oder Zähnen und Gesicht herstellen, werden von diesem Verfallsprozess normalerweise nicht

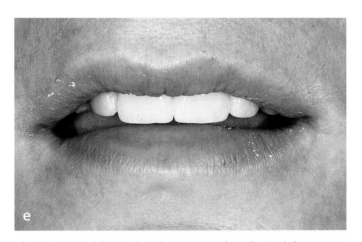
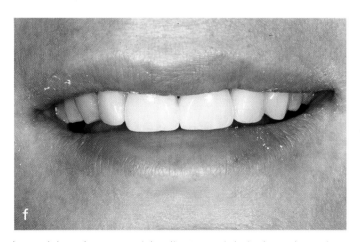

Diese Komposition zeigt eine ansprechende Beziehung zur Umgebung (e) und unterstreicht die Genauigkeit der Zahnverlängerung.

Beim Lächeln jedoch bemerkt man zwangsläufig sowohl die mangelhaft kopierte Form der oberen mittleren Schneidezähne mit einer zu ausgeprägten approximalen Rundung (reduzierte Breite im gingivalen Zahndrittel) als auch die in Beziehung zum Unterlippenverlauf mangelhaft ausgeführte Schneidezahnkante (f).

Auf irgendeiner Beobachtungsebene tritt die Verletzung des Axioms „Formen schaffen Beziehungen, Beziehungen schaffen Formen" zwangsläufig zutage und entlarvt somit die mangelhafte Ästhetik der Komposition.

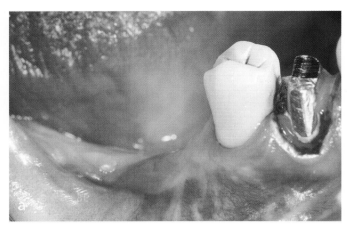 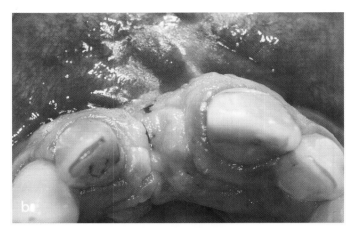

Abb. 1-16 a und b: Vertikale (a) und horizontale (b) Atrophie des Alveolarfortsatzes gemäß den in der Literatur gegebenen Definitionen. Dass diese beiden Defekte gemeinsam auftreten, ist in der klinischen Realität gang und gäbe. (Mit freundlicher Genehmigung von Dr. Cornellini, Rimini, Italien.)

berührt. Für eine umfassende ästhetische Konzeption der Sanierung ist es nötig, Wesen und Besonderheiten dieser Strukturen verstehen. Hierzu gibt es keine Alternative, denn diese Strukturen bilden den einzigen Bezugsrahmen, um die ursprüngliche Form und Anordnung der Zähne zu ermitteln.

Das an funktionale und phonetische Erfordernisse herangeführte ästhetische Verständnis, wo der Zahnersatz – entsprechend den Vorgaben der Zusammenhänge zwischen Zähnen und perioralen Strukturen – lokalisiert sein sollte, ist Grundvoraussetzung für die Sanierung des atrophierten Alveolarfortsatzes. Diese darf nicht nur unter dem Gesichtspunkt des verfügbaren Knochenvolumens erfolgen, sondern muss vor allem auch auf die Normalität von Zahnform und Zahnposition Rücksicht nehmen.

Die Sanierung des atrophierten Kieferkamms, der in der Literatur je nach räumlicher Ausdehnung als vertikal, horizontal oder komplex beschrieben wird (Abb. 1-16), fesselt die Aufmerksamkeit des Parodontologen so sehr, dass in der modernen Zahnheilkunde nicht nur Deformationen des Alveolarkamms systematisch korrigiert werden, sondern zur Prophylaxe üblicherweise auch Zähne gezogen werden (Abb. 1-17 bis 1-19). Zur Behandlung dieser Deformationen werden zwei unterschiedliche Ansätze erfolgreich angewendet: Einerseits werden Ersatzmaterialien eingesetzt, andererseits wird die Regeneration des Parodonts angeregt.

Ersatz- und Füllungsmaterialien können durchaus alle Anforderungen erfüllen, die die Rehabilitation des atrophierten Kieferkamms stellt. Dabei geht es heute nicht mehr nur darum, genügend Knochengewebe zum Einsetzen von Implantaten zu erhalten (Abb. 1-20 und 1-21), sondern auch darum, dass eine Regeneration des Parodonts selbst in den Bereich des klinisch und biologisch Machbaren gerückt ist. Ersatzmaterialen sind

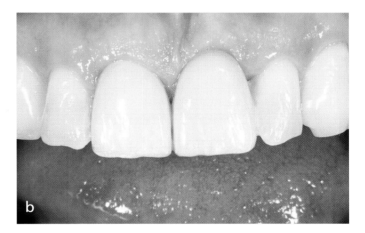

Abb. 1-17: Wird das Gewebe frischer Extraktionsstellen ideal konditioniert, so braucht ein eiförmiger Brückenpfeiler vom Gingivarand gemessen nicht mehr als 2,5 bis 3 mm in die Alveole versenkt zu werden.

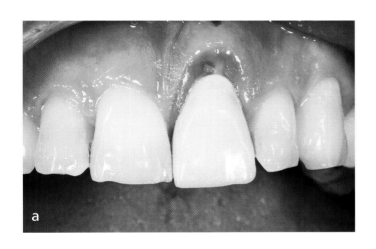

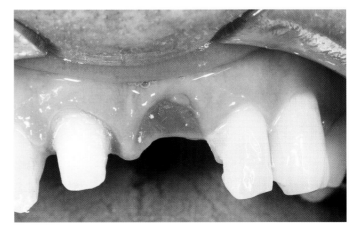

Abb. 1-18 a bis c: Der Einsatz von Füllmassen wie etwa Hydroxylapatit- (HA-) Partikeln ist nach wie vor eine brauchbare Therapie für deformierte Alveolarfortsätze bzw. zur Erhaltung des Kieferkammes, solange kein Implantat vorgesehen ist. Dieser Ansatz ist jedoch durch die neuen regenerativen Techniken völlig überholt.
Klinische Situation vor der Extraktion (a)
Provisorium nach acht Wochen (b)
Klinische Situation bei der Entfernung des Provisoriums mit noch sichtbaren HA-Partikeln (c).

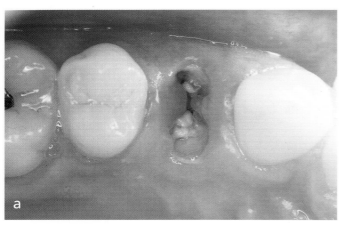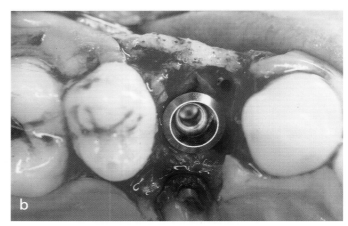

Abb. 1-19 a und b: Den sichersten Schutz vor Knochenabbau nach der Extraktion bietet das sofortige Setzen eines Implantats, wenn ausreichend deckendes Weichgewebe vorhanden ist.
Klinische Situation vor der Extraktion (a)
Situation beim Primäreingriff (b). (Mit freundlicher Genehmigung von Dr. Cornellini, Rimini, Italien.)

daher zwar keineswegs überholt, sie müssen aber, um in das Instrumentarium zur Regeneration des Parodonts aufgenommen zu werden, bestimmte Resorptions- und Sicherheitsmerkmale aufweisen und die Anregung des Knochenwachstums unterstützen.

Letzteres setzt voraus, dass Mesenchymzellen zu Osteoblasten ausdifferenzieren können, die später den Knochen bilden. Als Auslöser dieses Geschehens gilt ein Reifungsfaktor namens Bone Morphogenic Protein.

Aus histologischer Sicht darf von Knochenbildung gesprochen werden, wenn es nach zehn Tagen zur Knorpeldifferenzierung, nach 20 Tagen zur Bildung von Knochenlamellen und nach 30 Tagen zur Bildung von Knochenmark gekommen ist.

Wo nun die Grundvoraussetzungen zur Regeneration des Parodonts erkannt wurden, muss weiter geforscht werden, um diese Behandlungsform wirksamer und berechenbarer zu machen.

Nach dem heutigen Stand der Forschung ist der behandelnde Arzt mit der Auslegung klinischer Berichte und mit seinen eigenen Erfahrungen auf sich gestellt. Praktisch bedeutet dies, dass Eigen- wie auch Fremdbeobachtungen sowie die Vorteile und Grenzen der einzelnen regenerativen Methoden laufend neu zu bewerten sind.

Es gibt eine Vielfalt an regenerativen Ansätzen, und alle verdienen Beachtung. Es zeigt sich aber auch, dass die kontinuierliche Entwirrung der komplexen Steuerungsabläufe bei der Gewebeneubildung einerseits biotechnologisches Neuland für künftige Therapien erschließt, anderseits aber auch ständige Neuanpassungen erfordert.

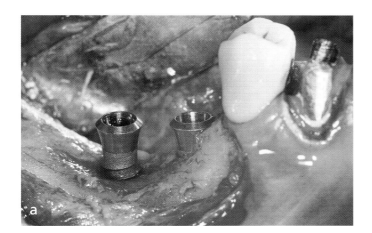

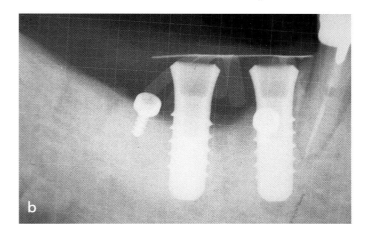

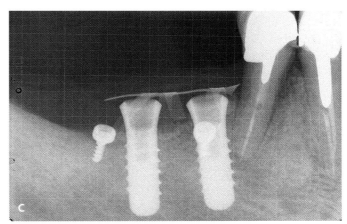

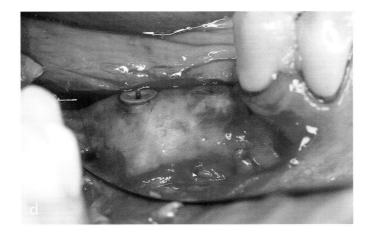

Abb. 1-20 a bis d: Wiederaufbau des in Abbildung 1-16 a gezeigten vertikal atrophierten Alveolarfortsatzes durch Einsetzen eines Implantats (a) sowie Knochenregenerierung mit knochenbildendem Material und Epithelisierung (b). Nach einem Jahr radiologische Kontrolle (c) und klinische Situation bei erneutem Eingriff (d). (Mit freundlicher Genehmigung von Dr. Cornellini, Rimini, Italien.)

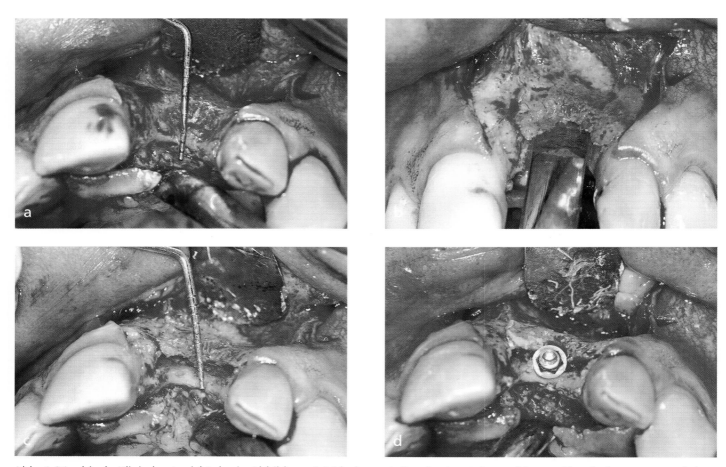

Abb. 1-21 a bis d: Klinische Ansicht des in Abbildung 1-16 b dargestellten horizontal atrophierten Alveolarfortsatzes nach Lappenoperation. Korrektur durch vertikale Knochenspaltung mit einem Diamantbohrer und Elevatorium (b). Sorgfältige Trennung der Knochenwände unter Ausnutzung der Elastizität des Knochens (c) und Einsetzen des Implantats (d). (Mit freundlicher Genehmigung von Dr. Cornellini, Rimini, Italien.)

Nachdem die Schulmedizin nicht nur der Sanierung, sondern auch der Prävention des Kammabbaus verpflichtet ist und der therapeutische Ansatz zur Sanierung des Alveolenrandes dank den Möglichkeiten einer Knochenregeneration als Unterlage für Implantate oder Brückenpfeiler gleichgeblieben ist (Abb. 1-21), beruht die endgültige Entscheidung über die jeweils richtige Behandlungform auf den Ergebnissen, die der einzelne Arzt mit ihr erzielt.

Periorale Komponenten

Die morphologische Einschätzung perioraler und fazialer Komponenten war für Zahnästhetiker und Prothetiker stets ein risikoreiches Unterfangen, da ihnen zur Orientierung niemals eine etablierte Methodik, sondern stets nur ein Sammelsurium aus klinischen, ästhetischen, biometrischen, anthropometrischen oder morphopsychologischen Faktoren zur Verfügung gestanden hat.

Dieses Durcheinander findet seine logische Fortsetzung in der Literatur, die – randvoll mit bewiesenen oder widerlegten wissenschaftlichen Versatzstücken – für die Praxis letztendlich nie etwas gebracht hat.

Hierzu wäre noch zu sagen, dass wir auf die bestehende Gesichtsmorphologie – ob sie nun schön oder hässlich, eckig oder rund, jung oder alt, konvex oder konkav geprägt ist – keinen Einfluss haben. Lediglich auf das untere Gesichtsdrittel nehmen wir Einfluss, wenn wir die diversen Manifestationen des Gebissverfalls therapeutisch beheben. Trotzdem gibt uns die faziale Kom-

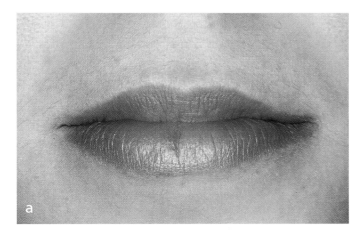

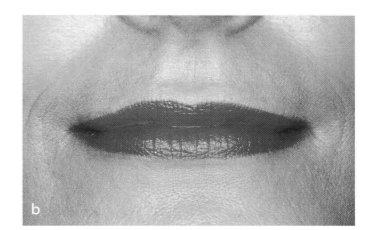

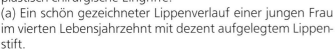

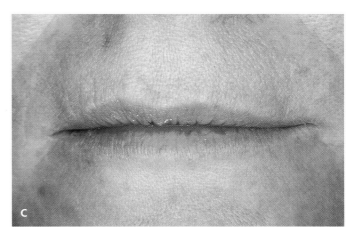

Abb. 1-22 a bis c: Die Beschreibung einer Lippe – auch wenn dieser ästhetisch noch so ansprechend sein mag – bleibt weitgehend wertlos, wenn ihre Besonderheiten nicht mit den spezifischen plastischen Merkmalen der angebundenen Strukturen in Beziehung gesetzt werden. Die Beurteilung der Lippe kann durch diverse Faktoren erschwert werden, zum Beispiel Lippenstift, Alterserscheinungen mit Kollagenverlust oder plastisch-chirurgische Eingriffe.

(a) Ein schön gezeichneter Lippenverlauf einer jungen Frau im vierten Lebensjahrzehnt mit dezent aufgelegtem Lippenstift.

(b) Dünne Ober- und Unterlippe einer Frau im sechsten Lebensjahrzehnt. Stark gefärbt, um die Auswirkungen des Alterungsprozesses – die durch die kurzen Zähne zusätzlich betont werden – in der Komposition zu verschleiern.

(c) Dünne Lippen infolge von Kollagenverlust. Die Frage, ob sich kurze oder lange Zahnelemente besser eignen, stellt sich hier erst gar nicht.

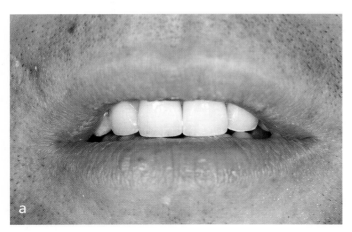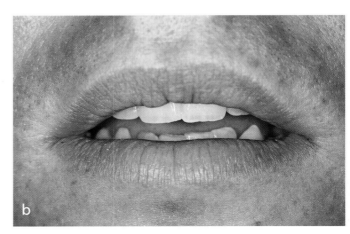

Abb. 1-23 a und b: Unterlippe (a) mit abnehmender Breite von der Mundmitte zu den Mundwinkeln. Der obere Rand ist flach und in der Mitte leicht erhöht.
Die Unterlippe weist zwei Erhöhungen bzw. eine Verbreiterung auf, die an der linken Seite ausgeprägter ist. Der obere Rand schwingt sich sanft wellenförmig von der zentralen Vertiefung fort (b).
Die Annahme, dass solche Besonderheiten über Zahnform und Zahnposition mit entscheiden, stützt sich auf das Axiom „Formen schaffen Beziehungen, Beziehungen schaffen Formen".

position den Rahmen vor, innerhalb dessen wir unsere Sanierungen an geeigneten Punkten harmonisch verankern müssen.

Dabei konzentrieren wir uns naturgemäß auf die harmonischen Grundsätze, die eine gemeinsame optische Beziehung zwischen verschiedenartigen Faktoren – im speziellen Fall zwischen Zahn und Lippe – herstellen.

Die üblichste Form der Einschätzung von Lippenstrukturen dreht sich um die simple Frage: dick oder dünn? (Abb. 1-22). Was zur nächsten Frage hinsichtlich der dentalen Elemente weiterführt: lang oder kurz?

Ein aus diesem klinischen Blickwinkel immer wieder angetroffenes Muster hat die bislang unbewiesene Auffassung zementiert, dass die Breite oder Dicke der Unterlippe von der Länge und Neigung der oberen Zähne abhängen könnte.

Je dünner die Lippe, um so kürzer oder nach lingual geneigter der Zahn.

Je dicker die Lippe, um so länger oder nach bukkal geneigter der Zahn.

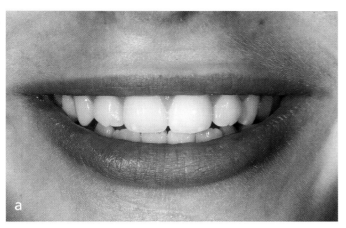
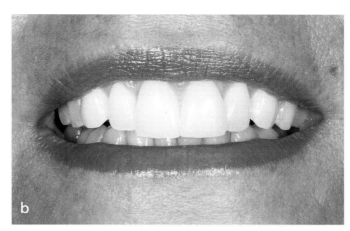

Abb. 1-24 a und b: Dünne Oberlippenstruktur mit linearem Erscheinungsbild in Verbindung mit kleinen, runden, gerade ausgerichteten Zähnen im Oberkiefer (a).
Erhöhte Oberlippe mit langgezogenen künstlichen oberen Schneidezähnen, die ein geeignetes Gegengewicht darstellen (b).

Bei genauerer Betrachtung ihrer ästhetischen Besonderheiten zeigt die Unterlippe nicht nur subtile individuelle Schwankungen im allgemeinen Erscheinungsbild oder dem oberen Konturenverlauf, sondern auch eine vielfältige Breitenmorphologie, die bei wiederholter Beobachtung in Ruheposition sichtbar werden (Abb. 1-23).

Im Gegensatz zur Unterlippe bietet die Oberlippe nur wenige morphologische Besonderheiten, die sich auf den größeren Zusammenhang auswirken. Das Erscheinungsbild der – erhöhten oder flachen – Oberlippe zeigt sich am deutlichsten in der Dynamik, die zwischen Ruheposition und halber Lächelbreite auftritt und normalerweise mit langen oder kurzen Zähnen korreliert, die wie entgegengesetzte Pole wirken, in deren Spannungsfeld ein ästhetisch ansprechendes Ganzes entsteht (Fig. 24).

Jeder Zahnarzt erhält durch den Verlauf eines Lächelns und die dabei gezeigten Zahnflächen Aufschluss darüber, ob eine Veränderung der morphologischen Ver-

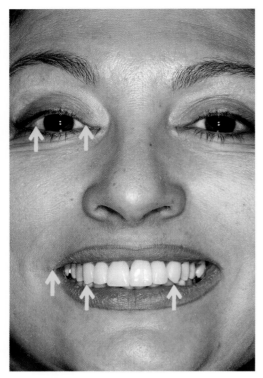

Abb. 1-25: Diese Kontrastpunkte sind von Interesse:
Auge: Äußerer Augenwinkel, Innerer Augenwinkel, Mittelpunkt der Pupille.
Mund: Außenpunkt des Kommissurenwinkels, Spitze des oberen und unteren Eckzahns Spitze und mesialer Winkel des Eckzahns.

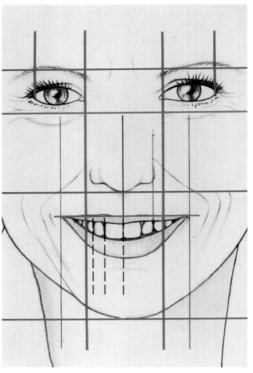

Abb. 1-26: Schematischer linearer Verlauf der Verknüpfung zwischen fazialen Punkten bzw. Kontrastpunkten als Rehabilitationshilfe.

hältnisse zwischen Zähnen und Zahnfleisch sichtbar wird oder unsichtbar bleibt.

Der Ehrgeiz, eine stereotype Mundzeichnung mit perfekter mechanischer Aneinanderreihung identischer weißer Zähne herzustellen, wie sie in jeder Modezeitschrift dutzendfach transportiert wird, kann für die Fantasie durchaus anregend sein und für viele ein Sanierungsziel darstellen. Den vollen ästhetischen Wert erreicht man aber erst dann, wenn diese Mundzeichnung auch mit den richtigen Umgebungsbedingungen

in Bezug gesetzt wird, was eine sensible Einschätzung relationaler Faktoren voraussetzt.

Auf dieser Suche nach Gesichtsharmonie sind Kontrastpunkte (Abb. 1-25), geschlossene morphologische Winkel oder Lichtpunkte wie Mundwinkel und innere und äußere Augenwinkel sorgfältig zu bewerten und gleichzeitig die logischen optischen Verbindungslinien zwischen diesen Punkten geistig festzulegen. Damit simulieren wir die Bemühungen der italienischen Renaissance, das Wesen der Dinge zu koordinieren, was in die

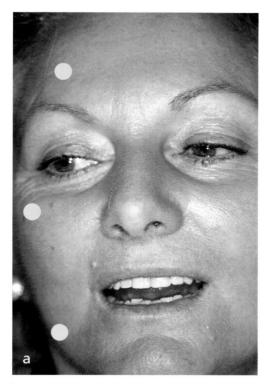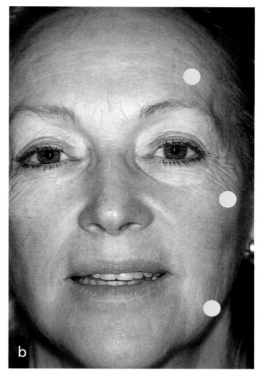

Abb. 1-27 a und b: Die Bestimmung des externen Teils des Stirnhöckers kann sich bei einer vertieften Übergangszone schwierig gestalten. Dieselben Schwierigkeiten können bei der Bestimmung knöcherner Orientierungspunkte wie etwa dem Außenteil des Jochvorsprungs und des Unterkieferwinkels auftreten, wenn dort erhebliche Fettanteile vorhanden sind.

Anwendung einer „mathematischen" Ordnung oder, besser ausgedrückt, eines selbstdisziplinierten Bauplans der Harmonie mündete (Abb. 1-26). Damit lässt sich natürlich kein Ideal für ästhetische dentofaziale Ergebnisse postulieren, aber wenigstens können dem Zahntechniker Orientierungshilfen in die Hand gegeben werden, deren Wirksamkeit in anderen Bereichen der Architektur seit langer Zeit bewiesen ist.

Ferner ist es vielleicht angebracht – um zu zeigen, dass anatomisches Grundwissen bei dentofazialen Sanierungen ebenfalls helfen kann –, auf einige Knochenmassen wie etwa Stirnhöcker, Jochvorsprung und Unterkieferwinkel zu verweisen (Abb. 1-27), die bei der individuelle Gestaltung des Zahnersatzes von Bedeutung sind.

An dieser möglicherweise ein wenig restriktiv anmutenden Aufzählung unerlässlicher anatomischer Faktoren zeigt sich aber auch, dass solide relationale Elemente äußerst schwierig nachvollziehbar sind.

Literatur

Abrams L. Augmentation of the deformed, residual edentulous ridge, for fixed prosthesis. Compend Continue Educ Dent 1980;1:205–213.

Blunt A. Artistic Theory in Italy. New York: Rykwert J Ed, 1940.

Charbonneaux J, Martin R, Villard F. Grèce Classique: L'Univers des Formes. Paris: Gallimard, 1972.

Ciancaglini R. Riabilitazione Orale. Milan: Masson, 1999.

Evangelidis DE. L'Art Grec. Athens: A Theodom Ed, 1980.

Garber DA, Rosenberg ES. The edentulous ridge in fixed prosthodontics. Compend Contin Educ Dent 1981; 2:212–223.

Geller W, Kwiatkowski SJ. The Willi's glass crown: A new solution in the dark and shadowed zone of esthetic porcelain restorations. Quintessence Dent Technol 1987;11: 233–242.

Hautecoeur L. Histoire de l'Art. Vol 3: De la nature à l'abstraction. Paris: Hammarion, 1959.

Huyghe R. Histoire de l'Art Contemporain. New York: Arno Press, 1968

Jovanovic SA, Schenk PK, Orsini M, Kenney FB. Supracrestal bone formation around dental implants: An experimental dog study. Int J Oral Maxillofac Implants 1995;10: 23–31.

Langer B, Calanga L. The subepithelial connective tissue graft: A new approach to the enhancement of anterior cosmetic. Int J Periodontics Restorative Dent 1982;2:22–33.

Lawrence AW. Greek Architecture: The Pelican History of Art. London: Penguin, 1957.

Lazzara RJ. Immediate implant placement into extraction sites. surgical and restorative advantages. Int J Periodontics Restorative Dent 1989;9:332–343.

McDowell A. Realism: A Study in Art and Thought. London: Constable, 1918.

Misch CE. Division of available bone in implant dentistry. Int J Oral Implantol 1990;7:9–17.

Pincus CR. Building mouth personality. J S Calif Dent Assoc 1938;14:125–129.

Renner RP. An Introduction to Dental Anatomy and Esthetics. Chicago: Quintessence, 1985.

Schärer P, Rinn LA, Kopp FR. Ästhetische Richtlinien für die rekonstruktive Zahnheilkunde. Berlin: Quintessenz, 1980.

Seibert J. Reconstruction of deformed, partially edentulous ridges using full thickness onlay grafts. Part I. Technique and wound healing. Compend Contin Educ Dent 1983;4:537–553.

Seibert J. Reconstruction of deformed, partially edentulous ridges using full thickness onlay grafts. Part II. Prosthetic periodontal interrelationships. Compend Contin Educ Dent 1983;4:549–562.

Simion M, Baldoni M, Zaffe D. Jawbone enlargement using immediate implant placement associated with a split-crest technique and guided tissue regeneration. Int J Periodontics Restorative Dent 1992;12:462–473.

Simion M, Trisi P, Piattelli A. Vertical ridge augmentation using a membrane technique associated with osseointegrated implants. Int J Periodontics Restorative Dent 1994;14:496–511.

Toscani O. Faces. Rome: Castelvecchio, 1997.

Wheeler RC. Dental Anatomy, Physiology and Occlusion, 5. Aufl. Philadelphia: Saunders, 1974.

Winter R. Achieving esthetic ceramic restoration. J Calif Dent Assoc 1990;18:21–24.

2 | Biologische Integration

Biologische Bedingungen

Alle Strukturelemente im Mund besitzen auch im Zusammenspiel ihre speziellen ästhetischen und biologischen Besonderheiten. Bei der Gebissrestauration muss die Wiederherstellung der intakten biologischen Funktion Vorrang vor ästhetischen Erwägungen haben. Biologische Zusammenhänge sind fragil und leicht zerstörbar. Werden diese Zusammenhänge außer Acht gelassen, führt dies unweigerlich zu Erkrankungen. Zu den ätiologischen Faktoren, die diese biologischen Zusammenhänge durcheinander bringen können, zählen nicht nur entzündliche Prozesse und systemische Krankheiten, sondern auch iatrogene Faktoren. Restaurationen, bei denen die biologischen Gesamtzusammenhänge missachtet werden – zum Beispiel durch fehlerhafte Ränder oder falsche Dimensionierung – fördern Bakterienbefall und Entzündungen. Entzündungen verursachen häufig irreversible Gewebeschäden, durch die sich der gesamte Strukturzusammenhang verändern kann. Störungen der biologischen Zusammenhänge schlagen sich unweigerlich in strukturellen Veränderungen nieder, die die normale Morphologie beeinträchtigen können.

Aus ästhetischer Sicht besteht die einzige Daseinsberechtigung von Formen im Schaffen von Zusammenhängen. Trotzdem ist zu betonen, dass die biologischen Zusammenhänge zwischen Zahn und stützendem Parodont – anders als die ästhetischen Zusammenhänge –

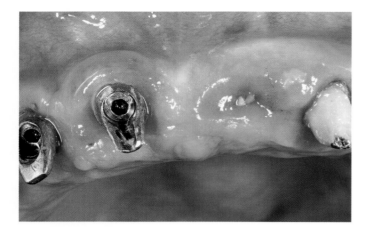

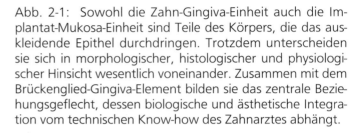

Abb. 2-1: Sowohl die Zahn-Gingiva-Einheit auch die Implantat-Mukosa-Einheit sind Teile des Körpers, die das auskleidende Epithel durchdringen. Trotzdem unterscheiden sie sich in morphologischer, histologischer und physiologischer Hinsicht wesentlich voneinander. Zusammen mit dem Brückenglied-Gingiva-Element bilden sie das zentrale Beziehungsgeflecht, dessen biologische und ästhetische Integration vom technischen Know-how des Zahnarztes abhängt.

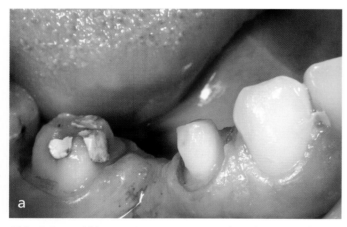

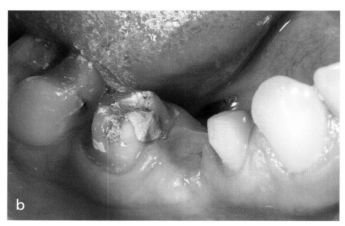

Abb. 2-2 a und b: Im Gegensatz zur Zahn-Gingiva-Einheit und zur Implantat-Mukosa-Einheit kommt das Brückenglied-Gingiva-Element nur mit dem Epithel des zahnlosen Bereichs in Berührung. Da die einzige Daseinsberechtigung von Formen im Schaffen von Zusammenhängen besteht, muss dieser Bereich systematisch präpariert werden. Nur so lässt sich ein Zahn mit originalgetreuer dentogingivaler Morphologie konzipieren und integrieren.

gemeinsame und einheitliche Merkmale sichtbar machen.

In der modernen Zahnheilkunde sind nicht nur die Zahn-Gingiva-Einheit, sondern auch die Implantat-Mukosa-Einheit als „organische" Elemente aufzufassen, die durch das auskleidende Epithel hindurch „eruptieren" (Abb. 2-1 bis 2-3). Dies sind die beiden Pole des biologischen Gesamtzusammenhangs, dessen histologische Details sich der Zahnarzt einprägen sollte. Er steht allein vor der Herausforderung, Zahnersatz zu erstellen, dabei aber den spezifischen histologischen Gesamtzusammenhang intakt zu erhalten.

Jedoch wird man sich bei der klinischen Versorgung des zahnlosen Kieferkamms auf ästhetische Überlegungen konzentrieren, weil die morphologische Ausführung der mit dieser Region (Abb. 2-2) zusammenhängenden

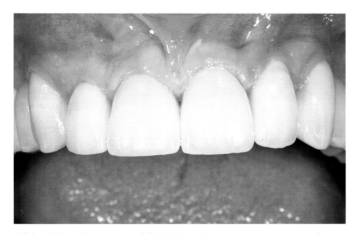

Abb. 2-3: Bei guten klinischen Voraussetzungen mit geringer vertikaler Resorption ist es unabhängig von der verwendeten Einheit – Zahn-Gingiva, Implantat-Mukosa oder Brückenglied-Mukosa – ein absolut legitimes Ziel, die Morphologie der natürlichen Formen und Zusammenhänge nachzuahmen. Diese zwölfgliedrige, zwei Jahre zuvor eingesetzte Brücke besteht aus dentogingivalen Komponenten für die beiden Eckzähne und den linken mittleren Schneidezahn. Der rechte seitliche Schneidezahn ist implantatgestützt. Der rechte mittlere und der linke seitliche Schneidezahn (Ersatz für ein gescheitertes Implantat) sind Brückenglied-Gingiva-Elemente. Das seitliche Segment wird von fünf Implantat-Mukosa-Elementen gestützt.

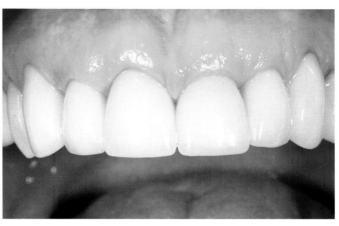

Abb. 2-4: Der gleiche therapeutische Ansatz wurde auch für diese Brücke gewählt. Hier dienen vorne zwei an der Position der seitlichen Schneidezähne realisierte Implantat-Mukosa-Elemente als Halt. Drei Jahre nach Eingliedern der Brücke erscheinen die Gewebe rund um die zahngetragenen Elemente weniger stabil.

Zähne direkt durch das spezifische morphologische Erscheinungsbild bestimmt wird, das diesen Zusammenhang repräsentiert. Man kann sagen, dass die biologische Einbringung und Erhaltung von Zahnersatz in die oralen Strukturen – gleichgültig ob die Retention von natürlichen Zähnen, Implantaten oder dem Kieferkamm geleistet wird – ein fundamentales Ziel der restaurativen Zahnheilkunde und eine Grundvoraussetzung für die zahnmedizinische Ästhetik bildet (Abb. 2-3 und 2-4).

Die Zahn-Gingiva-Einheit

Die histologischen Merkmale der Zahn-Gingiva-Einheit bestimmen die Beziehungen zwischen Bindegewebe, Epithel und Zahn. In Untersuchungen konnte gezeigt werden, dass das Verbindungsepithel und der bindegewebige Zahnansatz insgesamt 2,04 mm stark sind[1-4] und dass dieser Wert offenbar bei allen Menschen gleich ist. Diese Einheitlichkeit gilt aber nicht für die vom oberen Ende der Randpapille bis zum höchsten Punkt des Verbindungsepithels gemessene Sulkustiefe. Diese beträgt im statistischen Durchschnitt nach neue-

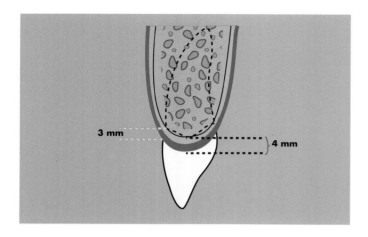

Abb. 2-5: Die Gewebestabilität ist erwiesenermaßen am höchsten, wenn Randpapille und Kieferkamm bukkal 3 mm und approximal 4 mm auseinander liegen.

ren wissenschaftlichen Untersuchungen 0,69 mm, was in der Praxis gewohnheitsmäßig als 1 mm behandelt wird.

Anderen Studien zufolge lässt sich ein optimal stabiles Randgewebe erreichen, wenn die höchste Stelle an der bukkalen und lingualen Zahnseite oben 3 mm und im Interdentalraum 4 mm vom Kieferkamm entfernt ist (Abb. 2-5).[5] Dieser Schluss hat aber eigentlich nichts am therapeutischen Ansatz zur Gewebeversorgung geändert. Gestützt auf die Annahme, dass ein sorgloses Eindringen in den Sulkus unweigerlich zu permanenten oder wenigstens punktuellen Schäden am parodontalen Gewebe führt, geht man seit jeher davon aus, dass das Weichgewebe nur dann biologisch intakt bleibt, wenn der Kronenrand supragingival verläuft. Tatsächlich hat sich gezeigt, dass das Risiko von Plaqueablagerungen, Entzündungen und Schädigungen des Parodonts zunimmt, je tiefer subgingival der Kronenrand verläuft.[6,7,8] Damit aber die Ränder nach dem definitiven Zementieren nicht infolge einer unvorhergesehenen passiven Eruption freigelegt werden, legt man die

Kronenränder in der Regel lieber tiefer, um sofort ein ästhetisch ansprechendes Ergebnis zu erzielen.

Ästhetische Erwägungen sind universell und leiten uns auch in unserer Arbeit. Kronenränder werden deshalb routinemäßig nach subgingival gelegt. Die Möglichkeit von Gewebeschäden nimmt man dabei in Kauf.[9] Um negativen Auswirkungen entgegenzuwirken und das Gewebe zu schonen, wurden bestimmte klinische Vorgehensweisen vorgeschlagen.[10,11] Hier ist vor allem das Geschick des Zahnarztes und seiner Mitarbeiter gefordert. Die folgenden vier Faktoren sind besonders wichtig:

- Atraumatische klinische Verfahren
- Korrekte Positionierung von Kronenrändern
- Koordinierte Zahnpräparation nach Maßgabe des für den Zahnersatz gewählten Materials
- Passform und Randverlauf der Krone

Aus unserer Sicht ist das häufig als wichtiger Faktor zur Gewebeerhaltung nahegelegte Konzept des Erup-

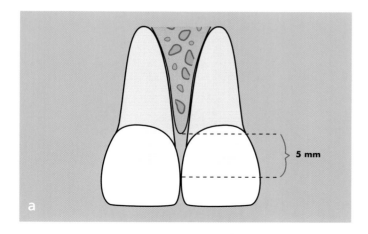

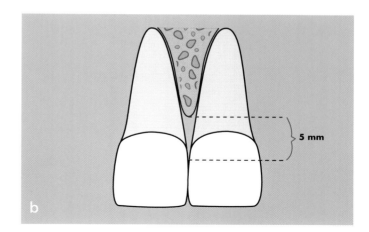

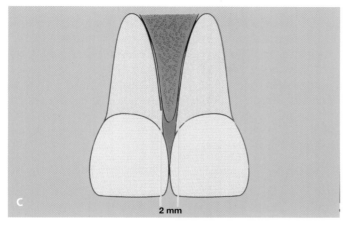

Abb. 2-6 a bis c: Im approximalen Bereich vereinen sich Zähne, Kieferkamm, Kontaktpunkt und interdentale Papille zu einer Gesamtheit. Die Interdentalpapille ist gewährleistet, wenn zwischen Kontaktpunkt und Knochenkamm maximal 5 mm liegen (a, b). Gleichzeitig muss der interdentale Abstand 2 mm betragen (c).

tionsprofils genau zu definieren, bevor es in diese Liste aufgenommen werden kann.

Bei den Frontzähnen ist für die Erhaltung der Interdentalpapille – deren Verlust ein weiteres hervorstechendes dentalpathologisches Merkmal ist und bei ästhetisch anspruchsvollen Patienten regelmäßig zu Beschwerden Anlass gibt – dann gesorgt, wenn der Abstand zwischen interdentalem Kontaktpunkt und Kieferkamm nicht größer als 5 mm ist und der Abstand zwischen benachbarten Zähnen mindestens 2 mm beträgt (Abb. 2-6 bis 2-8).

Solide Kenntnis dieser Faktoren ist zwingend notwendig, um für das Kontinuum Prothese-Zahn-Gingiva die ästhetischen Beziehungen zu schaffen, die normalerweise mit einem intakten gingivalen Attachment einhergehen.

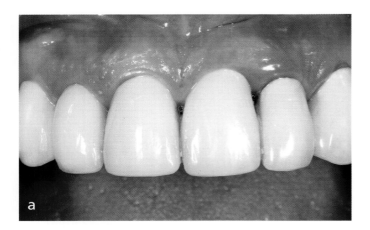

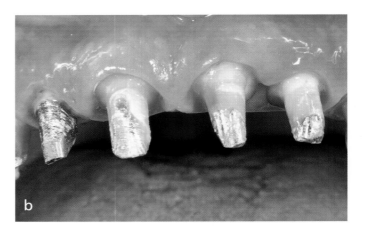

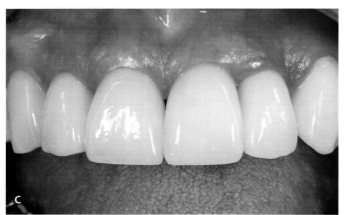

Abb. 2-7 a bis c: (a) Klinische Ausgangssituation mit weit offenen approximalen Bereichen. (b) Durch eine Odontotomie und Gewebekonditionierung konnte das interproximale Gewebe zwischen dem linken mittleren und seitlichen Schneidezahn, wo die interdentale Entfernung gering ist, konkav angepasst werden. (c) Durch die Wiederherstellung eines an die Randgewebe angepassten Zahns ergibt sich ein wesentlich ansprechenderes Bild. Jedoch kommt es ein Jahr nach dem Zementieren zu rezidivierender Ödembildung, wo der Interdentalabstand unter 2 mm liegt.

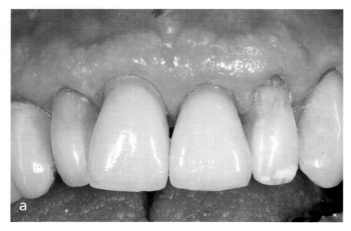

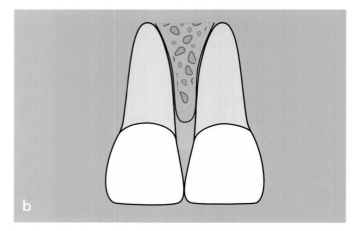

Abb. 2-8 a und b: Eine simple makroskopische Untersuchung macht deutlich, dass die Gewebestabilität nicht gewährleistet ist und ein progredientes Öffnen des approximalen Bereichs nicht verhindert wird, wenn die Position des approximalen Zahnkontakts nur ungefähr bestimmt wurde. Eine genaue Bestimmung des Knochenniveaus vor dem Eingliedern der Kronen hätte die zur Erhaltung der Gewebestabilität erforderlichen Informationen über die Position des okklusalen Kontakts liefern können.

Gewebemanagement

Was das Vordringen in den Sulkus bei der Kronenpräparation betrifft, so sind nach dem Konzept der biologischen Breite für jeden Zahn – unabhängig von seiner Position im Oberkiefer bzw. Unterkiefer – dieselben Regeln anzuwenden. Nach diesen Regeln sollte immer das Weichgewebe vor dem Hartgewebe präpariert werden, wobei für das Einbringen des Retraktionsfadens ein adäquater Zugang und ausreichende Sichtverhältnisse zu gewährleisten sind.[11] Um den approximalen Zugang zu erleichtern, müssen logischerweise vor jeder Manipulation des Weichgewebes die approximalen Kontakte beseitigt werden – was an den obigen Empfehlungen nichts ändert.

Retraktionsfäden und Randposition

Entgegen anders lautenden Ansichten ist es illusorisch, Retraktionsfäden verletzungsfrei einbringen zu wollen. Leichte Verletzungen am Verbindungsepithel und sogar am Bindegewebe sind normal. Es hat sich jedoch gezeigt, dass diese Attachmentverletzungen reversibel sind und die langfristige Stabilität des Attachmentlevels zufrieden stellend gewährleistet (Abb. 2-9).[12–14] Dass die chemische Sättigung des Fadens wichtig ist, versteht sich von selbst,[15,16] da so eine bessere Retraktion erreicht wird und sich das Gewebe innerhalb von 10 Tagen vollständig erholen kann.[17–19] Diese chemisch-mechanische Retraktion sollte korrekter als lateraler Versatz des Gingivasaums bezeichnet werden. Sie soll ausreichend Raum für ein verletzungsfreies Arbeiten mit dem Rotationsinstrument bis hin zum Faden zu schaffen. Der Zahn ist bis zur Höhe des Fadens zu präparieren, und die Einzelheiten der Präparation sind an die Erfordernisse des gewählten Materials anzupassen. Nach dieser Methode werden alle Ränder nach Entfernen des Fa-

dens und Rückkehr des Gewebes an seinen Platz automatisch eingeschlossen.

Blutungen beim Entfernen des Fadens können und müssen durch sorgfältiges Befeuchten vermieden werden, da diese Anzeichen von Gewebeverletzungen und einer zu erwartenden raschen Gingivarezession sind. Eine definitive Abformung kann in diesem Fall meist erst zwei bis drei Wochen später durchgeführt werden.[20,21] Verletzungen durch Rotationsinstrumente und daraus resultierende Blutungen bewirken ähnliche Verzögerungen (Abb. 2-10).

Provisorien

Ein weiterer Faktor für die Gewebeerhaltung sind die Provisorien. Diese sind außerdem als therapeutische Maßnahme zur Gewebeheilung bei retraktions- und präparationsbedingten Verletzungen aufzufassen [22–25]. Sie sollten auch als Schutz für den Zahn verstanden werden. Ästhetische Überlegungen sollten zwar ebenfalls einfließen, in diesem Behandlungsstadium sind sie jedoch von sekundärer Bedeutung.

Provisorischer Zahnersatz soll also ein korrektes Heilen der Weichgewebe ermöglichen. Andererseits muss das Hartgewebe ausreichend reduziert werden, um dem Autopolymerisat, das hierfür meistens verwendet wird, optimal entgegenzukommen.[26] Die verschiedenen Präparationen, die zur Aufnahme moderner Dentalmaterialien als empfehlenswert gelten, lassen diesbezüglich keine Wünsche offen (Abb. 2-11). Sie ermöglichen eine optimale Randanpassung des Provisoriums.

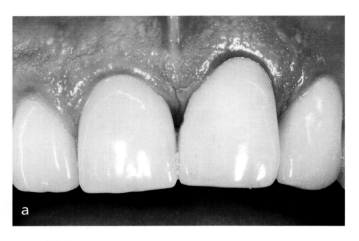

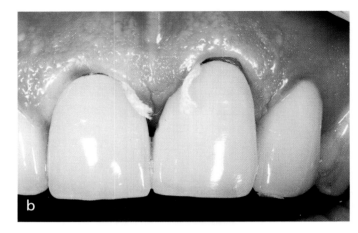

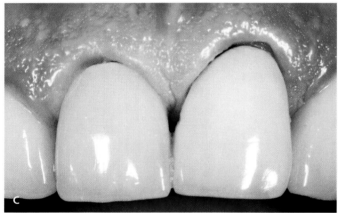

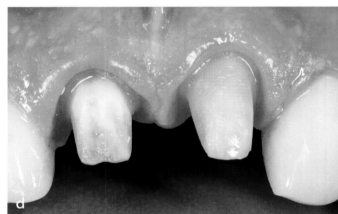

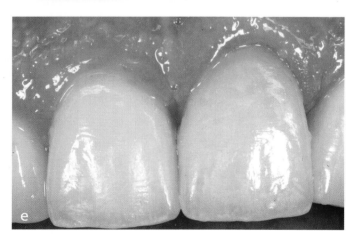

Abb. 2-9 a bis e: (a) Klinische Ausgangssituation. (b) Atraumatisches Einbringen des Retraktionsfadens. (c) Retraktion und lateraler Versatz. (d) Zahnpräparation. (e) Parodontale Integration von Metallkeramikkronen mit Keramikrändern.

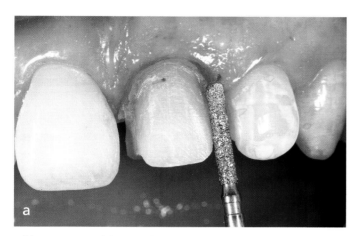
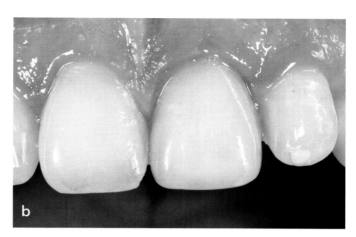

Abb. 2-10 a und b: Bei der Gewebeversorgung wird zuerst der Faden eingebracht und chemisch gesättigt. Anschließend wird das Hartgewebe präpariert. Auf diese Weise kann die marginale Gingiva seitlich versetzt und der Zahn bis zur Höhe des Fadens präpariert werden. Eventuelle Verletzungen durch Rundinstrumente (a) können jedoch dazu führen, dass die Abformung verschoben werden muss. (b) Durch voreiliges Einsetzen der Facette ist die Struktur biologisch fehlerhaft integriert worden.

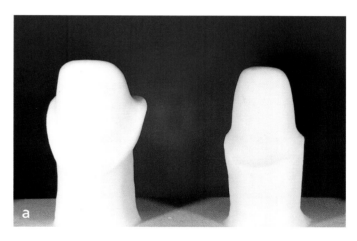

Abb. 2-11 a bis c: Diese von Jeneric vorgeschlagene, für Keramikfacetten vorgesehene Präpariermethode scheint für konventionelle Zahnersatzmaterialien am besten geeignet.

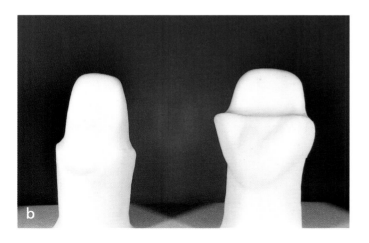
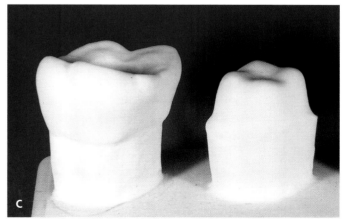

Die Implantat-Mukosa-Einheit

Die Gingiva und die periimplantäre Schleimhaut weisen im Aufbau ihrer Epithel- und Bindegewebsanteile Ähnlichkeiten auf (Abb. 2-5 und 2-12).[27–30]

Dies hat die Überzeugung gestärkt, dass die Mikroumgebung von Zähnen und Implantaten recht gut vergleichbar sind. Folgerichtig geht man davon aus, dass ein dichter perimukosaler Gewebeansatz an der Implantatfläche eine wichtige Voraussetzung für gute Langzeitergebnisse bildet.[31–35] Es wurde sogar berichtet, dass das Epithel, wenn ein dichter perimukosaler Abschluss nicht vorhanden ist, apikalwärts zur Kontaktzone Implantat-Knochen wandern kann. Hier ergeben sich Parallelen zur Genese von Parodontopathien. Es liegen jedoch Forschungsergebnisse vor, wonach aus anatomischen, physiologischen und histologischen Gründen unbedingt zwischen der Zahn-Gingiva-Einheit und der Implantat-Mukosa-Einheit unterschieden werden sollte.[36] Da auf der Oberfläche des Implantats keine Zementschicht liegt, ist die Anordnung und Adhäsion der Bindegewebsfasern grundlegend anders als beim natürlichen Zahn.[37,38] Ferner ist in der Kontaktzone des Implantats kein parodontales Ligament vorhanden, was die interessante These aufwirft, dass es ohne Ligament möglicherweise auch keine Parodontopathien gäbe.[39]

Diese These konnte durch einige wichtige Befunde erhärtet werden:

1. Die potentiellen Parodontalprobleme, die für die Gestaltung von Zahnersatz und für die Mundhygiene eine so große Rolle spielen, sind bei Implantaten lediglich eine unangenehme, folgenlose Begleiterscheinung.

2. Zwischen klinischen Parametern wie Plaqueindex, Gingivaindex, Sondierungstiefe bzw. gingivalem Attachment und einer erfolgreichen Osseointegration besteht kein Zusammenhang.[40–43]

Trotzdem scheint das eingeheilte Implantat gegenüber den schädlichen Mikroeinflüssen des darüber liegenden Weichgewebespalts durch einen anderen Mechanismus als beim Zahn abgeschottet zu sein.

In einer histologischen Untersuchung der Implantatfläche oberhalb des Kieferkamms konnte ein erkennbarer Epithelansatz und eine Bindegewebestärke von bis zu 2 mm – was der doppelten Stärke des gingivalen Bindegewebsattachments entspricht – gezeigt werden. Die Kollagenfasern gehen dabei vom Kieferkamm aus und verlaufen parallel zur Implantatoberfläche.[44] Ob die Erweiterung dieser Zone aus einer Reaktion zwischen dem Bindegewebe und der Titanoberfläche resultiert oder als Vernarbung zu bewerten ist, muss noch erforscht werden.

Vergleichende Studien mit einer experimentell induzierten Schädigung der periimplantären Mukosa und der parodontalen Gewebe zeigen stärkere Zerstörungen um die Implantate als um die Zähne, was auf eine geschwächte Abwehrkraft gegenüber exogenen Irritationen wie Plaqueansammlungen hinweist.[45] Aus klinischer Sicht sind bakteriell bedingte periimplantäre Schädigungen („Periimplantitis") rund um intakte osseointegrierte Implantate jedoch recht ungewöhnlich.[46–50] Meist treten sie nach traumatisierenden Eingriffen auf.[47]

Auch wenn die Gewebestärke oberhalb des Kieferkamms anscheinend nicht mit dem Gewebezustand zusammenhängt, werden chirurgische Eingriffe, bei denen das parodontale Randgewebe nachgebildet werden soll, bei ausreichend Weichgewebe enorm erleichtert.

Management des periimplantären Gewebes

Die klinische Versorgung des Gewebes rund um den natürlichen Zahn soll gewährleisten, dass Zahnersatz verletzungsfrei eingesetzt werden kann und die Randpapille intakt bleibt. Demgegenüber sind die Zielsetzungen der periimplantären Gewebeversorgung ganz anders gelagert. Wir wissen, dass die histologischen Gegebenheiten rund um das Implantat weder mit der Operationstechnik noch mit der Gewebestärke zusammenhängen. Die Länge der Pfeiler hat keinen Einfluss auf den Zustand der periimplantären Gewebe. Das periimplantäre Gewebe wird versorgt, um rund um den Titanpfeiler eine Weichgewebeanatomie zu schaffen, die dem marginalen Parodont möglichst genau entspricht.

Weder ein Gewebestanzverfahren noch eine Lappenoperation im Rahmen einer erneuten operativen Freilegung bzw. eines implantorischen Sekundäreingriffs konnten ästhetisch zufrieden stellende marginale und interdentale papillenartige Formen zustande bringen.[51-56] Im Gegenteil: Die zusätzlichen Belastungen und Unwägbarkeiten, die mit jedem weiteren operativen Eingriff zur anatomischen Formung verbunden sind, können Patienten wie Zahnarzt frustrieren.[57-59]

Zur Lösung dieser Probleme wurde ein chirurgischer Ansatz vorgeschlagen, bei dem die Schleimhaut über dem Kieferkamm beim Sekundäreingriff von lingual nach bukkal versetzt wird. Das bei dieser Lappenoperation gewonnene Gewebevolumen dient nicht nur zur Bereicherung der bukkalen Seite des Titanpfeilers, sondern man kann aus dem freien Geweberand einen papillenartigen Lappenstiel schneiden, drehen, zurückbewegen und entlang dem ursprünglichen lingualen Schnitt nähen (Abb. 2-12).[60,61]

In der klinischen Praxis entscheidet also die Stärke des Weichgewebes oberhalb des Kieferkamms über das ästhetische Resultat dieser chirurgischen Nachbildung der Randpapille. Deswegen sollte eine zu dünne Gewebeschicht beim Primäreingriff schon vorher verstärkt werden (Abb. 2-13). In Bereichen mit ausgedünntem Gewebe wird aufgrund der zervikalen Breitenunterschiede zwischen Implantaten und natürlichen Zähnen jeder Versuch, die ursprüngliche Zahnmorphologie nachzubilden, zu einem Glücksspiel. Die Chancen auf ein originalgetreues muschelförmiges Randgewebe schwinden.

An diesem Punkt des Eingriffs sollte auch darauf geachtet werden, ob ausreichend gingivales Attachment vorhanden ist. Ob fehlendes Attachment zu einer Schädigung der periimplantären Gewebe führen kann, konnte wissenschaftlich nie geklärt werden. Aus ästhetischer Sicht ist dieser Punkt jedoch äußerst wichtig.

Die Bedeutung des Primäreingriffs kann gar nicht genug betont werden. Es soll ja nicht nur das Implantat objektiv positioniert, sondern auch die Umgebung präpariert werden, damit beim Sekundäreingriff die ursprüngliche Morphologie der dentoparodontale Einheit originalgetreu nachgebildet werden kann. Aus der idealisierten schematischen Darstellung des Ober- und Unterkieferbogens geht klar hervor, dass die Abweichungen zwischen der interdentalen Entfernungen am Zahnhals und der interimplantären Entfernung der Pfeileranschlussflächen im Frontzahnbereich auftreten (Abb. 2-14 und 2-15).

Diese restriktiven Faktoren bestätigen sich in der klinischen Praxis vollends und stellen in Verbindung mit dem Problem der fortgeschrittenen Knochenresorption (Abb. 2-16 bis 2-18) den Zahnarzt ständig neu vor die Herausforderung, geeignete Implantatpositionen auszuwählen und das umliegende Weichgewebe adäquat zu präparieren. Die klinische Realität wird früher oder später zeigen, dass nicht nur die Unterschiede in der mesiodistalen Breite, sondern auch die jeweilige bukkolinguale Stärke der Zähne und Implantate in das angestrebte ästhetische Ergebnis einfließen.

47

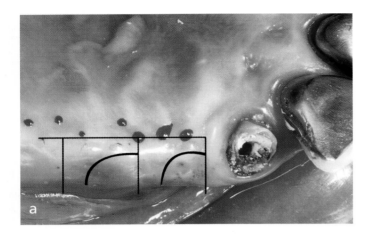

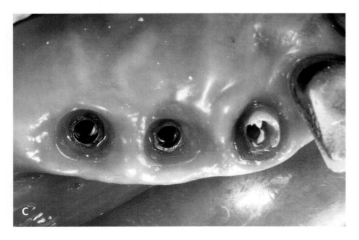

Abb. 2-12 a bis c: (a) Sekundäreingriff und periimplantäre Gewebepräparation für den Eckzahn und die ersten Prämolaren. Schnitt entlang des Kieferkamms, lingual zur lingualen Seite des Implantatkopfs, komplettiert mit drei Entlastungsinzisionen. (a, b) Ein Stiel wird in das Gewebe eingeschnitten, gedreht und lingual wieder angenäht. Der Gewebeüberstand wird entfernt, wenn die Einheilkappen gingival so positioniert sind, dass ein regelrechter Verlauf von vorn nach hinten gewährleistet ist. (c) Vier Wochen nach dem Eingriff.

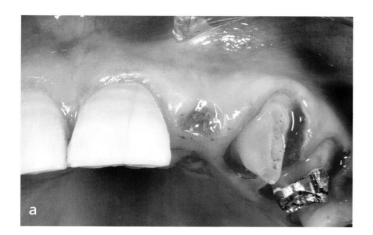

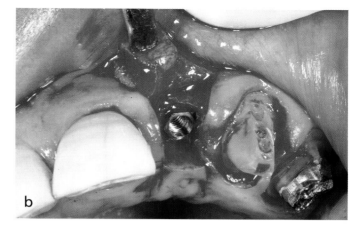

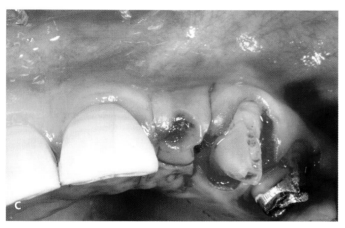

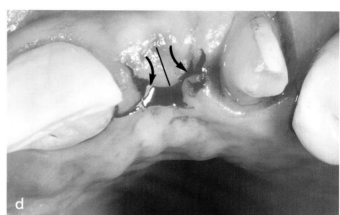

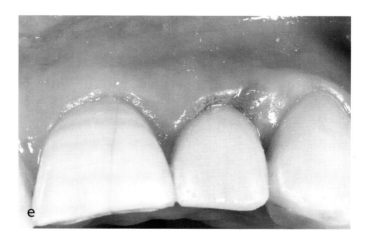

Abb. 2-13 a bis e: (a) Um spezifische ästhetische Anforderungen an Gewebehöhe, Gewebekontur und Zahnposition zu erfüllen, ist beim Planen des Implantats auch eine Präparation des Weichgewebes im zahnlosen Bereich entsprechend der Brückenglied-Gingiva-Einheit erforderlich. (b) Der hinterlassene Abdruck bestimmt die Position des Implantats. (c) Wenn die Wunde geschlossen ist, kann dieselbe provisorische Brückengliedrelation wieder aufgenommen werden. (d) Beim Sekundäreingriff definiert ein gewölbter lingualer Schnitt die Interdentalpapillen, die danach lingual zurückgenäht werden. (e) Status eine Woche nach dem Eingriff mit provisorischem Brückenpfeiler und Prothese zur Gewebekonditionierung.

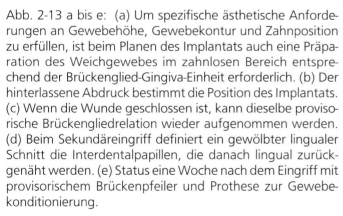

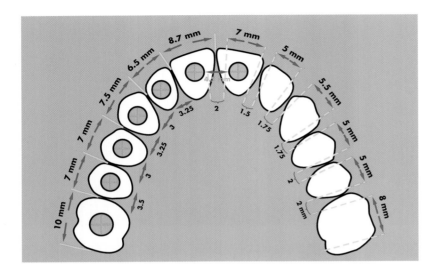

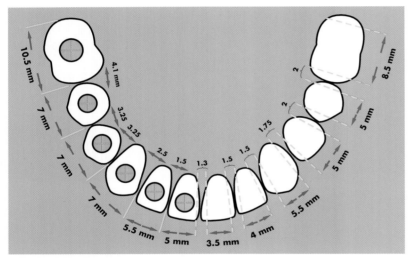

Abb. 2-14 und 2-15: Skizzen des Oberkiefer- (Abb. 2-14) und Unterkieferbogens (Abb. 2-15). Die jeweilige durchschnittliche inzisale Zahnbreite bzw. Breite am Zahnhals ist an der bukkalen Seite des Bogens angeführt. Die Beschriftung auf der lingualen
Seite bezieht sich auf den durchschnittlichen interdentalen Abstand am Zahnhals bzw. den interimplantären Abstand (Stan-
darddurchmesser 3,75 mm bzw. 5 mm bei den Molaren). Es ergeben sich die folgenden Schlussfolgerungen: Die meisten Im-
plantatanschlussflächen und Brückenpfeiler sollten systematisch erweitert werden. Standardimplantate eignen sich im Hinblick
auf die zwischen den Implantaten erforderliche biologische Distanz von 3–4 mm am besten. Beim Einsetzen der Implantate sollte auch die bukkolinguale Position bedacht werden. Die richtige Positionierung gestaltet sich bei fortgeschrittener horizontaler
oder vertikaler Resorption des Kieferkamms zunehmend schwieriger, d. h. die Implantate müssen am äußersten bukkalen Rand
des Kieferkamms eingesetzt werden. Bei Implantaten in entzahnten Oberkiefern sollten immer zuerst – basierend auf anatomischen und fazialen Orientierungspunkten – die Prämolaren und erst danach die übrigen Implantate gesetzt werden. Dies ist
eine Voraussetzung für ein ästhetisch ansprechendes Ergebnis.

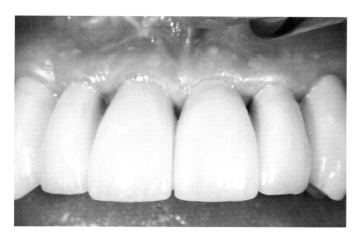

Abb. 2-16: Gemischte implantat- und zahngetragene Brücke. Aufgrund einer erheblichen Resorption des Alveolarfortsatzes sind die eingesetzten Elemente für die mittleren Schneidezähne und Eckzähne 18 mm lang. Ermöglicht wird dies durch einen niedrigen Lippenverlauf und geringere ästhetische Ansprüche des Patienten. Der zurückweichende Vorderbereich vermittelt jedoch einen sehr instabilen Eindruck.

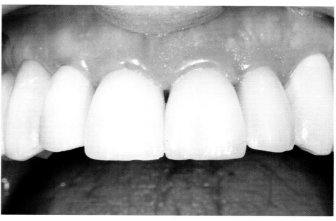

Abb. 2-17: Dieser instabile Eindruck durch zurückweichende Zähne ist bei festsitzenden, implantatgestützten Prothesen gang und gäbe, selbst wenn die vertikale und horizontale Resorption des Alveolarfortsatzes begrenzt erscheint. Diese Situation wurde durch die relative Stellung von Zähnen und Parodont sowie funktionelle und interokklusale Erfordernisse hervorgerufen.

Abb. 2-18: Vollständig zahnloser Kieferbogen mit schwerer vertikaler Resorption, korrigiert mit Hilfe von Bindegewebstransplantaten und allogenem HA-Füllmaterial. Zehngliedrige Suprakonstruktion auf acht Implantaten. Die Länge der oberen mittleren Schneidezähne (Brückenglieder) beträgt 14 mm, was der durchschnittlichen Zahnlänge besser entspricht. Die axiale Vorwölbung, die die Zähne in solchen Fällen normalerweise kennzeichnet, wurde vermieden. Dieses zwei Jahre nach Eingliederung aufgenommene Bild zeigt aber auch, dass die Interdentalpapillen durch das Fehlen einer adäquaten unterstützenden Knochenmasse verschwunden sind.

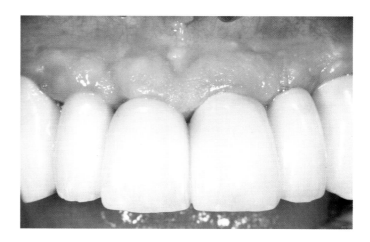

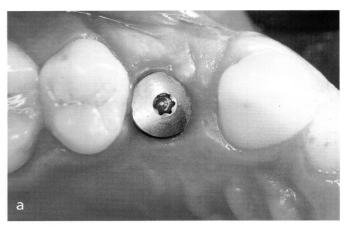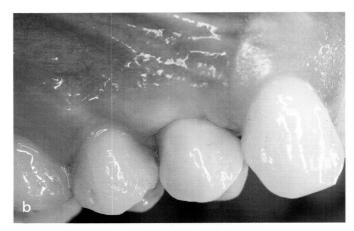

Abb. 2-19 a und b: Klinische Situation nach Extraktion des ersten Prämolaren. Die linguale Wurzelhöhle wurde zum sofortigen Setzen des Implantats präpariert. (a) Beim Sekundäreingriff mit Einheilkappe. (b) Bukkale Ansicht der Implantat-Mukosa-Einheit mit deutlich hyperlingualer Lokalisierung.

Ein sofortiges Einsetzen der Implantate in frische Extraktionsstellen gewährleistet nur dann eine gute Position des Zahnersatzes, wenn beim Primäreingriff für eine ausreichend starke Gewebeschicht gesorgt wird.[14-68] Diese ermöglicht eine spätere Positionskorrektur, da das Implantat im Endeffekt praktisch immer zu weit lingual steht (Abb. 2-19).

Der implantierende Zahnarzt spielt bei der gemeinsamen optischen Vorwegnahme des ästhetischen Endresultats eine bedeutende Rolle, der therapeutische Erfolg hängt aber direkt von der Fähigkeit des Prothetikers ab, als Anhaltspunkt einen provisorischen Zahnersatz vorzulegen, der in Form und Position genau dem definitiven Zahnersatz entspricht. Hierdurch erhält man bereits beim Primäreingriff präzise Hinweise zum Einsetzen des Implantats und die provisorische supraimplantäre Gewebepräparation. Ferner ist zu bedenken, dass der Primäreingriff bei ausgedehnten Schaltlücken, die mit festsitzendem Zahnersatz restauriert werden sollen, Bereiche auch dazu verwendet werden sollte, die

Nachbildung der Interdentalpapille vorauszuplanen. Sollte sie für eine, zwei oder mehrere Glieder vorgesehen sein, so ist eine Knochenunterstützung erforderlich (Abb. 2-18).

Beim heutigen Stand der Zahnheilkunde müssen wir bei festsitzendem Zahnersatz – proportional zur Größe des zahnlosen Bereichs und dem damit zusammenhängenden Verlust an Knochensubstanz – immer noch ästhetische Abstriche hinnehmen (Abb. 2-19). Dies macht deutlich, dass Breite, Form und Größe der Plattform und Pfeileraufbauten bei Titanimplantaten mit den ästhetischen Ergebnissen der Zahnsanierung nichts zu tun haben, selbst wenn sie keinerlei Ähnlichkeit mit einem natürlichen Zahn mehr aufweisen.

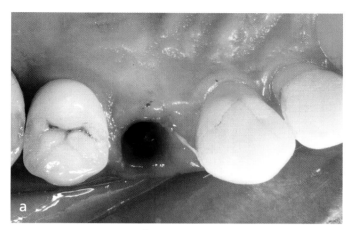
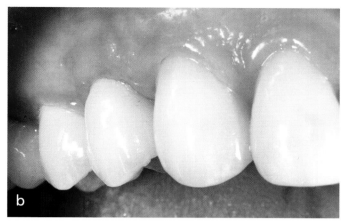

Abb. 2-20 a und b: (a) Ähnliche Situation bei Sekundäreingriff nach sofortigem Einsetzen des Implantats in die bukkale Wurzelhöhle eines ersten Prämolaren. (b) Bukkale Ansicht der Implantat-Mukosa-Einheit, die den Linienverlauf von vorn nach hinten respektiert. Aus ästhetischer Sicht sollte das Implantat idealerweise immer äußerst bukkal gesetzt werden, wenn nicht genügend Gewebe für eine adäquate Gewebekonditionierung zur Verfügung steht, um ein verbessertes Eruptionsprofil zu erreichen.

Die Einheit Brückenzwischenglied/Gingiva

Die Einheit Brückenzwischenglied/Gingiva gehört zu den am wenigsten beachteten und am schlechtesten ausgeführten Elementen in der restaurativen Zahnmedizin. Der Verlust von Zähnen durch Trauma, kariöse Läsionen oder Parodontopathien führt unweigerlich zu Formveränderungen des Halteapparates. Der Zahnarzt kann und muss hier unter zahlreichen Verfahren wählen – zum Beispiel endodontischen und parodontalchirurgischen Eingriffen –, mit deren Hilfe die Morphologie der Hart- und Weichgewebe erhalten bzw. saniert werden soll. Diese Verfahren können herangezogen werden, wenn der wiederaufgebaute Alveolarfortsatz ein Brückenglied-Gingiva- oder Implantat-Mukosa-Element aufnehmen soll.

Jedoch auch wenn die Form des zahnlosen Kieferkamms trotz der Extraktionen gleich geblieben ist bzw.

wiederhergestellt wurde, fehlen wichtige Gewebemerkmale wie Wurzelprominenz, Rand- und Interdentalpapille, und das Gewebe hat seine charakteristische orangenschalenartige Struktur verloren. Da die aus den biologisch-ästhetischen Beziehungen zwischen Zahn und Zahnfleisch entstehende muschelartige Form der Gingiva nicht mehr existiert, müssen ähnliche Beziehungen durch entsprechendes Präparieren des Brückenglied-Gingiva-Elements wiederhergestellt werden.

Die ästhetische Qualität dieser Beziehungen hängt von der materiellen bzw. optischen Reproduktion der Randpapille und der Interdentalpapille ab. Diese werden von einer adäquat präparierten Aufnahmestelle für das Brückenglied sowie dessen Form und Eruptionsprofil konditioniert und erhalten. Geht man vom ellipsoiden Brückenglied als Regelfall aus, so wird man als Entscheidungsgrundlage Qualität und Quantität der unterstützenden Weichgewebe bewerten müssen. Hiernach entscheidet sich, wie tief die Exkavation für das Brückenglied ausfallen soll. Diese erfolgt meist – ver-

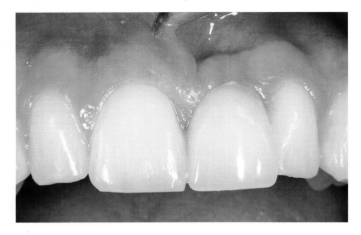

Abb. 2-21: Sind aufeinander folgende interdentale Papillen vorhanden, ohne dass eine Kammresorption vorliegt, so besteht die realistische Aussicht, die ursprünglichen morphologischen Gegebenheiten mit Hilfe von implantatgestütztem Zahnersatz originaltreu nachzubilden.

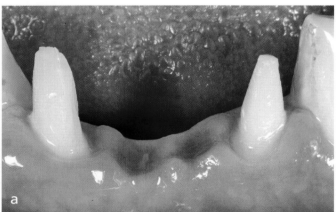

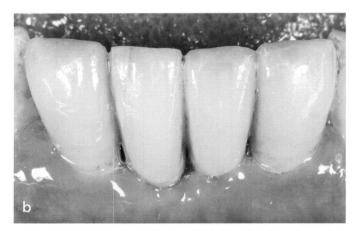

Abb. 2-22 a und b: (a) Exkavationen in präparierten oder unpräparierten zahnlosen Bereichen sind nicht alles. (b) Ohne eine ordentliche Gewebekonditionierung durch provisorische und definitive Brückenelemente bleibt die originalgetreue Nachbildung eines Zusammenhangs Zahn-Parodont illusorisch. Dies bedeutet, dass die Brückenelemente optimal an die weichen Gewebe anzupassen sind und beim Einsetzen der Prothese rundum ein leichter Druck erforderlich ist.

mutlich zurecht – auf elektrochirurgischem Weg. Sofort danach wird die Basis des Brückenzwischengliedes sorgfältig neu ausgekleidet. Exkavationen sind aber nicht alles (Abb. 2-20). Zu einer naturgetreuen Morphologie gehören auch Wurzelprominenzen, Rand- und Interdentalpapillen. Diese Elemente nachzugestalten, erfordert einen sequentielleren therapeutischen Ansatz. Die Exkavationsbreite für die Brückenglieder richtet sich nach der Breite des darüber liegenden Brückenzahns. Die Exkavationstiefe wird durch die Gewebestärke begrenzt, und das Nachgestalten der parodontalen Charakteristika der ursprünglichen Zahn-Gingiva-Einheit hängt von der Exkavationstiefe und dem vom Brückenglied ausgeübten Druck ab (Abb. 2-21 und 2-22).

Die richtige Gewebekonditionierung hängt vollständig

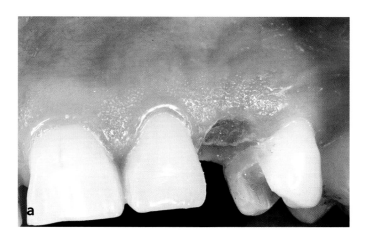

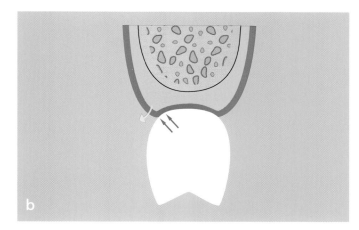

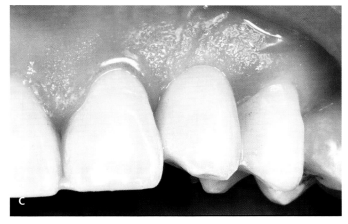

Abb. 2-23 a bis c: (a, b) Bei geringer Gewebestärke und eingeschränkter Exkavationstiefe sollte beim Einsetzen des Brückengliedes 1 mm vom Geweberand entfernt ein seitlicher Druck auf die bukkale und proximale Seite der Exkavation ausgeübt werden. (c) Gewebe, das länger als 30 Sekunden blutleer bleibt, kann absterben. Flache Exkavationen zeigen jedoch bei der Gewebekonditionierung nur minimales Gewebe-Rebound.

von der Sensibilität des Zahnarztes ab. Dabei ist Folgendes zu beobachten: Wenn aufgrund einer zu dünnen Gewebeschicht die Exkavation flach ausfallen muss, führt der laterale Gewebedruck zu einem randpapillenartigen Gewebe-Rebound. Hingegen kann eine dicke Gewebeschicht mit tiefer Exkavation, wenn vom Brückenglied ein entsprechender seitlicher Druck ausgeht, eine Wurzelprominenz simulieren (Abb. 2-23 bis

2-27). Wenn Gewebe und Brückenglied sensibel ausgestaltet werden, ist dank der natürlichen Reaktion des Gingivagewebes mit einem zufrieden stellenden ästhetischen Ergebnis zu rechnen, das den Merkmalen der natürlichen Zahn-Gingiva-Einheit gut entspricht.
Eine erfolgreiche Gestaltung von Zahn-Gingiva-, Implantat-Mukosa- und Brückenglied-Gingiva-Elementen ist nur bei Berücksichtigung der biologischen und ästhe-

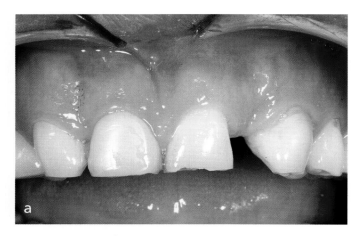

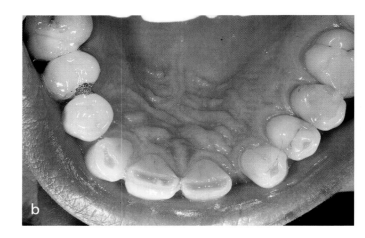

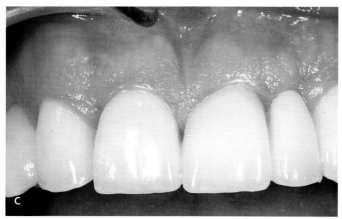

Abb. 2-24 a bis c: (a, b) Klinische Ausgangssituation mit ungünstigem Lückenbereich sowie reduzierter Gewebestärke, die die Möglichkeiten der Exkavation einschränkt. (c) Der zahnlose Bereich der Brücke zeigt aufgrund des stärkeren Seitendrucks durch das Brückenglied ein günstiges Gewebe-Rebound. Andere therapeutische Möglichkeiten wie etwa ein kieferorthopädischer Eingriff wurden vom Patienten abgelehnt.

tischen Beziehungsmerkmale möglich. Diese Merkmale ergeben sich aus den strukturellen Besonderheiten von Formen, die funktionalen Geboten unterworfen sind (Abb. 2-26). In der Dualität von Form und Beziehung ist keines dieser beiden Elemente über das andere zu stellen. Zwischen biologischen, funktionalen und ästhetischen Erwägungen besteht kein Widerspruch. Sie ergänzen und unterstützen einander und sind daher ganzheitlich aufzufassen.

Zahnsanierungen dienen sowohl einem funktionalen als auch einem ästhetischen Zweck. Dabei wird die ursprüngliche Morphologie der dentofazialen Komposition realistisch nachgestaltet, und es werden harmonische Beziehungen zwischen den einzelnen Komponenten geschaffen, die aufeinander und auf das Ganze gerichtet sind.

Das Nachahmen der Wirklichkeit ist ein wichtiges Ziel der ästhetischen Gestaltung. Für den Sanierungspro-

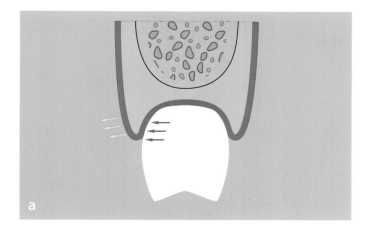

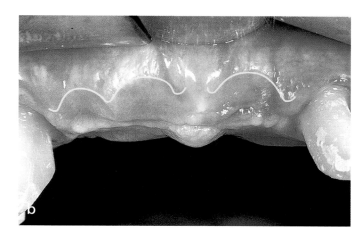

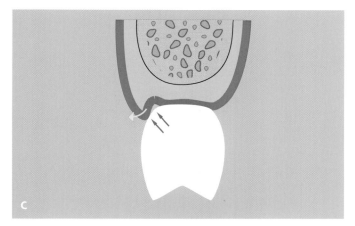

Abb. 2-25 a bis c: In zahnlosen Bereichen mit erheblicher Gewebestärke ist es extrem einfach, den Situs für die Brückenglieder geeignet modellieren und dabei einen naturgetreuen Zusammenhang zwischen Zahn und Gingiva – einschließlich Wurzelprominenz und Interdentalpapille – nachzubilden (a). Unter weniger günstigen Umständen besteht immer noch die Möglichkeit, wenigstens die Rand- und Interdentalpapillen zu modellieren (a, b). Lateral und bukkal der Gewebeexkavation wird ein aufwärts geneigter, 2 mm tiefer Schnitt gesetzt (b, c). Der Lappen wird dann zurückgezogen und während der Einsetzung des Brückengliedes in einer bukkalen Position gehalten.

zess bedeutet dies, dass sanierte Komponenten harmonisch in bestehende Strukturen eingefügt werden. Für den Zahnarzt bleibt es unverzichtbar, sich ästhetisch zu bilden, denn nur so lassen sich die zur Erreichung dieses Ziels nötige Geschmackssicherheit und Urteilskraft entwickeln, gewohnheitsmäßige Normen durch einen individuellen Ansatz ersetzen und die einfließenden Komponenten in ihrem Wesen begreifen.

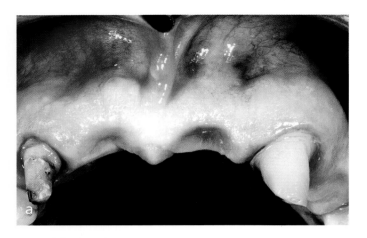
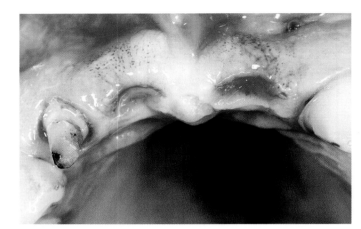
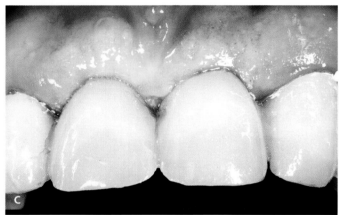
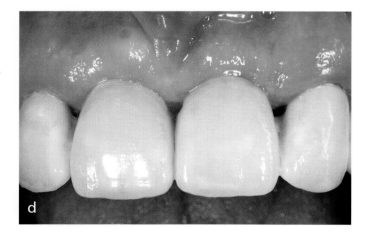

Abb. 2-26 a bis d: (a) Klinische Ausgangssituation. (b) Setzen eines 2 mm tiefen gewölbten Schnitts. (c) Nach erfolgter Entlastungsinzision wird das Brückenglied, dessen Rand verbreitert wurde, in die präparierte Stelle eingesetzt. (d) Definitive Brücke über einen Bereich mit vormals prononciertem Diastema. Die Randpapillen sind gut ausgeführt und passen zu den Zahnprominenzen.

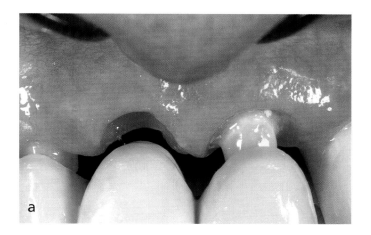

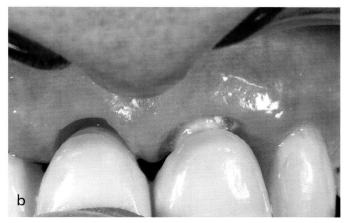

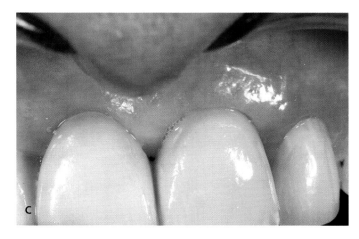

Abb. 2-27 a bis c: Beim Herstellen von Zahn-Gingiva-, Implantat-Mukosa- und Brückenglied-Gingiva-Elementen sind die einer originalgetreuen Morphologie von Zahn und Zahnfleisch zugrunde liegenden biologischen Voraussetzungen zu berücksichtigen.

Literatur

1. Garguilo AW, Wentz FM, Orban B. Dimension and relations of the dento-gingival junction in humans. J Periodontol 1961;32:261–267.

2. Sicher H. Changing concepts on the supporting dental structures. Oral Surg 1959;12:31–35.

3. Schroeder HE, Listgarten RA. Fine structure of the developing epithelial attachment in human teeth. Monographs in Developmental Biology. Basel: S. Karger, 1971:2–134.

4. Ingber JS, Rose LF, Coslet JG. The "biologic width"—A concept in periodontics and restorative dentistry. Alpha Omegan 1977;70:62–65.

5. Maynard JG, Wilson RD. Physiologic dimensions of the periodontium significant to the restorative dentist. J Periodontol 1979;50:170–174.

6. Waerhaug J. Presence or absence of plaque on subgingival restorations. Scand J Dent Res 1975;83:193–201.

7. Waerhaug J. Histologic considerations which govern where the margins of restorations should be located in relation to gingiva. Dent Clin North Am 1960;5:161–176.

8. Marcurm JS. The effect of crown marginal depth upon gingival tissue. J Prosthet Dent 1967;17:479–487.

9. Dello Russo NM. Placement of crown margins in patients with altered passive eruption. Int J Periodont Rest Dent 1984;4:58–65.

10. Becker CM, Kaldahl WB. Current theories of crown contour, margin placement and pontic design. J Prosthet Dent 1981;45:268–277.

11. Shavell HM. Mastering the art of tissue management during provisionalization and biologic final impressions. Int J Periodont Rest Dent 1988;8:24–43.

12. Kay HB. Criteria for restorative contours in the altered periodontal environment. Int J Periodont Rest Dent 1985;5:42–63.

13. Tarnow DP, Magner AW, Fletcher P. The effect of the distance from the contact point to the crest of bone on presence or absence of the interproximal dental papilla. J Periodontol 1992;63:995–996.

14. Löe H. Reactions to marginal periodontal tissues to restorative procedures. Int Dent J 1968;18:759–778.

15. Nevins M, Skurow HM. The intracrevicular restorative margin, the biologic width, and the maintenance of the gingival margin. Int J Periodont Rest Dent 1984;4:30–39.

16. Shavell HM. Mastering the art of tissue management during provisionalization and biologic final impression. Int J Periodont Rest Dent 1988;8:25.

17. Woycheshin FF. An evaluation of the drugs used for gingival retraction. J Prosthet Dent 1964;14:769–776.

18. Anneroth G, Nordenram A. Reaction of the gingiva to the application of threads in the gingival pocket for taking impressions with elastic materials. Odontol Revy 1969;20:301–310.

19. Harrison JD. Effect of retraction materials on the gingival sulcus epithelium. J Prosthet Dent 1961;11:514–521.

20. Löe H, Silness J. Tissue reactions to string packs used in fixed restoration. J Prosthet Dent 1963;13:318–323.

21. de Gennaro GG, Landesman HM, Calhoun JE, Martinoff JT. A comparison of gingival inflammation related to retraction cords. J Prosthet Dent 1982;47:384–386.

22. Wilson RD, Maynard G. Intracrevicular restorative dentistry. Int J Periodont Rest Dent 1981;1(4):34–49.

23. Duncan JD. Reaction of marginal gingiva to crown and bridge procedures. Part I. Miss Dent Assoc J 1979;35(2):26–28.

24. Dragoo MR, Williams GB. Periodontal tissue reactions to restorative procedures. Part II. Int J Periodont Rest Dent 1982;2(2):34–45.

25. Löe H. Reactions to marginal periodontal tissues to restorative procedures. Int Dent J 1968;18:759–778.

26. Barghi N, Simmons EW. The marginal integrity of the temporary acrylic resin crown. J Prosthet Dent 1976;36:274–277.

27. Adell R, Lekholm U, Rockler B, Brånemark P-I, Lindhe J, et al. Marginal tissue reactions at osseointegrated titanium fixtures (1). A 3-year longitudinal prospective study. Int J Oral Maxillofac Surg 1986;15:39–52.

28. Akaawa Y, Takata T, Matsumoto T, Nikai H, Tsuru H. Correlation between clinical and histological evaluations of the peri-implant gingiva around single-crystal sapphire endosseous implant. J Oral Rehabil 1989;16: 581–587.

29. Jansen JA, de Wijn JR, Wolters-Lutgerhorst JML, van Mullem J. Ultrastructural study of epithelial cell attachment to implant material. J Dent Res 1985;64:891–896.

30. Lekholm U, Ericsson I, Adell R, Slots J. The condition of the soft tissues at tooth and fixture abutments supporting fixed bridges: A microbiological and histological study. J Clin Periodontol 1986;13:558–562.

31. Gould TRL, Brunette DM, Westbury L. The attachment mechanism of epithelial cells to titanium in vitro. J Periodont Res 1981;16:611–616.

32. Brånemark P-I. Introduction to osseointegration. In: Brånemark P-I, Zarb GA, Albrektsson T (eds). Tissue-Integrated Prostheses: Osseointegration in Clinical Dentistry. Chicago: Quintessence, 1985:11–76.

33. Ten Cate AR. (1985). The gingival junction. In: Brånemark P-I, Zarb GA, Albrektsson T (eds). Tissue-Integrated Prostheses: Osseointegration in Clinical Dentistry. Chicago: Quintessence, 1985:145–153.

34. McKinney RV, Steflik DE, Koth DL. The epithelium-dental implant interface. J Oral Implantol 1988;13:622–641.

35. Meffert RM. The soft tissue interface in dental implantology. J Dent Educ 1988;52:810–811.

36. Carmichael RP, Apse P, Zarb GA, McCulloch CAG. Biological, micro-biological and clinical Aspects of the peri-implant mucosa. In: Albrektsson T, Zarb GA (eds). The Brånemark Osseointegrated Implant. Chicago: Quintessence, 1989:39–78.

37. McCulloch CAG, Melcher AH. The periodontium. In: Smith DC, Williams DF (eds). Biocompatibility of Dental Materials. Vol 1. Boca Raton: CRC Press, 1982.

38. Buser D, Stich H, Kreker G, Schroeder A. Faserstrukturen der periimplantären Mukosa bei Titanimplantaten. Eine experimentelle Studie am Beagle-Hund. Zeitschrift für Zahnärzt Implantologie 1989;5:15–23.

39. Zarb G. Osseointegration: A requiem for the periodontal ligament. Guest editoral. Int J Periodont Rest Dent 1991;11(2):28–91.

40. Adell R, Lekholm U, Rockler B, Brånemark P-I. A 15-year study of osseointegrated implants in the treatment of the edentulous jaw. Int J Oral Surg 1981;10:387–416.

41. Lekholm U, Adell R, Lindhe J, et al. Marginal tissue reaction of osseointegrated titanium implants II. A cross-sectional retrospective study. Int J Oral Surg 1986;15: 53–61.

42. Bower RC, Radney NR, Wall CD, Henry PJ. Clinical and microscopic findings in edentulous patients 3 years after incorporation of osseointegrated implant-supported bridgework. J Clin Periodontol 1989;16:580–587.

43. Apse P, Zarb GA, Schmitt A, Lewis DW. The longitudinal effectiveness of osseointegrated dental implants. The Toronto Study: Peri-implant mucosal response. Int J Periodont Rest Dent 1991;11:94–111.

44. Berglundh T, Lindhe J, Ericsson I, Marinello CP, Liljenberg B, Thomsen P. The soft tissue barrier at implants and teeth. Clin Oral Implants Res 1991;2:81–90.

45. Ericsson I, Berglundh T, Marinello CP, Liljenberg B, Lindhe J. Long-standing plaque and gingivitis at implants and teeth in the dog. Clin Oral Implants Res 1992;3:99–103.

46. Adell R, Lekholm U, Roskler BJ, et al. A 15-year study of osseointegrated implant in the treatment of the edentulous jaw. Int J Surg 1981;10:387–416.

47. Albrektsson T, Zarb GA, Worthington P, Eriksson AR. The long-term efficacy of currently used dental implants: A review and proposed criteria of success. Int J Oral Maxillofac Implants 1986;1:11–25.

48. Zarb GA, Schmitt A. Osseointegration and the edentulous predicament. The 10-year-old Toronto study. Br Dent J 1991;170:439–444.

49. Lindquist LW, Carlsson GE, Glantz PO. Rehabilitation of the edentulous mandible with a tissue-integrated fixed prosthesis: A six-year longitudinal study. Quintessence Int 1987;18:89–96.

50. Smith DE. A review of endosseous implants for partially edentulous patients. Int J Prosthodont 1990;3:12–19.

51. Adell R, Lekholm U, Brånemark P-I. Surgical procedures. In: Brånemark PI, Zarb GA, Albrektsson T (eds). Tissue-Integrated Prostheses: Osseointegration in Clinical Dentistry. Chicago: Quintessence, 1989:221–232.

52. Moy PK, Weinlaender M, Tenney EB. Soft tissue modifications of surgical techniques for placement and uncovering of osseointegrated implants. Dent Clin North Am 1989;33:665–681.

53. Hertel RC, Blijdorp PA, Kalk W, Baker DL. Stage 2 surgical techniques in endosseous implantation. Int J Oral Maxillofac Implants 1994;9:273–278.

54. Israelson H, Plemons JM. Dental implants, regenerative techniques, and periodontal plastic surgery to restore maxillary anterior esthetics. Int J Oral Maxillofac Implants 1993;8:555–562.

55. Sullivan D, Kay H, Schwarz M, Gelb D. Esthetic problems in the anterior maxilla. Int J Oral Maxillofac Implants 1984;(Suppl 9):64–74.

56. Ibbot CG, Kovach RJ, Carlson-Mann LD. Surgical correction for esthetic problems associated with dental implants. J Can Dent Assoc 1992;58:561–562.

57. Silverstein LH, Lefkove MD. The use of the subepithelial connective tissue graft to enhance both the aesthetics and periodontal contours surrounding dental implants. J Oral Implantol 1994;20:135–138.

58. Palacci P. Amenagement des tissus peri-implantaires intérêt de la régénération des papilles. Réalités Cliniques 1992;3:381–387.

59. Palacci P. Optimal Implant Positioning & Soft Tissue Management for the Brånemark System. Chicago: Quintessence, 1995:59.

60. Wennström JL, Bengazi F, Lekholm U. The influence of the masticatory mucosa on the peri-implant soft tissue condition. Clin Oral Implants Res 1994;5:1–8.

61. Strub JR, Garlerthël TW, Grunder U. The role of the attached gingva in the health of peri-implant tissue in dogs. Part I. Clinical findings. Int J Periodont Rest Dent 1991;11:317–333.

62. Parel SM, Triplett RG. Immediate fixture placement: A treatment planning alternative. Int J Oral Maxillofac Implants 1990;5:337–345.

63. Garber DA, Rosenberg ES. The edentulous ridge in fixed prosthodontics. Compend Continue Educ Dent 1981;2:212–223.

64. Seibert JS, Cohen DW. Periodontal considerations in preparation for fixed and removable prosthodontics. Dent Clin North Am 1987;31:529–555.

65. Lazzara RJ. Immediate implant placement into extraction sites: Surgical and restorative advantages. Int J Periodont Rest Dent 1989;9:333–343.

66. Gelb DA. Immediate implant surgery: 3-year retrospective evaluation of 50 consecutive cases. Int J Oral Maxillofac Implants 1993;8:388–399.

67. Rosenquist BA. A comparison of various methods of soft tissue management following the immediate placement of implants into extraction sockets. Int J Oral Maxillofac Implants 1997;12:43–51.

68. Landsbert CJ. Socket seal surgery combined with immediate implant placement. A novel approach for single-tooth replacement. Int J Periodont Rest Dent 1997;17:141–149.

KAPITEL 3 | Ästhetische Integration

Ästhetisches Empfinden ist allen Menschen gegeben. Allerdings haben Formen und Farben einen höchst subjektiven emotionalen Wert. An der Frage, was diesen emotionalen Wert ausmacht, ist die Philosophie seit jeher gescheitert. Man führte dieses Phänomen daher auf irrationale, im individuellen Bereich angesiedelte Faktoren zurück. Kartesianischen Geistern ist im Reich des Ästhetischen unbehaglich zumute. Ihrer Ansicht nach entspringt Schönheit unabhängig von den geweckten Emotionen intuitiven Eindrücken und poetischem Überschwang.

Ästhetische Erkenntnis beruht jedoch auf einer intuitiven, emotionalen, sinnlichen Bildung und lässt sich durch geduldiges Beobachten und permanente kognitive Arbeit erlernen. Wir können dieses Wissen nicht auf ein anderes zurückführen, weil es keinen allgemein gültigen Kriterien unterliegt. Vielmehr müssen wir geschult sein, um in den mannigfaltigen Faktoren der Schönheit das Gemeinsame zu sehen. Diese ästhetischen Faktoren sollen im vorliegenden Kapitel beschrieben werden. Logik beruht auf menschlichen Konstanten und ist zum einen ein Instrument der Kontrolle, zum anderen weist sie dem Erfindergeist den Weg zu neuen Entdeckungen. Die Logik definiert die Marschrichtung der Intuition. Doch ohne den ergänzenden Halt der Intuition bleibt sie ein unfruchtbares Werkzeug.

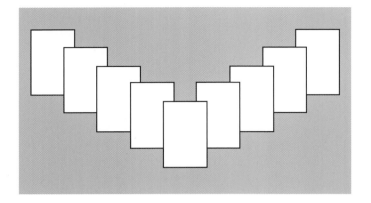

Abb. 3-1: Der westliche Ästhetizismus beruht auf rein mathematischen Erwägungen. Vollkommene Schemata sich wiederholender oder ähnlicher Elemente erfreuen den menschlichen Geist. Dieses Konzept der Ästhetik findet sich in perfekten Zahnreihen wieder, die durch Hinzufügen ähnlicher Elemente ein aus farblich und formaler Sicht homogenes Erscheinungsbild erhält.

Abb. 3-2 a und b: Man kann Schönheit als Selbstzweck oder aber aus der menschlichen Wahrnehmung heraus analysieren. Die „Chemie" der menschlichen Reaktionen auf diese unterschiedlichen Einheiten ist jedoch keiner rationalen Erklärung zugänglich. Die Schönheit einer Komposition ergibt sich nicht aus identischen Formen bzw. Beziehungen, sondern daraus, wie gut die Position der einzelnen Komponenten den sinnlichen Anforderungen entspricht. (a) Eine Komposition aus Quadraten in einem rechteckigen Rahmen etwa fördert kollektive Wahrnehmungen auf der primären Empfindungsebene, die – in Form der als Spannungselemente einfließenden verschiedenen Positionen und Farben der Quadrate – durch Wahrnehmungen auf der sekundären Empfindungsebene ergänzt werden. (A. Nemours, private Sammlung.) (b) Diese künstlerische Komposition dagegen ruft vorwiegend Empfindungen der sekundären Ebene hervor und spricht im Extremfall nur Betrachter an, die mit dem Künstler auf der „gleichen Wellenlänge" liegen. (O. Nebel, private Sammlung.)

Hierarchie des Empfindens

Nicht alle ästhetischen Empfindungen sind gleich gut und gleich intensiv. Sie lassen sich in eine bestimmte Hierarchie einteilen. Der menschliche Geist erfreut sich an der Wahrnehmung der natürlichen Ordnung und an seiner eigenen Rolle darin. Diese Wahrnehmung gehört zu unseren größten Freuden. Sie gibt uns das Gefühl, dass die Welt den Gesetzen gehorcht, die der Mensch ihr auferlegt, wobei ein Gesetz nichts anderes ist als ein verifizierter, „mathematisch" ausgedrückter Befehl.

Der aus der mediterranen Tradition hervorgegangene westliche Ästhetizismus beruht auf streng mathematischen Voraussetzungen. Daher sind wir alle zur deutlichen Wahrnehmung einer mathematischen Ordnung erzogen. Formen und Farben, so könnte man meinen, müssten die Sinne eigentlich direkter ansprechen. Trotzdem scheint es Reaktionen höherer Ordnung zu geben, die auf der symbolischen Ebene der reinen Mathematik angesiedelt sind und in der Hierarchie der Empfindungen ganz oben stehen (Abb. 3-1). Folgerichtig ist unser Geist kaum dafür prädisponiert, die von Formen und Farben freigesetzten Gefühle ohne den Überbau einer mathematischen Ordnung in rein subjektive Reaktionen umzusetzen.

Wir können zwischen einer primären und einer sekundären Empfindungsebene unterscheiden. Erstere ist bei allen Menschen durch das einfache Spiel von Farben und Formen geprägt. Eine Kugel etwa löst aufgrund ihrer spezifischen Form, auch wenn diese nie vollständig sichtbar wird, bei jedem Menschen dieselbe Reaktion aus. Es handelt sich um eine jener Empfindungskonstanten, die gleichsam den Grundwortschatz der ästhetischen Sprache bilden.

Eine Kugel bleibt immer eine Kugel, ein Quadrat bleibt immer ein Quadrat. Jede dieser Formen führt zu bestimmten perzeptiven und ästhetischen Reaktionen. Was für die Kugel gilt, gilt ebenso für den Würfel, den Zylinder, den Kegel und die Pyramide – und ebenso für ihre Teilflächen: das Dreieck, das Quadrat und den Kreis. Dieser Befund lässt sich auf gerade und gezackte Linien, rechte, spitze und stumpfe Winkel und alle weiteren Objekte, auf die alle Menschen gleich reagieren, ausdehnen.

Auf der sekundären Empfindungsebene fließen zusätzlich zu den primären Empfindungen die erblichen und kulturellen Prägungen des Betrachters ein. Je nachdem, welche Vorstellungen im Zentrum der jeweiligen Sichtweisen und Wertigkeiten stehen, wird etwa ein Brasilianer die Kugel am ehesten als Fußball interpretieren. Bei einem Papuaner fließt der Gottesbegriff ein, der Astronaut assoziiert sie mit dem Planeten Erde.

Ein Kunstgegenstand, der nur die primäre Empfindungsebene anspricht, wäre gleichsam ein Zierat ohne menschliche Resonanz. Ein auf die sekundäre Ebene reduziertes Objekt wiederum wäre bar jeder ästhetischen Qualität, ansprechend allenfalls für Menschen mit enger innerer Beziehung zum Künstler (Abb. 3-2).

Die Zahl der Sekundärempfindungen ist im Gegensatz zu den Primärempfindungen nicht begrenzt, sodass die Universalität der formalen und expliziten ästhetischen Sprache theoretisch bleibt. Höhere Empfindungen mit einer mathematischen Qualität entstehen erst aus der Kombination zwischen Empfindungen der primären und der sekundären Ebene.

Abb. 3-3: Die Konzeption eines Kunstgegenstandes ist ein geistiger Vorgang, in dem das Endprodukt vorweggenommen wird. Hierzu werden u. a. Pulver, Wasser, Pinsel – oder Einbettmasse verwendet.

Konzeption und Komposition

Im Bereich der ästhetischen Gestaltung werden vielfältige Mittel eingesetzt, um bestimmte Ergebnisse zu erzielen. Zunächst muss man wissen, was man erreichen will. Will man ein sinnliches, ein sinnlich-geistiges Erlebnis schaffen, das Auge erfreuen? Die Konzeption ist ein geistiger Prozess, in dem das allgemeine Aussehen eines Kunstgegenstandes vorweggenommen wird. Das Ziel besteht darin, die Assoziationen von natürlichen und künstlichen Formen zur Geltung bringen, um beim Betrachter eine Sinfonie von Empfindungen hervorzurufen (Abb. 3-3).

Gerade der Zahntechniker verfügt über optimale Vor-

aussetzungen für diese Art der ästhetischen Gestaltung. Die Auswahl an Formen, Farben und Materialien, auf die er beim Komponieren einer dentalen Sinfonie zurückgreifen kann, ist mehr als reichhaltig. Zahnärzte und Zahntechniker sind eine privilegierte Gruppe, die über ungewöhnliche Möglichkeiten zur Schöpfung, aber auch zur Täuschung verfügt. Sie können die zur Wiederherstellung der Funktion erforderlichen Formen und Arrangements sorgfältig auswählen (Abb. 3-4 und 3-5). Die Konzeption dieser konstanten und variablen Elemente findet im Dentallabor statt, wo das Sichtfeld auf eine Fragment des architektonischen Raums eingeengt ist, der die faziale Struktur ausmacht.

Der faziale Raum mit seinen subtil-flüchtigen Elementen lässt sich im Labor nur sehr schwer rekonstruieren.

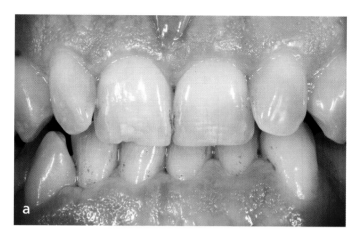 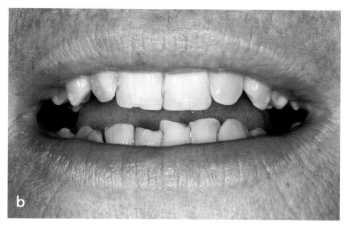

Abb. 3-4 a und b: Unter „Komposition" verstehen wir die innere Organisation eines Kunstwerks. Im Fall der dentalen Komposition bezieht sich dieser Begriff auf die Wahrnehmung konstanter und variabler Elemente (zwei mittlere Schneidezähne umgeben von zwei seitlichen Schneidezähnen umgeben von zwei Eckzähnen = konstant; Form, Position und Anordnung der Zähne = variabel). Aber welche Kriterien sind geeignet, um nach Maßgabe dieser Variablen eine harmonisch integrierte Zahnanordnung zu konzipieren? (a) Nach westlichen Begriffen mangelhafte Zahnanordnung, die aber (b) nur geringfügig korrigiert zu werden braucht, um sich harmonisch einwandfrei in ihre Umgebung einzufügen.

Abb. 3-5: Können wir wirklich ein ästhetisch ansprechendes Ergebnis erwarten, wenn wir uns lediglich auf die Vorstellungskraft des Zahntechnikers verlassen? Da ästhetische Qualität auf den dominanten Beziehungen zwischen unterschiedlichen Elementen beruht, droht jede auf den architektonischen Rahmen, den der Artikulator liefert, beschränkte Zahnaufstellung das Behandlungsziel zu verfehlen. Es ist eine Illusion, zu glauben, dass die fazialen Parameter während der Konzeptionsphase ignoriert werden können und sich alle Elemente des dentofazialen Verwirrspiels quasi von selbst zu einem ästhetisch ansprechenden Ganzen zusammenfügen.

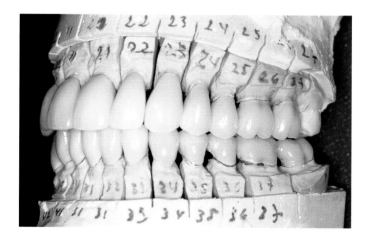

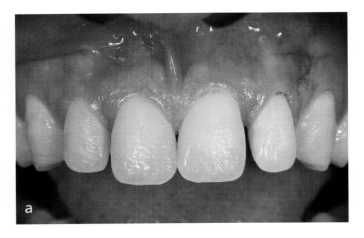

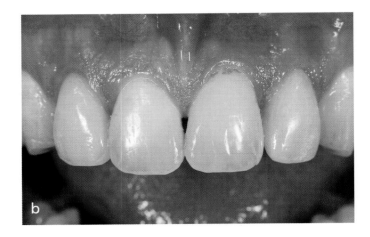

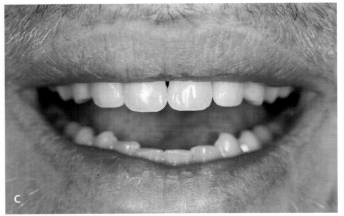

Abb. 3-6 a bis c: (a) Dentale Komposition mit ästhetisch abträglichen Diastemata. (b) Sanierung mit scheinbar verbesserter dentaler Ästhetik mittels Keramikverblendungen für die seitlichen Schneidezähne und leichter Konturverstärkung mit Komposit für die mittleren Schneidezähne. (c) Trotz ihrer horizontalen Symmetrie erscheint die Komposition jedoch ästhetisch verfehlt, wenn man ihre Beziehung zu den umliegenden Strukturen ins Auge fasst. Der von den Lippenverläufen vermittelte Eindruck einer charakterlichen Schwäche wird durch die Sanierung sogar noch verstärkt.

Dies ist auch der Grund, warum man sich in der Prothetik primär mit dem funktionalen Aspekt beschäftigt und die ästhetischen Ergebnisse zu wünschen übrig lassen (Abb. 3-6 und 3-7).

Formen und Farben können nur in einem architektonischen Raum zu einem emotional wirksamen Ganzen zusammenfinden. Die ästhetische Qualität kommt am besten zur Geltung, wenn das Auge mit einem Raum konfrontiert ist, der seinem normalen Gesichtsfeld entspricht und den Eindruck eines Ganzen vermittelt. Dies

erklärt auch, warum so viele Maler bei traditionellen Formaten bleiben. Diese Formate entsprechen den visuellen Bedürfnissen des Menschen und lassen sich auf einen Blick erfassen.

Die Details einer Landschaft bleiben zwar immer gleich, unabhängig davon, ob sie durch ein Guckloch oder ein großen Fenster betrachtet werden. Die Größe des Ausschnitts bestimmt aber den architektonischen Raum. Ein veränderter Ausschnitt führt zu einer neuen Komposition, in der bestimmte Elemente besser zur Geltung

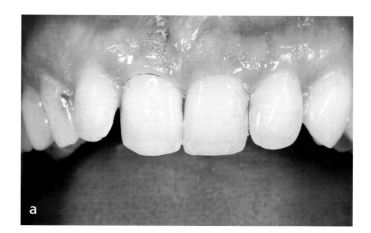

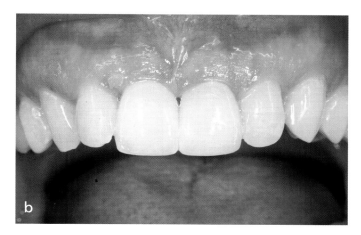

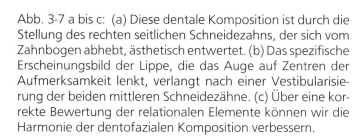

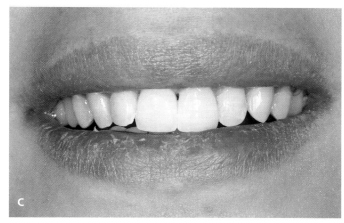

Abb. 3-7 a bis c: (a) Diese dentale Komposition ist durch die Stellung des rechten seitlichen Schneidezahns, der sich vom Zahnbogen abhebt, ästhetisch entwertet. (b) Das spezifische Erscheinungsbild der Lippe, die das Auge auf Zentren der Aufmerksamkeit lenkt, verlangt nach einer Vestibularisierung der beiden mittleren Schneidezähne. (c) Über eine korrekte Bewertung der relationalen Elemente können wir die Harmonie der dentofazialen Komposition verbessern.

kommen. Eine Komposition ist also ein – realer oder imaginärer – Raum, der von seinen geometrischen Dimensionen begrenzt und von seinen Elementen charakterisiert wird.

Die Elemente der fazialen Struktur sind – in Form, Position und Größe – vorgegeben. Also bleibt der konzeptionelle Aktionsradius des zahnärztlichen Teams darauf beschränkt, dentale Elemente möglichst harmonisch in diese vorgegebene Struktur einzugliedern. Leider existiert bis heute kein Regelwerk, an dem die ästhetischen

Zusammenhänge zwischen den Elementen der dentofazialen Komposition festgemacht werden könnten, sodass die Ziele der ästhetischen Integration den Gesetzen des Zufalls überlassen scheinen. Historische Versuche, mit Hilfe solcher Regelwerke ein Ideal der menschlichen Schönheit zu postulieren, waren nur selten praktisch verwertbar, und auf die Elemente der dentofazialen Ästhetik ging man dabei gar nicht erst ein (Abb. 3-8).

Da es also gebrauchsfertige Schönheitsrezepte nicht

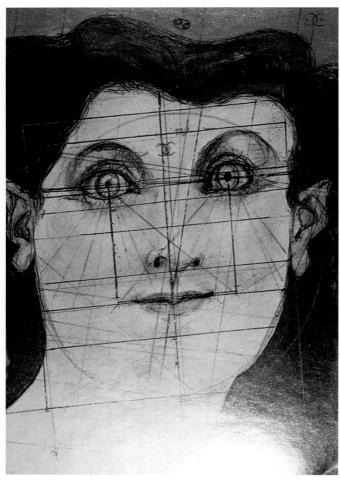

Abb. 3-8: Von den alten Griechen bis zur italienischen Renaissance diente die Theorie des proportionierten Körpers als konstanter Bezugspunkt für das säkulare Verständnis einer universellen Harmonie. Die heute Auffassung geht hauptsächlich auf Raffael und Leonardo da Vinci zurück. Was unter dentofazialer Ästhetik zu verstehen ist, wird an diesem Frauenkopf von John Graham (1954, Privatsammlung) besonders gut deutlich. Er integriert Teile der fazialen Komposition in ein mechanisches System von Linien, Rechtecken und Quadraten.

gibt, bleibt uns nichts anderes übrig, als elementares ästhetisches Wissen zu erwerben und einen sensiblen Zugang zu den entsprechenden Beziehungsgeflechten zu entwickeln. Auf diesem Weg können wir uns die analytischen und klinischen Voraussetzungen erarbeiten, die erforderlich sind, um dentale Elemente harmonisch in die Umgebung einzupassen.

Die dentofazialen Parameter müssen hierzu naturgemäß aus der Frontalen bewertet werden. Dabei sind mehrere Punkte zu beachten. Form und Größe der einzelnen fazialen Flächen sollten unter optimalen Verhältnissen bewertet werden; die Wahrnehmungspunkte, ob nahe am oder entfernt vom Betrachter sollten entlang einer einzigen Linie verlaufen; die zu diesen verschiedenen Wahrnehmungspunkten gehörenden Elemente werden entsprechend angepasst. Um einen umfassenderen räumlichen Eindruck zu gewinnen, können kurzzeitig auch andere Perspektiven herangezogen werden.

Aus dentalästhetischer Sicht wird es nötig sein, die Frontkomposition aus drei oder vier verschiedenen Entfernungen zu visualisieren (Abb. 3-9), um weitere dynamische Beziehungen zwischen den Lippen (Abb. 3-10) und anderen dentalen Elementen zu erfassen. Diese Entfernungen sollten so gewählt werden, dass folgende Details sichtbar werden: die dentale Komposition, bestehend aus Ober- und Unterkieferzähnen mit den sie stützenden Strukturen; die dentofaziale Komposition, bestehend aus Zähnen und Lippen bei verschiedenen Mundbewegungen; die faziale Komposition, bestehend aus den um Mund, Nase und Augen gezogenen vestibulären Rahmen; schließlich die faziale Komposition, bestehend aus dem gesamten morphologischen Erscheinungsbild.

Diese verschiedenen Ebenen und die dentofaziale Dynamik müssen beim Rekonstruieren dentaler Elemente ständig abgerufen werden. Versäumt man es, ausreichend auf die künftige Umgebung der dentalen Elemente einzugehen, so wird das Behandlungsziel un-

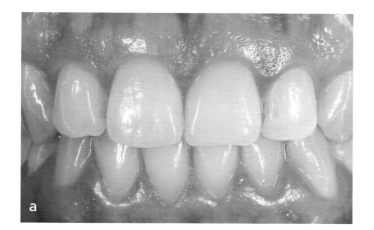

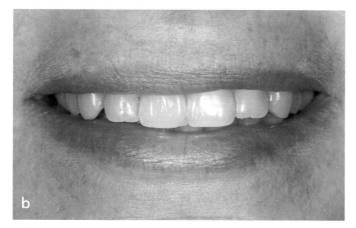

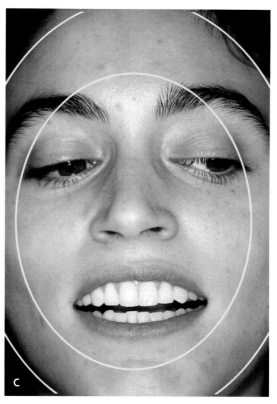

Abb. 3-9 a bis d: Mit den ästhetisch-strukturellen Aspekten der dentofazialen Komposition machen wir uns vertraut, indem wir die dentale Komposition aus vier verschiedenen Entfernungen bewerten: (a) dentale Komposition, (b) dentofaziale Komposition, (c) faziale Komposition im vestibulären Rahmen rund um Augen, Nase und Mund und Gesamtansicht.

weigerlich verfehlt, selbst wenn die funktionalen Anforderungen perfekt erfüllt sind.

Eine ästhetisch vollkommene Komposition ist nicht einfach die Summe perfekter Elemente. Die Geschichte zeigt, dass alle künstlerischen Versuche (z. B. von Dürer), aus ideal geformten Körperteilen eine ideale Körperkomposition zu schaffen, ästhetisch misslangen. Diese

Grenzen gelten auch für uns. Man schafft keine dentofaziale Ästhetik, indem man ideal geformte dentale Elemente in eine ideal geformte Lippenfläche eingliedert. Faziale Harmonie lässt sich nicht durch ordnungsgemäßes Zusammenfügen einzelner Elemente erreichen. Vielmehr setzt sie die Fähigkeit voraus, heterogen geformte, gefärbte und positionierte Elemente in einem

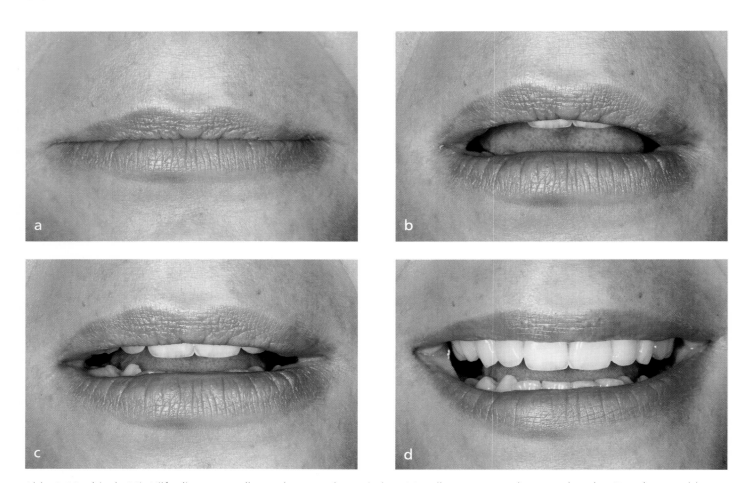

Abb. 3-10 a bis d: Mit Hilfe dieser grundlegenden, aus dynamischen Mundbewegungen hervorgehenden Frontkompositionen bestimmen wir das Wesen der relationalen, formschaffenden Elemente: (a) geschlossener Mund, (b) Ruheposition, (c) Viertellächeln, (d) volles Lächeln.

Gesamtzusammenhang zu visualisieren. In diesen Zusammenhängen liegt die logische Grundlage der Ästhetik – selbst dann, wenn hinter dieser Logik verborgen das irrationale Element überwiegt.

Nur indem wir unser Auge gut schulen, können wir in der „wissenschaftlichen" Auseinandersetzung mit Ästhetik ihren irrationalen Aspekt erfassen und ihn schließlich auch praktisch nutzen, um dentale Elemente systematisch einzugliedern.

Wir beziehen unsere Arbeit deshalb auf den frontalen Aspekt der fazialen Komposition, da diese durch sichtbare dentale Elemente gekennzeichnet ist und wir Menschen die Gewohnheit haben, uns von Angesicht zu Angesicht, Auge in Auge gegenüberzustehen. Selbst aus diesem Betrachtungswinkel sind wir aber auch mit einem irrationalen Element konfrontiert – nämlich mit optischen Täuschungen und perspektivischen Effekten.

Perspektivische Effekte

Unsere Schulmedizin beruht auf der kartesianischen Philosophie, in der unbeweisbare Phänomene nicht vorgesehen sind. Wenn wir jedoch der Sache auf den Grund gehen, zeigt sich, dass selbst in den einfachsten Elementen das wahrhaft Einfache nicht vorherrscht. Hinter jedem einfachen Element verbirgt sich eine kompliziertere Erscheinung.

Jeder Gegenstand kann sich von bestimmten Positionen aus betrachtet scheinbar verformen. Dies ist auf zwei Phänomene zurückzuführen: die Perspektive und die optische Täuschung.

Beide weisen zwar charakteristische Merkmale auf – das eine ästhetischer, das andere technischer Art –, eine genaue Unterscheidung ist jedoch trotzdem schwierig. Wir wollen hier primär beschreiben, welche Auswirkungen diese Phänomene auf die Komposition haben. Gleichzeitig wollen wir möglichst viele klinische Anwendungen herausarbeiten, die dem Zahnarzt dabei helfen sollen, diese Formveränderungen in der dentofazialen Komposition zu korrigieren.

Die Technik des perspektivischen Zeichnens beruht auf optisch-mathematischen Grundsätzen, die den Künstler in die Lage versetzen, auf einer zweidimensionalen Fläche dreidimensionale Gegenstände darzustellen. Man kann beobachten, dass Gegenstände mit zunehmender Entfernung scheinbar kleiner werden. Meist unterscheidet sich ihr Aussehen von ihren objektiven Gegebenheiten. Die beiden Grundregeln, auf denen die gesamte Wissenschaft der Perspektive beruht, lassen sich wie folgt zusammenfassen:

1. Wenn eine Linie parallel zur Bildebene verläuft, so verläuft ihre Perspektive parallel zu ihr selbst (Abb. 3-11).
2. Wenn eine Linie gegenüber der Bildebene geneigt ist, so findet man den Fluchtpunkt, indem man vom Auge einen parallel zu dieser Linie verlaufenden Strahl zeichnet und die Stelle markiert, an der dieser Strahl in die Bildfläche eindringt (Abb. 3-12).

Wenn wir also die Komposition des Frontzahnbereichs aus unterschiedlichen Entfernungen betrachten, werden insbesondere an den lateralen Elementen bereits Formverzerrungen sichtbar (Abb. 3-13).

Faziale, dentofaziale und dentale Kompositionen mögen linear erscheinen, in Wirklichkeit sind sie aber räumlich organisiert. Die objektiven physischen Formeigenschaften lassen sich nie vollständig erfassen. „Normales Wahrnehmen ist anomal" (Helmholz). Täuschungen und Formverzerrungen sind die Regel. Um die physische Wahrheit zu rekonstruieren, müssen wir den Intellekt bemühen.

Ein Würfel etwa besteht aus sechs identischen quadratischen Flächen. Diese Realität lässt sich aber aus keinem Blickwickel vollständig erfassen. Unsere visuelle Wahrnehmungsfähigkeit ist optisch-physiologischen Gesetzen unterworfen, daher werden Formmerkmale stets durch logisches Denken rekonstruiert. Eine Form kann aus zahllosen Blickwinkeln betrachtet werden. Je nachdem, welchen Blickwinkel man einnimmt, wird ihr Erscheinungsbild mehr oder weniger von der objektiven Wirklichkeit abweichen. Gleichgültig wie die Form sich dabei verändert – im Auge des Betrachters bleibt sie immer nur eine Erscheinung.

Das Aussehen eines Eckzahns in der Frontalansicht hat mit seiner geometrischen Realität nur sehr wenig zu tun, es trägt aber trotzdem zum regelmäßigen Erscheinungsbild des Frontzahnsegments bei. Für die Breitenverhältnisse des mittleren zum seitlichen Schneidezahn, dem seitlichen Schneidezahn und der halben Breite des Eckzahns gibt es objektiv nachvollziehbare „goldene" Regeln.

Jede Deformation des Eckzahns wirkt sich auf dieses Verhältnis aus. Als Beispiele wären insbesondere eine verstärkte Achsenkrümmung, eine verstärkte mesiodi-

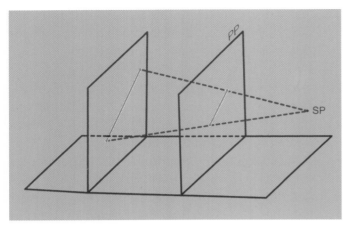

Abb. 3-11: Wenn eine Linie parallel zur Bildebene verläuft, so verläuft ihre Perspektive parallel zu ihr selbst.
PP = Bildebene; SP = Standpunkt des Betrachters.

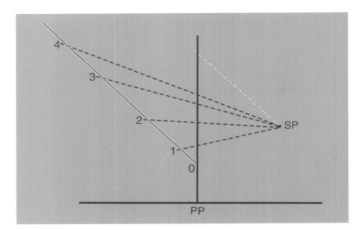

Abb. 3-12: Wenn eine Linie gegenüber der Bildebene geneigt ist, so findet man den Fluchtpunkt, indem man vom Auge einen parallel zu dieser Linie verlaufenden Strahl zeichnet und die Stelle markiert, an der dieser Strahl in die Bildfläche eindringt.
PP = Bildebene; SP = Standpunkt des Betrachters.

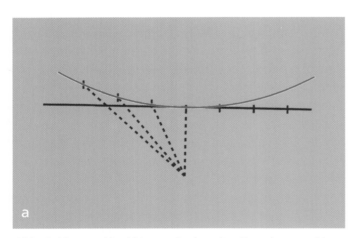

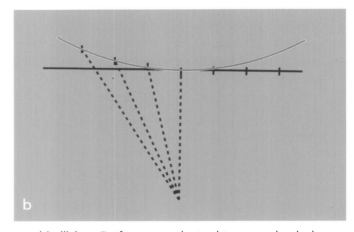

Abb. 3-13 a und b: Wenn wir also eine Frontkomposition aus unterschiedlichen Entfernungen betrachten, werden insbesondere an den lateralen Elementen Formverzerrungen sichtbar. Dies gilt auch für den Frontzahnbereich.

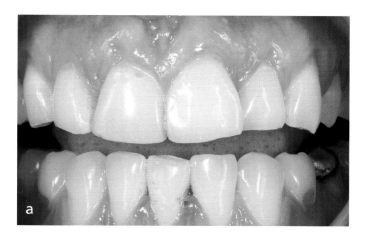

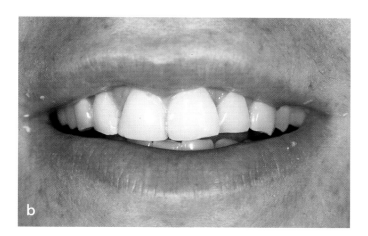

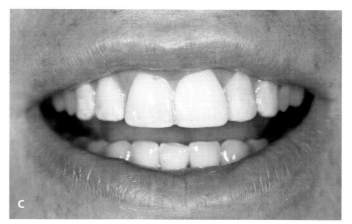

Abb. 3-14 a bis c: Das Aussehen eines Eckzahns aus der Frontperspektive hat mit seiner geometrischen Realität nur sehr wenig zu tun. Es gilt, dass die halbe Breite des Eckzahns ein goldenes Verhältnis zur Breite der seitlichen und in weiterer Folge des mittleren Schneidezahns aufweisen soll. (a) Dieses proportionale Verhältnis kann mehr oder minder erfolgreich auf den rechten Eckzahn angewendet werden. Beim linken Eckzahn ist dies schwieriger, ohne die dentale Komposition optisch zu stören. (b) Aus größerer Entfernung treten die proportionalen Verhältnisse, denen der linke Eckzahn unterliegt, klar zutage. Dieser Zahn mit seinen morphologischen Abrasionserscheinungen, distalisierter inzisaler Spitze und fehlerhafter mesialer Neigung wirkt verbreitert. (c) Der perspektivische Effekt lässt sich durch einen temporären Kompositaufbau mit diagnostischer Formveränderung am Zahn schnell beseitigen.

stale Wölbung, eine distalisierte Schneidekante oder eine fehlende mesiale Neigung zu nennen.

Eine mögliche Ursache für diese Deformationen ist der normale Alterungsprozess. Sie können aber auch im Rahmen einer Gebisssanierung auftreten, etwa wenn es an entsprechenden Kenntnissen mangelt oder das Objekt aus zu geringer Entfernung bearbeitet wird, der

Überblick verloren geht und Deformationen nicht erkannt werden (Abb. 3-14 und 3-15).

Auch wenn die Frontalansicht bei den lateralen Elementen zu einer subjektiven Formverzerrung führt, muss deren physischer Aufbau dennoch beachtet werden. Betrachtet man den Frontzahnbereich genauer, so drängt sich der Schluss auf, dass Formanpassungen, wie

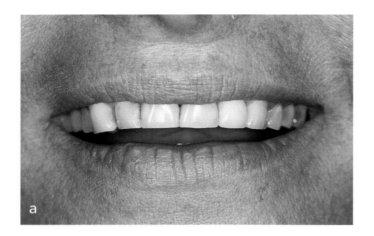

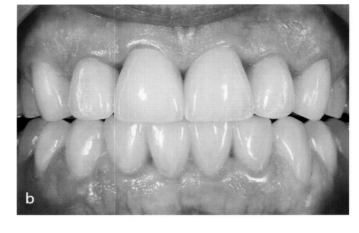

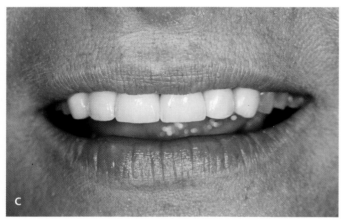

Abb. 3-15 a bis c: (a) Aus dieser Entfernung betrachtet sind die proportionalen Verhältnisse des Frontzahnbereichs – hauptsächlich aufgrund des übermäßig breiten linken mittleren Schneidezahns – nicht optimal. Die horizontale Symmetrie des Linienverlaufs wird durch die konkav geprägte Schneidezahnlinie nicht aufgewertet. (b) Aus der Nähe betrachtet zeigt sich weder im oberen noch im unteren Bereich dieser sanierten Komposition eine spezifische morphologische Verzerrung. (c) Aus dieser Entfernung betrachtet erhöhen die beiden Eckzähne mit ihrer übermäßigen inzisozervikalen Wölbung die scheinbare Zahnbreite und beeinträchtigen die Proportionen, die zwischen den Elementen des Frontzahnbereichs bestehen sollten.

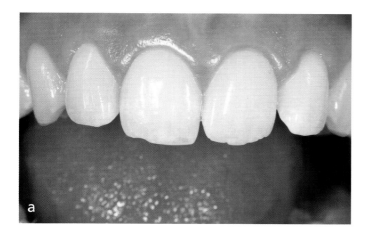

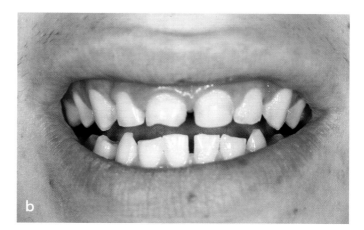

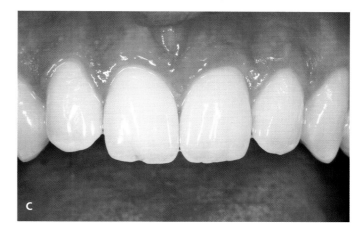

Abb. 3-16 a bis c: (a, c) Das inzisale Drittel des Eckzahns ist häufig durch eine mehr oder weniger ausgeprägte Wölbung geprägt. (b) Wie aus anderen Entfernungen sichtbar wird, will die Natur damit offenbar eine optische Korrektur der mesialen Achsenneigung des Frontverlaufs von vorn nach hinten erreichen.

sie Architekten zum Ausgleich optischer Täuschungen vornehmen, bereits die Natur besorgt hat. Viele Eckzähne sind im unteren Drittel leicht konkav geformt (Abb. 3-16). Diese morphologische Besonderheit ist überraschenderweise am häufigsten in Kompositionen anzutreffen, deren Linienverlauf von vorn nach hinten eine ausgeprägte mesiale Neigung aufweist.

Schon der griechische Architekt Vitruvius entdeckte,

dass quadratische bzw. rechteckige Gebäudeflächen nach oben hin größer erscheinen (Abb. 3-17). Säulen, die vertikal in die Höhe ragen, scheinen nach oben auseinander zu laufen. Vitruvius gab präzise Anweisungen, wie diese Formverzerrungen zu korrigieren sind. Man vergrößert den Säulenabstand im unteren Bereich und überlässt es dem Auge, den vertikalen Verlauf wiederherzustellen.

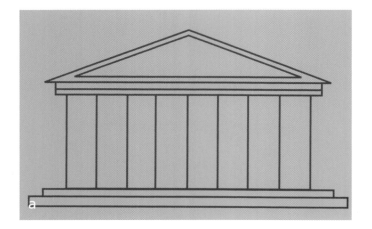

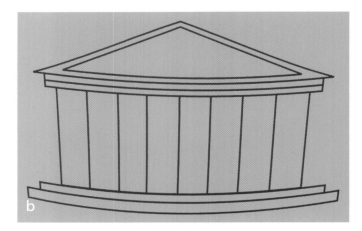

Abb. 3-17 a bis c: (a) Normales Wahrnehmen ist unnormal. Sollen wir einen griechischen Tempel schematisch darstellen, so würden wir ihn unweigerlich mit vertikalen Säulen versehen. (b) In Wirklichkeit jedoch würden die Säulen eines solchen Baus mit zunehmender Entfernung vom Betrachter scheinbar auseinander laufen, und die Fassade würde nach unten gekrümmt erscheinen. (c) Die griechischen Architekten haben diesen perspektivischen Effekt korrigiert, indem sie die Säulen nach unten auseinander laufen ließen und die Fassade nach oben gewölbt gestalteten. Jeder kompetente Architekt kennt und berücksichtigt diese perspektivischen Effekte.

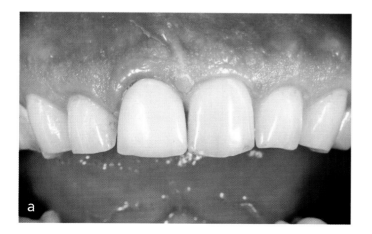

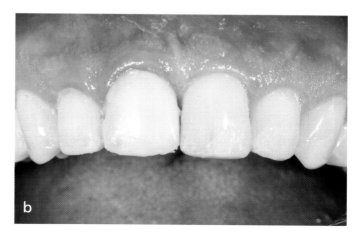

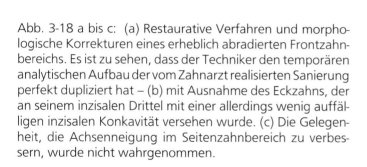

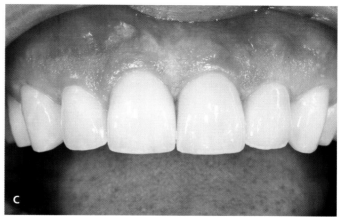

Abb. 3-18 a bis c: (a) Restaurative Verfahren und morphologische Korrekturen eines erheblich abradierten Frontzahnbereichs. Es ist zu sehen, dass der Techniker den temporären analytischen Aufbau der vom Zahnarzt realisierten Sanierung perfekt dupliziert hat – (b) mit Ausnahme des Eckzahns, der an seinem inzisalen Drittel mit einer allerdings wenig auffälligen inzisalen Konkavität versehen wurde. (c) Die Gelegenheit, die Achsenneigung im Seitenzahnbereich zu verbessern, wurde nicht wahrgenommen.

Diese Überlegungen deuten darauf hin, dass man einer übermäßigen mesialen Neigung der Seitenzahnsegmente entgegenwirken kann, indem man die bukkalen Eckzahnhöcker leicht modifiziert. Auf diese Weise lässt sich der Eindruck eines kleinen Mundes mindern, von dem eine Reihe dentofazialer Kompositionen – insbesondere bei einer Zahnstellung der Klasse II/2 – betroffen sind (Abb. 3-18 und 3-19).

Um morphologische Defekte wie vertikalen Knochenverlust mit elongierten Zähnen, auseinander laufende Zahnachsen oder eine okklusionsbedingte exzessive Wölbung des Eckzahns kompensieren zu können, muss der Zahnarztes mit den jeweiligen optischen Auswirkungen vertraut sein. Es ist jedoch zu betonen, dass perspektivische Verzerrungen nur für eine begrenzte Zahl von Formveränderungen verantwortlich sind.

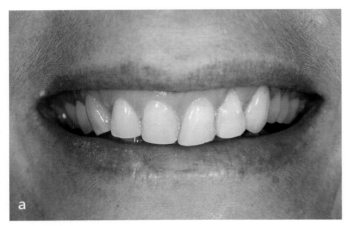 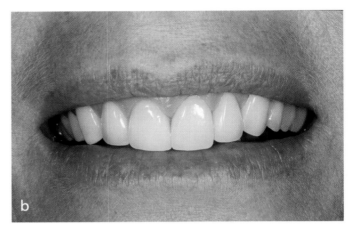

Abb. 3-19 a und b: (a) Attraktives Lächeln trotz hohen Lippenverlaufs und Fehlstellungen im Frontzahnbereich. Ein zu groß rekonstruierter linker Eckzahn in Verbindung mit passiver Eruption im linken Seitenzahnbereich führt zu einem Bruch im Verlauf von vorn nach hinten. (b) Sanierung des Frontzahnbereichs mit leichter Elongation zur Reduzierung der sichtbaren Gingivaanteile. Der linke Eckzahn und Prämolar wurden mit einer inzisalen Konkavität versehen, um die seitliche Innenneigung des saniertes Frontverlaufs von vorn nach hinten optisch zu korrigieren.

Optische Täuschungen

Bei Formverzerrungen, die nicht perspektivischer Art sind und sich einer logischen Erklärung entziehen, spricht man unter gewissen Voraussetzungen von einer „optischen Täuschung". Wir wollen dies an zwei gleich großen Quadraten illustrieren. Bei dem einen entfernen wir die vertikalen Randlinien und füllen es mit horizontalen Linien. Beim anderen entfernen wir die horizontalen Randlinien und füllen es mit vertikalen Linien. Ohne dass sich an den tatsächlichen Größenverhältnissen etwas geändert hätte, wirkt die Fläche mit den horizontalen Linien höher als breit und die Fläche mit den vertikalen Linien breiter als hoch (Abb. 3-20). Dies ist eine optische Täuschung.

Ein ähnliches irrationales Phänomen ist bei verschiedenfarbigen Objekten zu beobachten. Ein dunkelrotes Quadrat etwa wirkt größer als ein gleich großes blaues Quadrat (Abb. 3-21). Weiße und gelbe Objekte wirken stets größer als identisch geformte, dunkelfarbige Objekte.

Dass eine vertikale Linie stets länger wirkt als eine gleich lange horizontale Linie, lässt sich noch durch die Physiologie der Augenmuskeln erklären, denen horizontale Bewegungen leichter fallen als vertikale (Abb. 3-22). Die optische Verzerrung im Ausgangsbeispiel – d. h. bei den mit vertikalen bzw. horizontalen Linien ausgefüllten Quadraten – fällt bei anders gearteten Formen weg (Abb. 3-23). Es ist zu beachten, dass einfallendes Licht von gekrümmten Flächen anders reflektiert wird als von geraden Flächen (Abb. 3-24). Andere Täuschungen wiederum sind durch die Physiologie des Auges bedingt. Ein gleichseitiges Dreieck etwa wirkt stets höher als

Abb. 3-20 a und b: Ein Quadrat besteht aus zwei vertikalen und zwei horizontalen Linien. (a) Wird die Fläche mit vertikalen Linien ausgefüllt, so wirkt das Quadrat breiter. (b) Mit horizontalen Linien ausgefüllt wirkt es länger.

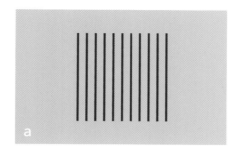
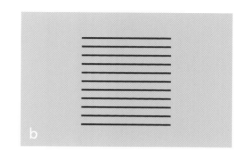

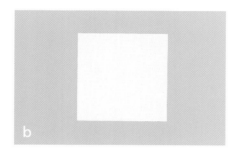

Abb. 3-21 a bis c: Auch Farben erzeugen optische Phänomenen. (a) Rot vergrößert, (c) Blau verkleinert. Dieses Phänomen liegt dem Bleichen von Zähnen und dem Auftragen von Lippenstift zugrunde.

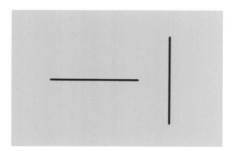
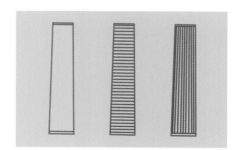

Abb. 3-22: Da das Auge horizontalen Verläufen leichter folgt als vertikalen, wirkt eine vertikale Linie länger als eine gleich lange horizontale Linie.

Abb. 3-23: Bei Rechtecken sind die optischen Effekte, die aus der Anreicherung der Fläche mit horizontalen bzw. vertikalen Linien entstehen, anders gelagert als beim Quadrat. An einem länglichen Rohr, einer Säule oder einem Zahn verkehrt sich der Effekt, d. h. horizontale Linien verkürzen und vertikale Linien verlängern das Erscheinungsbild der Struktur.

81

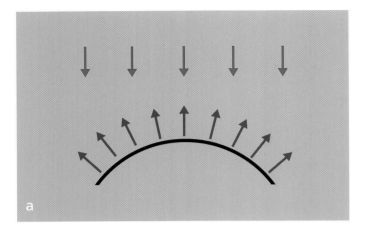

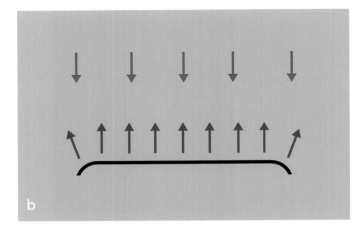

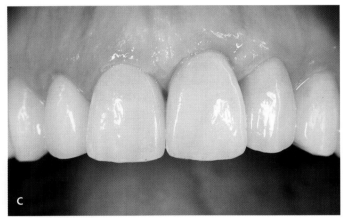

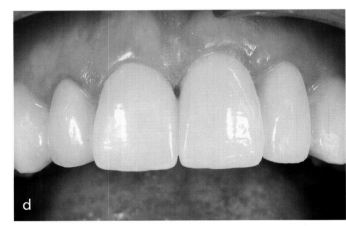

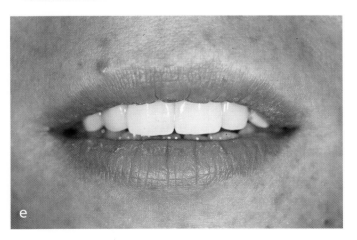

Abb. 3-24 a bis e: (a, b) Eine Fläche wirkt je nachdem, wie sie das einfallende Licht reflektiert, größer oder kleiner. Das vorliegende Beispiel zeigt, wie dieser Effekt genutzt werden kann, um Zähne, die im dentofazialen Zusammenhang zu schmal erscheinen, optisch zu verbreitern. (c) Abgerundete Zähne mit optisch reduzierter Breite. (d) Durch flache bukkale Oberflächen optisch verbreiterte Zähne. (e) Die neuen Zähne in ihrer natürlichen Umgebung.

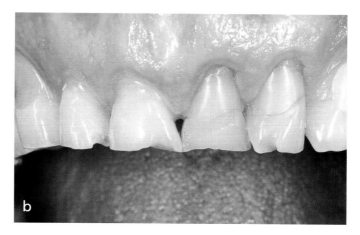

Abb. 3-25 a bis d: (a) Ein gleichseitiges Dreieck wirkt höher als breit. (b) Die Natur scheint sich dieser optischen Täuschung zu bedienen, indem sie alternden Zähnen ein konisches Erscheinungsbild gibt, das den verkürzten Zahn optisch verlängert. (c) Entgegen anders lautenden Behauptungen sind konische Zahnformen bei jungen Menschen nur selten anzutreffen. Sie sind entweder auf fehlerhafte Sanierungsverfahren oder auf Erkrankungen des parodontalen Gewebes zurückzuführen. (d) Diese dreieckig geformten Zähne hätten bei besserer Laborarbeit vollständig korrigiert werden können.

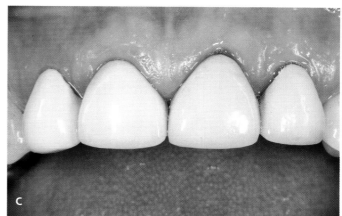

breit. Desgleichen wirken konische Zahnformen länger, als sie tatsächlich sind. Beim Anfertigen von Brücken und Implantaten für Patienten mit der bei fortgeschrittener Kammresorption charakteristischen länglichen Zahnmorphologie sind solche Formen zu vermeiden. Konische Formen sollten nur bei kurzen Zähnen eingesetzt werden, wo diese optische Verlängerung auch wünschenswert ist. Auch die Natur modelliert konische Zahnformen, wenn Zähne durch Parafunktion (Abb. 3-25) verkürzt sind.

Während horizontale Linien mit einer einfachen Augenbewegung erfasst werden, sind für wellenförmige

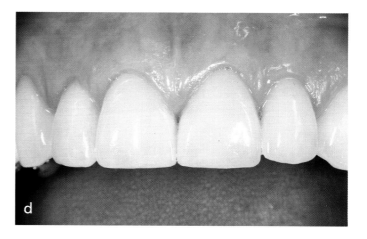

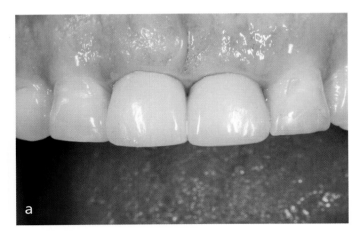

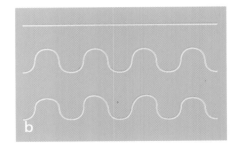

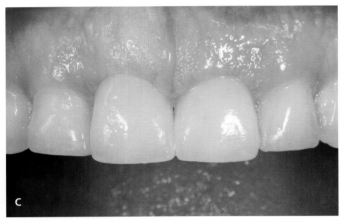

Abb. 3-26 a bis 3-26c: (a, b) Diese eher geraden inzisalen und gingivalen Linienverläufe sind reibungslos abzulesen, zeigen aber nirgendwo auffällige Merkmale, die Auge und Geist fesseln würden. (c) Eine kleine Veränderung des gingivalen und inzisalen Erscheinungsbildes der oberen mittleren Schneidezähne lenkt das Auge nach oben und unten, was die Komposition aufwertet.

Linien Auf- und Abwärtsbewegungen erforderlich. Es bleibt also mehr Zeit, um charakteristische Merkmale aufzunehmen und zu einem ästhetisch ansprechenden Ganzen zusammenzufügen. Im Bereich der optischen Täuschungen gibt es unzählige lineare Elemente, die auf unser ästhetisches Empfinden anregend wirken können (Abb. 3-26). So ist etwa zu beobachten, dass eine gepunktete Linie zu Einbußen bei der Richtungsstabilität führt und normalerweise kürzer wirkt als eine gleich lange durchgehende Linie (Abb. 3-27).

Ein aus ausreichender Entfernung als gepunktete Linie erscheinender Verlauf von dentalen Elementen mit ausgeprägten Zwischenräumen im Schneidezahnbereich bewirkt eine optische Verkürzung des Frontzahnsegments. Sind hingegen – wie bei stark abradierten Zähnen zu beobachten – keine Interdentalräume vorhanden, so sehen wir eine durchgehende gerade Linie, die den Frontzahnbereich optisch vergrößert (Abb. 3-28). Jeder Zahnarzt, der die Frontzähne seiner Patienten restauriert, ist mit diesem Phänomen konfrontiert.

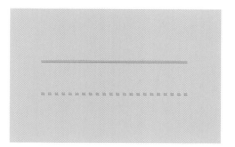

Abb. 3-27: Eine gepunktete Linie suggeriert weniger Richtungsstabilität als eine gleich lange gerade Linie.

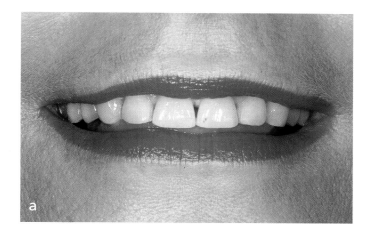

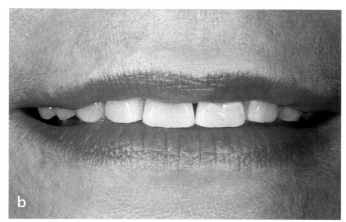

Abb. 3-28 a und b: (a) Diese gerade wirkende Schneidezahnlinie mit abradierten Zähnen scheint den Frontzahnbereich zu verbreitern. (b) Durch eine modifizierte Zahnlänge, bei der die Interdentalräume eine gepunktete Linie simulieren, wird der Frontzahnbereich optisch schmaler.

Wie viele Zahnärzte sind sich bewusst, dass sich Patienten mit Abrasionserscheinungen im gesamten Gebiss über eine reduzierte „Mundbreite" beklagen werden, wenn lediglich vier bis sechs Vorderzähne saniert wurden? Ausgeprägte interdentale Zwischenräume wirken nach leichter Elongation wie eine gepunktete Linie. Die subjektiv verschlechterte Richtungsstabilität wirkt sich äußerst negativ auf die Zufriedenheit der Patienten aus. Man darf ja nicht vergessen, dass sie unter dem Einfluss von Zeitschriftenfotos stehen, auf denen

stets lächelnde Menschen mit großen, gerade verlaufenden, weißen Schneidezähnen abgebildet werden. Die subjektiv reduzierte Mundbreite erfüllt den Patienten selbst dann mit Misstrauen, wenn überhaupt kein Grund dafür vorhanden ist. Der Zahnarzt seinerseits kann diese Kontinuitätsbrüche beim linearen Abtasten der dentalen Komposition aus der Nähe nur sehr schwer erkennen.

Trifft das Auge auf beide – d. h. durchgehende und gepunktete – Linienarten, so wird es zuerst von der durch-

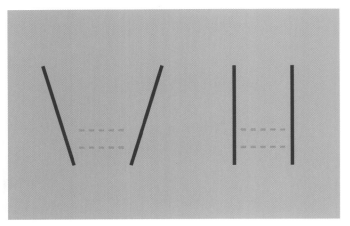

Abb. 3-29: Mit einer durchgehenden und einer gepunkteten Linie konfrontiert, sehen wir zuerst die durchgehende Linie. Welche von zwei gepunkteten Linien zuerst wahrgenommen wird, hängt vom Wesen der umliegenden Strukturen ab. Eingebettet zwischen zwei durchgehenden Schenkelverläufen eines spitzen Winkels wird die näher an dessen Scheitelpunkt liegende gepunktete Linie zuerst wahrgenommen und wirkt aufgrund der schnelleren Erfassung zudem länger.

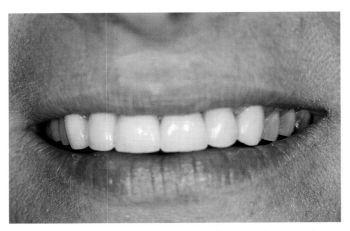

Abb. 3-30: Wenn die Sicht auf den Seitenzahnbereich durch Schatten, Dunkelheit oder Fehlstellungen eingeschränkt ist, wird lediglich der zwischen den Mundwinkeln eingebettete, als gepunktete Linie erscheinende Frontzahnbereich wahrgenommen. Der normale Rhythmus des visuellen Ablesens der Front- und Seitenzahnebenen wird unterbrochen, sodass der gesamte Frontzahnbereich verkürzt wirkt.

gehenden und erst im zweiten Anlauf von der gepunkteten angezogen. Die visuelle Anziehungskraft bzw. Richtungsstabilität wird dadurch geschwächt. Beispielsweise wirkt von zwei parallelen, in einem spitzen Winkel eingebetteten gepunkteten Linien diejenige länger, die näher am Scheitelpunkt liegt. Ohne diesen Winkel wirken beide gleich lang (Abb. 3-29).

Diese Erscheinung hat optisch-physiologische Ursachen. Das Auge erfasst die gepunktete Linie aufgrund ihrer Nähe zur leichter erfassbaren durchgehenden Schenkellinie erst später. Daher wirkt sie auch länger als die zweite gepunktete Linie, die erstens aufgrund des Präzedenzfalls nunmehr schneller wahrgenommen wird uns zweitens aufgrund seiner weniger exponierten Position als weniger interessant empfunden wird (Abb. 3-30).

Umgelegt auf die Vorderansicht einer dentofazialen

Komposition bedeutet dies, dass der Frontzahnbereich zunächst als eine – von der durchgehenden Mundlinie und dem schwarzen Raum der Mundhöhle umrahmte – gepunktete Linie wahrgenommen wird. Der Seitenzahnbereich wird erst später in einem progressiven Rhythmus erfasst, gegebenenfalls über visuelle Anziehungspunkte wie etwa formschöne, in den schwarzen Raum eindringende Eckzahnspitzen.

Was Beeinträchtigungen des Linienverlaufs im Seitenzahnbereich aufgrund von fehlpositionierten Zähnen, ungünstigen Zahnachsenverläufen oder einem uneinheitlichen Niveau des Gingivasaums betrifft, so können Illusion und Realität zum selben ästhetischen Ergebnis führen. Der Behandlungsansatz bleibt aber immer derselbe. Um vermeintliche oder tatsächliche Brüche im Zahnverlauf zu beseitigen, muss die Sanierung auf den ersten und zweiten Prämolaren – in manchen Fällen bis

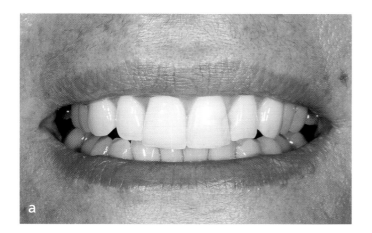

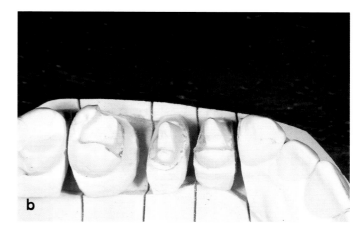

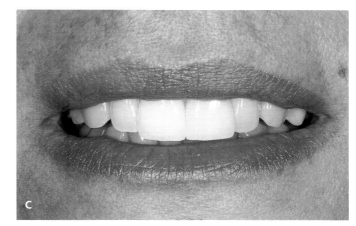

Abb. 3-31 a bis c: (a) Falsch positionierte Seitenzähne vermitteln das Gefühl einer reduzierten Mundbreite. (b, c) Mit geklebten Keramikfacetten und scharfen, in den schwarzen Raum der Mundhöhe vordringenden inzisalen Spitzen lässt sich ein optischer Blickfang herstellen, der ein kontinuierliches Ablesen ermöglicht und den Linienverlauf der dentalen Komposition erweitert.

hin zum ersten Molaren – ausgedehnt werden (Abb. 3-31). Der praktische Ansatz zur Wiederherstellung eines kontinuierlichen Linienverlaufs wird darin bestehen, dass man auf der bukkalen und okklusalen Fläche der gut präparierten Zähne Klebefacetten anbringt, die den Seitenzahnbereich beim Lächeln wieder besser zur Geltung bringen.

Diese Ausführungen zeigen erneut, dass elementare optische Korrekturen an der Komposition einen komplexen, umfassenden Ansatz erfordern. Sie bestätigen ferner, wie wichtig es ist, dass der behandelnde Zahn-

arzt versteht, welche optischen Phänomene in die Komposition einfließen. Verstehen allein ist aber nicht genug. Es ist ein geschultes Auge erforderlich, das sie auch erfasst. Dieses Wissen und diese ästhetische Rezeptivität lassen sich nur durch ständige Anstrengung und viel Übung erwerben. Kreativität und visuelle Wahrnehmung sind die beiden entgegengesetzten Pole der ästhetischen Kommunikation. Um sie zum Kommunizieren zu bringen, muss erst eine gemeinsame Sprache entwickelt werden.

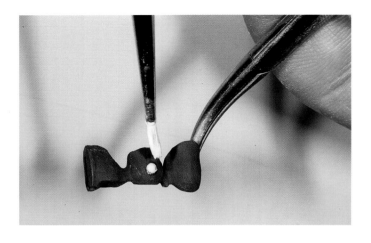

Abb. 3-32: Der materielle Aspekt des schöpferischen Aktes reduziert sich auf den Kontakt zwischen Werkzeug und Medium. Das Ergebnis dieses Aufeinandertreffens ist der Punkt.

Mittel der Ästhetik

Sprache der Ästhetik

Kreativität wird stets so empfunden, dass sich unvermittelt Antworten aufdrängen, die über die eigentlichen Fragestellungen hinausgehen. Man sieht sich am Ziel einer mühevollen, existenziellen Suche. Kreativität bringt verborgene, unterbewusste Wünsche zum Ausdruck. Sie vereint Gefühl und Sinnlichkeit. Im Moment der Kreativität kristallisieren sich Erfindung und Erkenntnis, Wissen und Tun.

Kreativität bedeutet einen eindeutigen, wenngleich vorübergehenden Bruch mit negativen kulturellen Erfahrungen und gesellschaftlichen Strukturen. Der schöpferische Geist ist zwar in seiner eigenen Welt isoliert, kann sich aber den Einflüssen und Strukturen seiner Umwelt niemals entziehen. Schon aus Gründen der Kommunikation muss er zu ihnen zurückkehren, sobald der kreative Akt getätigt wurde.

Die materiellen Komponenten künstlerischen Schaffens – Pinsel, Farben, Kohle, Stein, Holz, Leinwand, Papier – haben sich im Lauf der vergangenen Jahrhunderte nur wenig verändert. Der materielle Aspekt der schöpferischen Aktes reduziert sich auf den Kontakt zwischen Werkzeug und Medium. Das einfachste Ergebnis dieses Kontakts, der Punkt, ist für die Sprache der Ästhetik von zentraler Bedeutung (Abb. 3-32).

Der Punkt

Geometrisch betrachtet ist der Punkt ein abstraktes, unsichtbares und masseloses Gebilde. In der geschriebenen Sprache verwandelt er sich in ein praktisch verwertbares Symbol, verliert dadurch aber an Ausdruckskraft. In dieser sprachlich-symbolischen Bedeutung des Unterbrechens zweier verbundener Elemente schwingen positive und negative Aspekte mit. Durch die restriktive habituelle Verwendung des Punktes in der Schrift gehen jedoch seine vielfältigen Eigenschaften verloren.

Aus diesem Aktionsradius herausgenommen, gewinnt

Abb. 3-33: Geometrisch betrachtet ist der Punkt ein abstraktes, unsichtbares und masseloses Gebilde. In seiner ästhetischen Realisierung lässt er sich als die kleinste grundlegende Form definieren, die jedoch wachsen und eine bestimmte Fläche ausfüllen kann. Abstrakt lässt sich der Punkt nur als optimal rund und klein denken, als statische, isolierte, vollständig nach innen gewandte Größe. Diese zugleich geometrischen und psychologischen Eigenschaften bilden die Grundelemente der ästhetischen Sprache.

Abb. 3-34: Jede Form ergibt sich aus dem inneren Ausdruck ihrer Spannungsdynamik. Es gibt keine ausdruckslose Form.

der Punkt jedoch wieder seine unterdrückten Eigenschaften zurück. Plötzlich ist der geometrische Punkt nicht mehr unsichtbar, sondern wird wahrnehmbar, hat eine bestimmte Größe, füllt eine bestimmte Fläche, verfügt über Konturen und unterliegt Abhängigkeiten (Abb. 3-33). In seiner materiellen Erscheinungsform, die in Form und Größe durchaus heterogen sein kann, stellt der Punkt die kleinste elementare Form dar. Allerdings entzieht sich dieses Konzept der kleinsten elementaren Form einer Definition. Der Punkt kann größer oder kleiner sein, und es gibt für diese Grenzen keinen objektiven Maßstab. Wir müssen uns damit abfinden, dass wir sie nur intuitiv ausloten können.

In unserer abstrakten Vorstellung ist der Punkt möglichst rund und klein. Seinem inneren Wesen nach wird dieses Konzept unterbewusst mit Zurückhaltung assoziiert. Der Punkt ist eine von seinen umliegenden Strukturen isolierte Welt für sich und zeigt keine integrativen Tendenzen. Er bewegt sich nicht von der Stelle und zeigt keinerlei Neigung, sich horizontal, vertikal, vorwärts oder rückwärts auszubreiten. Er ist und bleibt vollkommen statisch, introvertiert und absolut prägnant, egal wie unregelmäßig er nach außen hin erscheint. Seine

Grunddynamik bleibt immer konzentrisch, auch wenn exzentrische Tendenzen im Spiel sind.

Die äußeren Grenzen einer materiellen Form sind lediglich Ausdruck von begrenzenden Kräften, die der Form innewohnen. Der Punkt kann in mannigfaltigen Variationen auftreten, sowohl was seine Ausmaße als auch was seine Konturen betrifft. Von seiner Kreisform ausgehend kann er weitere geometrischen Formen – ob gezackt, spitz, dreieckig oder viereckig – in unbegrenzt vielen Spielarten annehmen. Diese Merkmale bestimmen die äußeren Grenzen seiner materiellen Form.

Die physische Erscheinung des Punktes als elementare ästhetische Größe ist nicht zufallsbedingt, sondern ergibt sich aus seinen formgebenden vitalen Spannungen. „Jede Form ist das Ergebnis von inneren Begrenzungen, die sich in einer Spannung ausdrücken. Jede Form ist Ausdruck ihrer Signifikanz" (Kandinski) (Abb. 3-34). Diese Überlegungen machen den Punkt zum Grundelement der Sprache der Ästhetik. In seinen Qualitäten sind geometrische und psychologische Aspekte untrennbar miteinander verknüpft. Es gibt keine Form, die nichts aussagt.

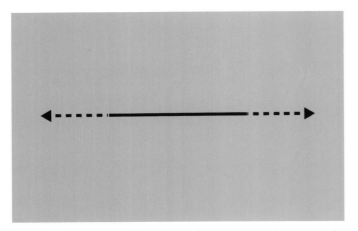

Abb. 3-35: Die unsichtbare und masselose Linie entsteht durch einen auf den geometrischen Punkt in die eine oder andere Richtung ausgeübten Impuls. Diese Richtung verleiht der Linie ihren Ausdruck.

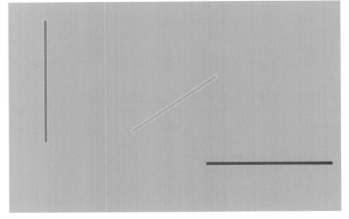

Abb. 3-36: Die horizontale Linie entspricht der Oberfläche, auf der wir leben, wandeln und sterben. Sie ist ihrer Assoziation nach kalt. Die vertikale Linie hingegen wird mit Wärme, Aktivität, Vitalität sowie mit psychischer und physischer Erregung verbunden. Die schräge Linie verkörpert die unendliche Zahl möglicher Kalt-Warm-Bewegungen und schafft eine auf ungelöste Spannungen zwischen Kalt und Warm beruhende Dynamik.

Das Erkennen der Dynamik unterschiedlicher Formen gehört zum Repertoire des menschlichen Empfindens. Der Grund dafür liegt im suggestiven Wirken direkter oder gleichnishafter Symbole. Abstraktionen können diese unterbewusste symbolische Wirkung keineswegs schmälern. Im Gegenteil: Es ist längst erwiesen, dass „abstrakte" Formen ausdrucksstärker sind als natürliche Formen. Jede optische Einheit löst unweigerlich eine Reaktionskette aus:

- Innerer Spannung
- Konkretisierung der Form
- Perzeption
- Rezeption

Im Ablauf dieser Reaktionskette wird die optische Einheit unterbewusst charakterisiert.

Die Linie

Eine Linie entsteht dort, wo die Unbeweglichkeit des Punktes durchbrochen wird. Sie bringt somit ein dynamisches Element ein. Die geometrische Linie ist wie der Punkt unsichtbar und masselos und entsteht durch einen äußeren, auf den geometrischen Punkt ausgeübten Impuls. Bewegt dieser Impuls den Punkt in eine bestimmte, nach unendlich strebende Richtung, so erhalten wir eine gerade Linie (Abb. 3-35). Die gerade Linie verkörpert die prägnanteste Form einer unendlichen Zahl möglicher Bewegungen.

Die Spannungsdynamik als Summe der vitalen Kräfte des Elements macht nur einen Teil der Bewegung aus. Der andere Teil ist die Richtung. Dieses sind die beiden Unterscheidungsmerkmale zwischen Punkt und Linie. Sie erlauben uns, zwischen einer horizontalen, vertikalen oder diagonalen Linie zu unterscheiden (Abb. 3-36).

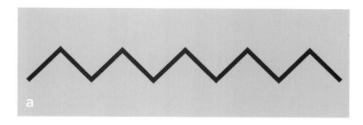

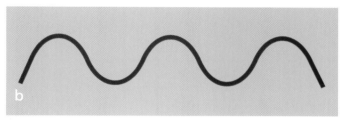

Abb. 3-37 a und b: (a) Im Gegensatz zur geraden Linie mit ihrer unzweideutigen Aussage drücken gezackte Linien Widerspruch und die abwechselnde Einwirkung gegenläufiger Kräfte aus. (b) Gewellte Linien sind nichts anderes als gerade Linien, die entlang ihres Verlauf einer konstanten Spannung ausgesetzt sind. Sie drücken physische Stabilität und Reife aus.

Diese Unterscheidung ist deshalb wichtig, weil mit jeder Linienrichtung eine bestimmte Aussage verbunden ist. Die horizontale Linie deutet die Oberfläche an, auf der wir wandeln, leben und sterben. Sie ist ihrer Bedeutung nach „kalt" und kann als prägnanteste Form einer unendlichen Zahl möglicher kalter Bewegungen angesehen werden (Abb. 3-36). Ihr senkrecht verlaufendes Gegenstück, die vertikale Linie (Abb. 3-36), strebt in die Höhe und ist die prägnanteste Form einer unendlichen Zahl möglicher warmer Bewegungen. Vertikale Bewegungen sind deshalb „warm", weil sie das menschliche Urbedürfnis ausdrücken, sich von den Gesetzen der Schwerkraft zu lösen oder geistig und gesellschaftlich aufzusteigen.

Diese Einteilung der inneren Eigenschaften von Linien in kalt und warm ist unter Psychologen, Physikern und Künstlern allgemein anerkannt. Die zugrunde liegenden physisch-psychischen Erscheinungen sind erwiesenermaßen mit anderen Phänomenen verbunden: Kälte mit Ruhe, Passivität und Depression; Wärme mit Aktivität, Aufregung und Intensität. Der Kreuzungspunkt

beider Linien – vertikale Spannung auf horizontaler Ebene – symbolisiert im menschlichen Erleben absolutes Gleichgewicht.

Die diagonale schräge Linie (Abb. 3-36) verfügt über beide Eigenschaften und stellt in ihrer idealen Ausprägung – d. h. wenn die Winkel zur Horizontalen und zur Vertikalen identisch sind – die prägnanteste Form einer unendlichen Zahl möglicher Kalt-Warm-Bewegungen dar. Aus den ungelösten vertikal-horizontal ausgerichteten Tendenzen entsteht eine Dynamik, die der schrägen Linie starke Richtungsimpulse verleiht.

Alle anderen Linien sind lediglich Varianten dieser drei Linienarten.

Gerade Linien drücken Klarheit, gezackte oder gewellte Linien Widerspruch aus. Gewellte und gezackte Linien entstehen aus zwei verschiedenen, gleichzeitig bzw. abwechselnd einwirkenden Kräften (Abb. 3-37). Die Aussagekraft dieser Linien ist an deren Komponenten sowie die Art des Winkels (spitzer, stumpfer oder rechter Winkel) gebunden (Abb. 3-38).

 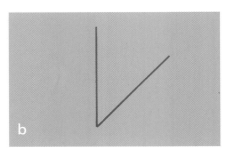 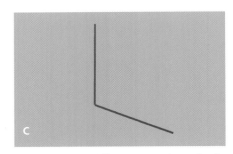

Abb. 3-38: Menschliche Empfindungsqualitäten von spitzen, rechten bzw. stumpfen Winkeln in Begriffen von Farbe, Rhythmus, Temperatur und Dynamik.

	Rechter Winkel (a)	Spitzer Winkel (b)	Stumpfer Winkel (c)
Temperatur	kalt-warm	warm	kalt
Dynamik	überlegt	spontan	unbewegt
Rhythmus	moderato	presto	adagio
Farbe	rot	gelb	blau
Klang	ruhig	scharf	tief

Linien, Farben und Formen besitzen ihre eigenen, von Assoziationen mit der Außenwelt unabhängigen Ausdrucksformen. Ihre Dynamik ist ein selbstbezogenes, in der menschlichen Natur verankertes Phänomen.

Der rechte Winkel besitzt die objektivste Qualität. Er drückt Selbstkontrolle, Überlegtheit und Reife aus, auch wenn unterschiedlich lange Schenkel zu Bedeutungsveränderungen führen können. Ein spitzer Winkel vermittelt typisch jugendliche Eigenschaften wie Aktivität, Handlungsfähigkeit, Durchsetzungskraft, Dynamik und Aggressivität. Ein stumpfer Winkel wiederum drückt Passivität und Schwäche aus. Als Verstärkung dieser Eigenschaften kann gewertet werden, wenn der Winkel sich durch einen kontinuierlichen Spannungsabfall öffnet (Abb. 3-38).

Die gewellte Linie ist nichts anderes als eine gerade Linie, die entlang ihres Verlaufs einer konstanten Spannung ausgesetzt ist (Abb. 3-38). Sie vermittelt wachsende Stabilität, Verlässlichkeit und Reife in der physischen und psychischen Entwicklung. Der Unterschied zwischen einer geraden und einer gewellten Linie liegt in der Art und Zahl der Spannungen, denen sie ausgesetzt sind. Wirken auf die gerade Linie zwei primären Spannungen ein, so werden diese bei der gewellten Linie von einer dritten Spannung außer Kraft gesetzt, indem sie den anderen beiden mit konstantem Druck entgegenwirkt.

Die Harmonie der gewellten Linie kann jener der geraden Linie diametral entgegenstehen, und die gezackte Linie ist eine Übergangsform zwischen den beiden. Diese geometrischen Eigenschaften von gezackten und gewellten Linien sind an die Art des Winkels gebunden. Dabei handelt es nicht um rein abstrakte Elemente, sondern um die Manifestation bestimmter, im menschlichen Empfinden verankerter Qualitäten der Aussage.

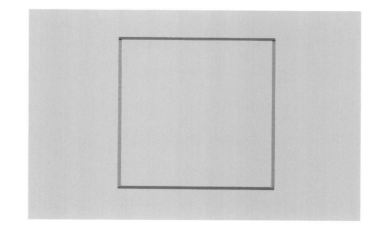

Abb. 3-39: Zwei warme in Gegenüberstellung zu zwei kalten Elementen machen die heitere Gelassenheit des Quadrats aus.

Die Fläche

Das Potential zur Flächenbildung ist bereits in der Linie angelegt. Eine Fläche entsteht dann, wenn die primäre Spannung der Linie von äußeren Kräften überlagert wird. Andererseits kann auch der massehaltige Punkt, wenn er eine gewisse Größe erreicht, zur Fläche werden. Allerdings geht bei dieser Transformation seine eigentliche Aussage verloren. Wo der Punkt geometrisch endet und die Fläche beginnt, ist nicht wahrnehmbar. Jede Form kann unabhängig von ihrer Entstehung sowohl Bestandteil als auch Rahmen einer Komposition sein. Die Unterscheidung zwischen Form und Fläche ist rein akademischer Natur. Schematisch aufgebaute Formen eignen sich besser als künstlerischer Rahmen und werden eher als Fläche eingestuft. In der einfachsten Manifestation kann die Fläche auf den Zwischenraum zwischen zwei horizontalen und zwei vertikalen Linien reduziert werden. Die Bedeutung der horizontalen und der vertikalen Linien kennen wir bereits: zwei Elemente der Wärme (vertikal, aktiv) und zwei Elemente der Kälte (horizontal, ruhend). Die Kombination definiert die gelassen-heitere Resonanz des Quadrats (Abb. 3-39). Tritt – wie im ungleichseitigen Rechteck – eines dieser beiden Elemente in den Vordergrund, so verändert sich analog dazu die Balance aus Warm und Kalt. Dieser veränderte Charakter lässt sich auch kaum mehr neutralisieren, indem man kalt oder warm ausgerichtete Elemente in die Fläche setzt. (Abb. 3-40). Allerdings können Gegensätze, wie sie etwa durch vertikal ausgerichtete Spannungsverbände in einer kalten Fläche gewonnen werden, eine dramatische, wenngleich rein psychologische Dynamik schaffen (Abb. 3-41). Wir können also abschließend festhalten, dass die Fläche eine visuelle Begrenzung des Raums darstellt, in dessen Rahmen die Komposition stattfindet.

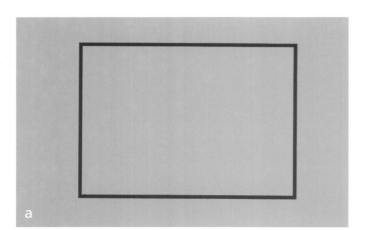
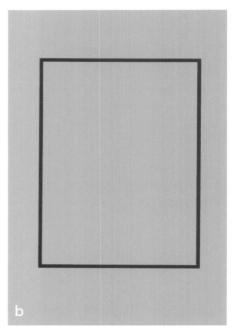

Abb. 3-40 a und b: Tritt – wie im ungleichseitigen Rechteck – eine dieser beiden Tendenzen in den Vordergrund, so verändert sich analog dazu die Balance aus Warm (a) bzw. Kalt (b).

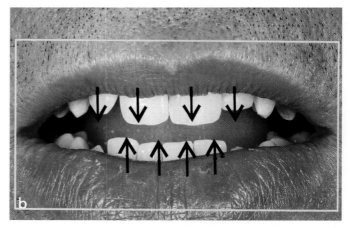

Abb. 3-41 a und b: (a) Durch Anreicherung einer kalten Fläche mit aktiven Aufwärts- und Abwärtsdynamik werden diese konträren Spannungsverhältnisse dramatisiert. Sind diese Gegensätze allerdings zu stark, so kann sich die Dynamik bis ins Unerträgliche steigern. Dieses Spannungsspiel wird durch die geometrische Form der Grundfläche bestimmt. (b) In diesem speziellen Fall schaffen individualisierte dentale Elemente eine Auf- und Abwärtsdynamik, die sich in starkem Gegensatz zu Position und Erscheinungsbild der tragenden Fläche befindet.

Abb. 3-42: Formen sind Raum- oder Flächenbegrenzungen. Jede Form besitzt eine innere Substanz mit ihrer eigenen Resonanz. Diese Resonanz wird nicht objektiv wahrgenommen, sondern ist mit den rezeptiven Fähigkeiten des Betrachters verknüpft. Es gibt keine ausdruckslose Form, sei sie natürlich oder künstlich. Ihren Ausdruck zu erfassen ist eine angeborene menschliche Eigenschaft. Die drei Grundformen sind durch drei scharfe Spannungen (Dreieck), vier ruhige Spannungen (Quadrat) bzw. eine einzelne konstante konzentrische Spannung (Kreis) geprägt. Diese Eigenschaften des Ausdrucks lassen sich folgendermaßen zusammenfassen:

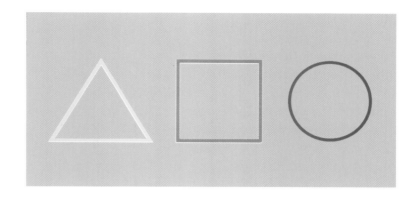

Dreieck	Quadrat	Kreis
Drei Ausgangspunkte	Vier Ausgangspunkte	Kein erkennbarer Ausgangspunkt
Schneller Rhythmus	Verminderte exzentrische Spannung	Konzentrische Spannung
Ausdruckskraft	Komplementäre konzentrische Spannung	Fehlendes rhythmisches Innenleben
Scharfe Resonanz	Mäßiger Rhythmus	Tiefe Resonanz
	Mittlere Resonanz	

Diese drei Grundformen sind mit bestimmten rhythmischen, farblichen, aktivitäts- und temperaturbezogenen sowie musikalisch-klanglichen Qualitäten verbunden (Abb. 3-38). Die Wirkung dieser Eigenschaften wird durch die Kombination aus identischen Formen und Farben (z. B. in einem gelben Dreieck) verstärkt, während gegenläufige Formen und Farben (z. B. in einem blauen Dreieck) die Wirkung der einzelnen Eigenschaften stark vermindern.

Die Form

Eine Komposition entsteht *per definitionem* dadurch, dass man verschiedene Elemente logisch anordnet. In ihrer Form spiegeln sich die Spannungen wider, die in den vitalen Kräften dieser Elemente enthalten sind. Sie ist ein Bedeutungsträger. Unserer Definition zufolge ist der Punkt die prägnanteste aller Formen. Er ist nach innen gewandt, konzentrisch und betont die geometrisch-psychologische Dualität seiner eigenen Bedeutung. Genauso hat jede Form ihre eigene, aus sich selbst entstehende Bedeutung. Diese wird nicht objektiv wahrgenommen, sondern hängt vielmehr von den re-zeptiven Fähigkeiten des Betrachters ab. Ob eine Form als objektiv normal oder natürlich angesehen wird, ist gewohnheitsbedingt.

Formen sind abstrakte Raum- oder Flächenbegrenzungen. Im engeren Sinn verkörpern sie nichts anderes als die Trennlinie zwischen Flächen. Diese äußere Bedeutung von Formen ergibt sich aus den Spannungen, die sich in ihren inneren Begrenzungen ausdrücken. Jede Form hat eine innere Substanz. Es gibt keine Form, die nichts aussagt. Wie sie aus ästhetischer Sicht bewertet wird, hängt davon ab, wie ihre universellen geometrischen und sinnlichen Qualitäten wahrgenommen werden.

Jede Form kann auf eine von drei Grundformen zurückgeführt werden – Kreis, Quadrat und Dreieck (Abb. 3-42). Jede gekrümmte Linie (d. h. das Ergebnis zweier konstanter, auf den Punkt einwirkender Kräfte) strebt einer Fläche zu, da sie in ihrem Verlauf früher oder später wieder zu ihrem Ausgangspunkt zurückführt und sich in diesem verläuft. Das Ergebnis ist der Kreis. Er ist eine feststehende Form, gleichzeitig aber auch eine Übergangsform.

Auch aus der geraden Linie können Formen entstehen. Wenn jedoch dieses Ziel erreicht werden soll, müssen nicht weniger als drei Kräfte nacheinander einwirken, damit Beginn und Ende unbegrenzt gerichtet bleiben und ein Dreieck entsteht.

Dreieck und Kreis sind einander entgegengesetzte Formen, die einen maximalen Kontrast verkörpern. Das Quadrat gehört zwar ebenfalls zu den Grundformen, kann aber als Übergang zwischen Dreieck und Kreis aufgefasst werden. Jede dieser drei Formen kann bestimmte Eigenschaften ausdrücken, die unser ästhetisches Empfinden beeinflussen können.

Punkte, Linien und Formen sind das Grundvokabular einer Sprache, die allen Menschen zugänglich ist und ästhetische Kommunikation erst möglich macht. Ästhetische Erkenntnis lässt sich aber nicht in kleinere Einheiten unterteilen. Den Zugang zu dieser Sprache kann man nicht erlernen, sondern er muss durch ständiges Beobachten und viel Übung erworben werden. Nur so lassen sich ästhetische Sensibilität und rezeptive Kompetenz entwickeln.

Wesen und Bedeutung von Formen

Punkte, Linien und Formen, die über aktive innere Spannungen definiert wurden, drücken zugleich ihre innere Bedeutung aus. Notwendigkeit schafft Formen.

Der Charakter einer Form ist eng mit deren physisch-geometrischer Konstitution verknüpft und zeigt somit immer konstant dieselben Eigenschaften. Gleichgültig was der Betrachter tut oder fühlt – niemals kann ein kreisförmiges Objekt denselben Charakter wie ein längliches Objekt haben. Rund bleibt rund, quadratisch bleibt quadratisch. Die Geometrie gibt den Ausschlag. Jedoch sind die geometrischen Charakteristika einer Form immer mit einem psychologischen Gefühlswert behaftet, der ihre Aussage bestimmt.

Was eine Form aussagt, hängt nicht nur von ihren spezifischen Eigenschaften ab, sondern auch von der Empfindsamkeit, den Gefühlen und Eindrücken des menschlichen Betrachters. Alle diese Faktoren sind gleichermaßen an der Aussage der Form beteiligt.

Eine gerade Linie ruft je nachdem, ob sie horizontal oder vertikal verläuft, zusätzlich zum Eindruck der Kontinuität entweder ein Gefühl der Trägheit oder der Dynamik hervor. Den meisten Linien fehlt jedoch dieser relativ einfache Charakter. Jede neue Linie und jede neue Form rufen unweigerlich neue Gefühle hervor, die direkt mit ihrem Erscheinungsbild und ihrer Position zusammenhängen. Der Charakter einer gezackten Linie etwa hängt nicht nur von ihrer Regelmäßigkeit ab, sondern auch von ihrem horizontal oder vertikal geprägten Verlauf.

Eine gewellte Linie, die regelmäßig und symmetrisch entlang der horizontalen Ebene verläuft, hat einen statischen, durch die Dynamik der Auf- und Abwärtsbewegungen aufgelockerten Charakter. Unregelmäßigkeiten im Wellenverlauf reduzieren diesen statischen Eindruck (Abb. 3-43). Wird dieselbe Linie in die vertikale Ebene versetzt, so nimmt sie unweigerlich einen dynamischen Charakter an.

Diese Charakteristika bestätigen sich auch bei den drei grundlegenden Flächentypen Dreieck, Quadrat und Kreis: drei spitze Dynamiken beim Dreieck, vier gleichermaßen exzentrische wie konzentrische Dynamiken beim Quadrat, eine konzentrisch in sich geschlossene Dynamik beim Kreis (Abb. 3-42). Diese drei grundle-

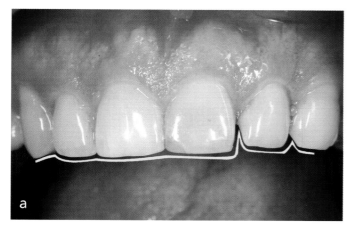 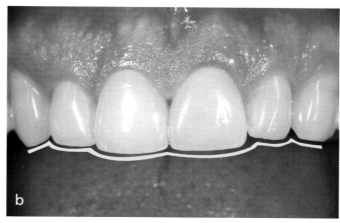

Abb. 3-43 a und b: (a) Ein durch einen abrupten Bruch gestörter statisch-monotoner Verlauf der horizontalen Inzisallinie bewirkt, dass die Augenbewegungen außer Kontrolle geraten. Die Komposition wird dadurch also nicht aufgewertet. (b) Hingegen versieht ein stärker ausgeprägtes, regelmäßiges Auf und Ab der Augenbewegungen das statische Erscheinungsbild der horizontalen Inzisallinie mit einem dynamischen, ästhetisch ansprechenden Element.

genden Formen finden sich im Erscheinungsbild der Zähne in allen erdenklichen Variationen wieder.

Wir beschäftigen uns hier mit einfachen grafischen Mitteln, die Dynamik, Stärke, Trägheit sowie viele verschiedene charakterliche Besonderheiten anklingen lassen (Abb. 3-38). Solche Referenzelemente können in jeden Zahnersatz eingebracht werden, um die primäre Resonanz der fazialen Komposition zu verändern oder Akzente zu setzen. Angesichts der Tatsache, dass der Stellenwert der Zähne im Kontext der fazialen Gesamtkomposition relativ zu bewerten ist, sollten wir uns vor Übertreibungen hüten. Die Elemente des Frontzahnbereichs zu charakterisieren, ist aber dennoch sinnvoll.

Natürlich fallen die prägenden Merkmale der individuellen Morphopsychologie stärker ins Gewicht als das Erscheinungsbild der Zähne mit ihren gezackten und gewellten Linien und verschieden ausgeprägten Winkeln (Abb. 3-44). Dennoch gibt es keinen Grund, die menschlichen Kreativität nicht einzusetzen, wenn wir durch Veränderungen des strukturellen Charakters von Formen mehr Ausdruckskraft erreichen können. Um den Aussagegehalt einer Form verstehen zu können, müssen wir akzeptieren, dass es Eigenschaften gibt, die dem Betrachter immer denselben Eindruck vermitteln. Dies ist keineswegs eine objektive Feststellung, da eine Form nicht objektiv sein kann. Objektivität ist nur Schein.

Ein Eindruck der Stabilität entsteht etwa durch Gewölbeformen, die ein Bild von Gewicht, Kraftverteilung und Widerstand vermitteln. Eine klinische Situation, in der sich dieses Erscheinungsbild ansatzweise wiederfindet, ist der wellenförmigen Verlauf der Gingiva mit dem daraus entstehenden Stabilitätsgefühl (Abb. 3-45).

Kräfte innerhalb dieser Systeme haben unterschiedliche Auswirkungen, und die Gegenkräfte, die auf die Konstrukte einwirken können, haben ebenfalls unterschiedliche, selektive Auswirkungen.

Der Charakter einer Form ist rein strukturell bedingt.

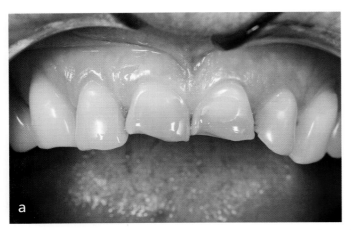
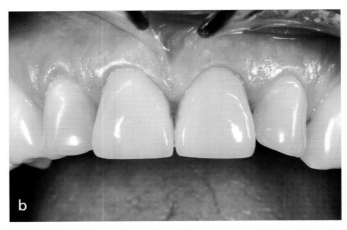

Abb. 3-44 a und b: Die Merkmale einer Zahnform – quadratisch, rund oder konisch – entsprechen diesen geometrischen Grundformen optimal. Dass diese geometrischen Merkmale mit bestimmten Charakterzügen verbunden sind, wird durch das Grundaxiom der ästhetischen Sprache untermauert, dass jede Form das Ergebnis ihres inneren Ausdrucks ist. Während des Alterungsprozesses jedoch können diese Merkmale (a) allmählich abgebaut werden, sodass (b) durch die Eingliederung leicht konischer Zahnformen mit ihrem dynamischen Ausdruck auf die Folgen des Alterungsprozesses Einfluss genommen werden kann.

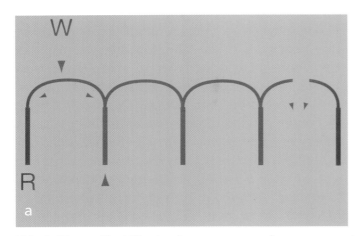
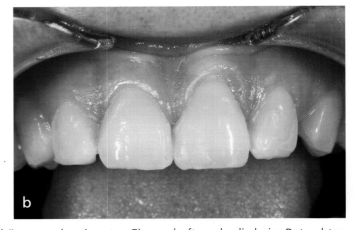

Abb. 3-45 a und b: Wie eine Formaussage aufgenommen wird, hängt von bestimmten Eigenschaften ab, die beim Betrachter immer dieselben Empfindungen hervorrufen. (a) Eine Bogenform schafft ein Gefühl von Kraftverteilung (W) und Widerstand (R). Dieses Gefühl verschwindet aber, wenn im ursprünglichen Erscheinungsbild Brüche auftreten (Pfeile). (b) Wenn im wellenförmigen Verlauf der Gingiva Brüche auftreten, so weicht das Stabilitätsgefühl einem Eindruck der Überbelastung.

Wird sie mit anderen Formen in Bezug gesetzt, so wird sich dieser Charakter im Zusammenwirken mit den ästhetischen Eigenschaften der umliegenden Strukturen verstärken oder abschwächen. Diese Sprache der Formen und Farben beschränkt sich nicht auf einfache geometrische Formen, Linien, Winkel oder suggestive Formgebungsmittel, sondern sie umfasst auch komplizierte geometrische Formen.

Die morphopsychologische Theorie vertritt schon seit langem die Ansicht, dass die verschiedenen fazial-morphologische Entwicklungen auf bestimmte Charakterzüge hinweisen können. „Die Form des Gesichts wird durch die Lebenskräfte des Individuums geprägt" (Corman). Dieses Axiom der morphopsychologischen Schule ist in perfektem Einklang mit den Begriffen der deutschen Bauhaus-Bewegung, die auf den vorangegangenen Seiten ausführlich dargelegt wurden.

Das Wort „Die Form eines Elements resultiert aus seinen als Spannungen ausgedrückten Begrenzungen" verdeutlicht, dass die Wirkung komplexer geometrischer Formen von den psychischen Vorlieben und dem Charakter des Betrachters abhängt.

Überdies werfen die engen Beziehungen, die sich zwischen diesen beiden Denkschulen herstellen lassen, ein neues Licht auf das Wesen der menschlichen Ästhetik. Die Grundlage hierfür bildet die Sensibilität und Rezeptivität des Individuums. Der besondere Charakter von Farben und Formen erschließt sich nur über das individuelle Empfinden.

Ästhetische Faktoren

Einleitung

Indem wir die ästhetischen Grundelemente und die spezifischen Elemente der fazialen Komposition definieren, erweitern wir unser ästhetisches Wissen und schärfen unsere ästhetische Sensibilität. Die Ruhe des Punktes, die aktive Dynamik am Ursprung der Linie begründen eine Sprache, die sich nicht in Worte fassen lässt, für den ästhetischen Ausdruck aber unentbehrlich ist.

Dennoch könnten wir keine ästhetischen Urteile abgeben, wenn nicht auch der subjektive Geschmack an der Wahrnehmung des Formausdrucks sowie des morphopsychologischen Ausdrucks der menschlichen Gesichtsstrukturen mitwirken würde.

Die Tatsache, dass eine Form eng mit ihren Ursprüngen verknüpft ist, ist für ihre ästhetische Qualität nicht ausschlaggebend. Das Wort „Schönheit ist die Verkörperung von Eignung" von Walter Armstrong zeigt, dass jede organische wie auch anorganische Form erst dadurch schön wird, dass sie sich gut in ihren kompositionellen und funktionalen Zusammenhang einfügt. Der Erfolg dieser Anpassung resultiert aus einer mathematischen Logik, die beim Menschen positive Gefühle hervorruft. Das Diktum verdeutlicht somit die Erfahrung, dass wir beim Betrachten eines perfekt an Funktion und Umgebung angepassten Objekts einen – in vielen Fällen unterbewussten – ästhetischen Genuss empfinden. Der hohe Stellenwert dieser Angepasstheit geht auch dann nicht verloren, wenn lediglich eine Abbildung oder Projektion des Objekts zu sehen ist.

Es wäre aber eine unzulässige Vereinfachung, ästhetisches Verständnis auf den perspektivischen Zusammenhang der Sprache der Formen zu reduzieren. Wir müssen nämlich darüber hinaus auch die dominanten, organisierten Zusammenhänge zwischen den einzelnen Formen analysieren und verstehen. Die innerhalb der Komposition dominanten Zusammenhänge appellieren an verschiedene Aspekte unseres Empfindens. Sie zu erfassen, ist für die ästhetische Analyse entscheidend.

Ebenso gilt aber auch, dass bei erstmaligem Betrachten einer Komposition nicht so sehr das objektive Herauslesen, sondern der Gefühlswert, nicht so sehr das ästhetische Wissen, sondern der Entdeckergeist im Vordergrund steht. Der Betrachter spricht zuallererst auf die Resonanz der Komposition an, die sich aus der Gesamtheit aller verschiedenen in ihr enthaltenen Elemente ergibt.

Grundelemente der ästhetischen Analyse

Bis zu einem gewissen Grad erkennt jeder Mensch die Resonanz einer Komposition. Es liegt in der Natur des menschlichen Empfindens, diese Dynamik unterbewusst zu erfassen. Die von der blauen Komposition in Abb. 3-46 ausgehende heitere Gelassenheit spricht eine Sprache, die unsere Seele und Empfindsamkeit berührt. Das dominierende Blau sorgt für einen Ausdruck der Ruhe und Entspannung. Es harmoniert perfekt mit der geruhsamen Pose der dargestellten Figur, den geschlossenen Augen und dem geneigten Kopf. Die Kontraste zwischen dem entspannten Blau, dem leidenschaftlichen Rot, dem brisanten Gelb und den wilden Bewegungen des Haars verleihen der Komposition eine ästhetisch ansprechende Dynamik. Die Resonanz oder „Atmosphäre" der Komposition resultiert aus den besonderen Qualitäten jedes einzelnen Elements und aus den vielfältigen, interaktionsbedingten Spannungen. Sie appelliert unbewusst an unser Empfinden und ist ein zentraler Faktor der Ästhetik.

Eine ästhetische Komposition erschließt sich niemals vollständig auf den ersten Blick. Immer wieder tauchen neue Elemente, neue Aspekte darin auf. Diese Gefühlswerte müssen wir zu einem stimmigen Ganzen zusammenfassen. Menschliches Empfinden ist jedoch individuell unterschiedlich ausgeprägt und durch Wissen nicht zu ersetzen. Wo es fehlt, dort bleiben ästhetische Qualität und Dynamik unerkannt, und die Komposition wird als bloßes System aus Farben, Punkten, Linien und Formen erfasst.

Die Linie als mobilisierter Punkt bildet die Quelle eines mannigfaltigen Formenreichtums. Jedes konkrete oder materielose Element wird aus Linien aufgebaut, durch Linien getrennt oder von Linien gehalten. Bei genauem Hinsehen zeigt sich, dass Linien niemals mit den Umrissen einer Form identisch sind, sondern diese unterstreichen oder konterkarieren. Unsere Umwelt besteht ausschließlich aus sichtbaren oder unsichtbaren Linien, die über ihren semantischen Wert hinaus auch einen ästhetischen Wert besitzen, der auf ihren grafischen Merkmalen beruht.

Linien kommt in der Komposition eine zentrale Bedeutung zu – nicht nur wegen der Kräfte, die sie freisetzen, sondern auch weil sich naheliegenderweise kein Element der Komposition dem linearen System entziehen kann (Abb. 3-47). Diese Linien treten nicht nur als deutlich sichtbares konkretes, sondern auch als rein geistiges Phänomen in Erscheinung, wenn nämlich der Betrachter zwei existierende oder hypothetische Elemente unbewusst linear miteinander verbindet. Dieses geistige Linienziehen ist auf bestimmte Wahrnehmungsbedingungen zurückzuführen. Wenn wir beispielsweise versuchen, unseren ersten Eindruck von der blauen Komposition in eine Linie umzusetzen, so wird diese dem vom Sujet angedeuteten diagonalen Verlauf folgen (Abb. 3-48). Die Linienorientierung zwischen vertikal und horizontal und ihre Eigenschaften betonen die Dualität der Komposition, die wir schon beim ersten Hinsehen erfasst haben.

Abb. 3-46: „Passion" von Luciano Castelli (1987; Privatsammlung). Die von der blauen Komposition ausgehende heitere Gelassenheit spricht eine Sprache, die unsere Seele und Empfindsamkeit berührt.

Abb. 3-47: Eine Linie muss nicht explizit gemacht werden, um wahrgenommen zu werden. Vielmehr können zwei sichtbare oder auch unsichtbare Punkte dem Betrachter das geistige Ziehen einer Linie nahe legen. Die Pupillenlinie in dieser Komposition beispielsweise ist unübersehbar.

Linien müssen also über eine bestimmte Spannungsstärke und Spannungsrichtung verfügen, können aber auch wahrgenommen werden, wenn sie nicht explizit dargestellt sind.

Analysiert man die Komposition weiter, so zeigen sich weitere, gegenläufige Linien wie zum Beispiel Augenlidlinie, Augenlinie, Nasenlinie, Schulterlinie und der feine grüne Pinselstrich im oberen Bildbereich. Alle diese Linien laufen parallel oder senkrecht zu der von der Kopfposition angedeuteten diagonalen Linie, was ein starkes Gefühl der Balance vermittelt (Abb. 3-48 bis 3-54).

Bei genauerer Betrachtung verstärkt sich das Gefühl, dass die Richtungsstabilität aller dieser Linien nicht aus den Einzelelementen der Komposition hervorgeht, sondern vielmehr aus der Form der Flächen, in die sie eingebettet ist und die bei der Einführung von Elementen eine balancierte Anordnung erzwingt. Die ästhetische Qualität einer Komposition hängt stets von der begrenzenden Balance ab, die von der Form dieser Fläche erzeugt wird. Diesen elementaren ästhetischen Faktor wollen wir als „Spannung der Fläche" bezeichnen.

Warum aber scheinen die Mundlinien, die nicht parallel zu den anderen Linien verlaufen und somit der impliziten Linie der Kopfposition kein Gegengewicht entgegensetzen, diese Balance nicht zu beeinträchtigen

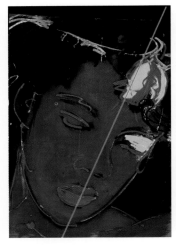

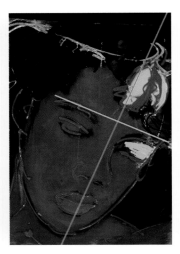

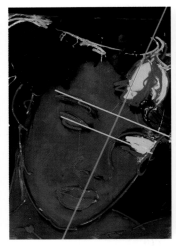

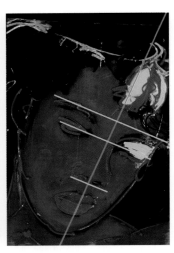

Abb. 3-48: Wenn wir versuchen, unseren ersten Eindruck von der blauen Komposition in eine Linie umzusetzen, so wird diese dem von der Kopfstellung angedeuteten diagonalen Verlauf folgen.

Abb. 3-49: Wenn wir uns darauf konzentrieren, die von der Komposition erzwungenen Linien zu erkennen, so entdecken wir von der Augenlidlinie abwärts immer neue Linienverläufe.

Abb. 3-50: Dem Verlauf der Augenlidlinie folgt ganz natürlich der Verlauf der Augenlinie.

Abb. 3-51: Eine weitere Linie ergibt sich aus dem Verlauf des unteren Nasenrandes.

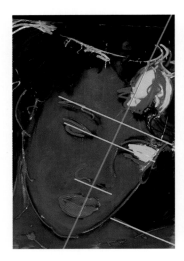

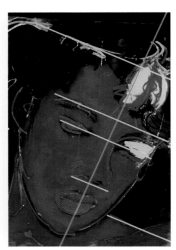

Abb. 3-52 (ganz links): Plötzlich ordnet sich auch die Schulterlinie in dieses Schema ein.

Abb. 3-53 (links): Bei genauerer Betrachtung scheinen diese diversen Linienverläufe bestimmten, von der Form der Gesamtfläche vorgegebenen Gesetzmäßigkeiten der Balance zu entsprechen, was uns daran erinnert, dass auch die grüne Linie am oberen Rand der Komposition parallel zu diesem Liniensystem verläuft.

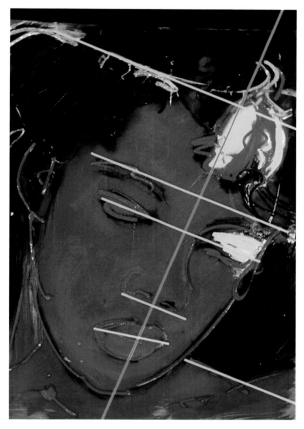

Abb. 3-54: Die Balance dieses Liniensystems, in dem die diversen parallelen Linien ein Gegengewicht zum ursprünglichen schrägen Linienverlauf der Kopfstellung darzustellen scheinen, wird durch die unausweichliche Mundlinie plötzlich unterbrochen. Diese Unausgeglichenheit scheint sich aber nicht auf die Komposition insgesamt auszuwirken. Vielmehr scheint es so zu sein, dass die gelben Farben im oberen Bereich der Komposition die Kommissurenlinie akzentuieren und das Gleichgewicht somit wiederherstellen. Das Ablesen der Linien sowie der Masse und der Farben der Elemente in dieser Komposition zeigt, dass zwei ästhetische Faktoren an der Balance der Komposition beteiligt sind.

(Abb. 3-54)? Es muss also andere Faktoren geben, die auf die Balance der Komposition Einfluss nehmen und ein subtiles Gegengewicht ausüben. Offenbar stammen sie aus der als Akzent empfundenen gelben Farbmasse im Hintergrund der Linie. Wenn diese Masse also in ihrer Stärke und ihrem Gewicht auf natürliche Weise die Balance sichert, können wir daraus schließen, dass wir es hier mit einem masse- und farbspezifischen ästhetischen Faktor zu tun haben, den wir „Gewicht der Elemente" nennen wollen.

Diese einfache Analyse zeigt, dass wir durch einfache ästhetische Wissensinhalte wie die korrekte Erfassung von Punkten, Linien, Formen und Farben in die Lage versetzt werden, bis ins Innerste der ästhetischen Welt vorzudringen. Drei zentrale Faktoren bestimmen darüber, wie die Elemente in einer Komposition anzuordnen sind:

- Spannung der Elemente
- Spannung der Fläche
- Gewicht der Elemente

Über diese Faktoren der Begrenzung, des Gewichts und der Spannung hinaus sollten die geometrischen Merkmale einer jeden Form auch auf den psychologischen Gefühlswert analysiert werden, der ihren Ausdruck bestimmt.

Es ist noch einmal zu betonen, dass die Fähigkeit, den Ausdruck einer Form zu erfassen, vom individuellen Empfinden abhängt und sich dem Intellekt entzieht. Wenn wir aber diesen Weg des individuellen Empfindens beschreiten, so werden wir mit viel Übung lernen, dentale Elemente sensibel und harmonisch in die Gesichtslandschaft einzugliedern.

Spannung der Fläche

Das Quadrat mit seinen vier identischen Seiten und Winkeln kann als die einfachste Fläche bzw. geometrische Figur angesehen werden. Setzen wir einen großen Punkt vor eine Ecke des Quadrats, so stellt sich ein Gefühl der optisch-psychischen Instabilität ein. Abhilfe können wir nur dadurch schaffen, dass wir entweder den Punkt ins Flächenzentrum versetzen oder aber einen zweiten Punkt vor die diagonal gegenüberliegende Ecke platzieren. Dieses Phänomen beruht darauf, dass die Flächenform auf unser Balancegefühl wirkt (Abb. 3-55 und 3-56).

Jede geometrische Fläche erzeugt Wirkungslinien, deren Anziehungskraft je nach Art ihres Aufbaus variiert. In den einfachsten geometrischen Formen wie dem Quadrat oder dem Rechteck sind diese Linien leicht auszumachen – sie verlaufen einfach diagonal von einer Ecke in die andere. An ihrem Kreuzungspunkt definieren sie sekundäre Begrenzungslinien, die parallel zur Flächenseite verlaufen und sich beliebig vervielfachen lassen. Diese vom Zentrum aus zu den Ecken oder entlang und parallel zu den Flächenseiten verlaufenden diagonalen, vertikalen und horizontalen Linien legen ein Raster von unterschiedlich starken Begrenzungen über die Fläche. Sie bestimmen, wie neue Elemente einge-

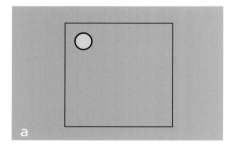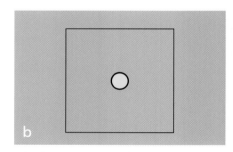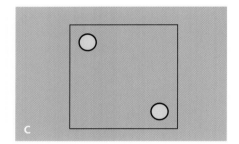

Abb. 3-55 a bis c: (a) Setzen wir ein rundes Objekt in eine Ecke der quadratischen Fläche, so ruft dies ein starkes Gefühl der Instabilität hervor. (b) Die Stabilität lässt sich wiederherstellen, indem wir das runde Objekt ins Flächenzentrum versetzen, oder aber indem wir (c) ein ähnliches Objekt in die diagonal gegenüberliegende Ecke platzieren, wobei uns die virtuelle Diagonale zwischen den beiden Ecken der quadratischen Fläche als Richtlinie dient.

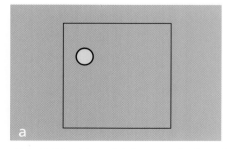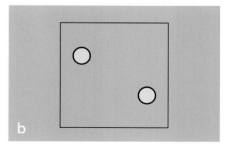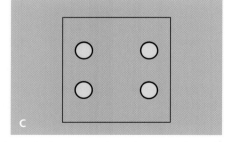

Abb. 3-56 a bis c: (a) Setzen wir dasselbe runde Objekt entlang der Seite der quadratischen Fläche, so ergibt sich ein noch nachdrücklicheres Gefühl der Instabilität. (b) Wieder können wir dies ausgleichen, indem wir ein ähnliches Objekt in einer vergleichbaren Position entlang der zu den Seiten der Fläche parallel verlaufenden vertikalen und horizontalen Linien setzen. (c) Wir können auch vier identische Objekte an den Kreuzungspunkten dieser Linien setzen, wodurch das Gefühl der Balance eindeutig gestört wird.

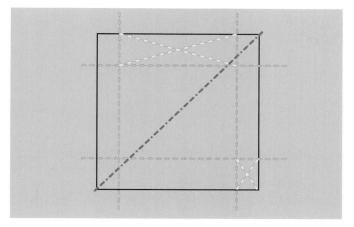

Abb. 3-57: Jede Fläche erzeugt verschieden starke Wirkungslinien, die bestimmen, wie neue Elemente unter Wah-
rung der Balance einzugliedern sind. Eine generelle Balance
wird erzielt, wenn alle Elemente der Komposition den von
der Form der Grundfläche vorgegebenen Wirkungslinien entsprechen. Die in der Abbildung von einer Ecke der Fläche zur
anderen verlaufenden Diagonalen scheinen die stärksten
Vorgaben zu definieren, jedoch kann die Balance der Komposition auch zerstört werden, wenn schwerer zugängliche
untergeordnete Wirkungslinien fehlen.

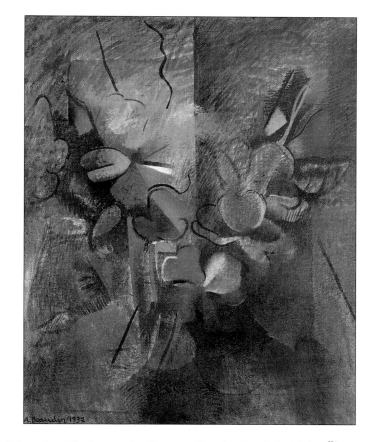

Abb. 3-58: In dieser Komposition ist das Hauptelement des
Sujets gemäß der kubistischen Lehre in einzelne Bestandtei-
le aufgesplittert und entlang den Wirkungslinien der Fläche platziert. Der Rhythmus des Komposition ist durch farbliche Über-
gangszonen markiert, die entlang sekundärer Wirkungslinien platziert die Balance des Komposition betonen (A. Beaudin, 1932,
Privatsammlung).

gliedert werden müssen, damit die Harmonie der Komposition gewahrt bleibt (Abb. 3-57). Dieses Konzept der
Balance, mit dem die meisten Bildhauer und Maler bestens vertraut sind, hat in der Vergangenheit eine Reihe
von Kunstrichtungen beeinflusst (Abb. 3-58 und 3-59).
Bei komplexeren, über die simple Geometrie eines
Rechtecks hinausgehenden Flächen ist unsere Sensibilität gefordert, die Begrenzungslinien zu ziehen. Dies
kann einfach oder auch schwierig sein – je nachdem,
wie gut die unterstützende Fläche bzw. der ästhetische

Rahmen zu erkennen ist. Bei unserem Gegenstand der
Betrachtung ist dies oft schwierig.
Wenn wir für die dentofaziale Komposition die Mundfläche als räumliche Begrenzung ansehen, so verläuft
die bestimmende Linie horizontal von einem Mundwinkel zum anderen (Abb. 3-60). Unabhängig von Form
und Größe der Mundfläche wiederholt sich diese Linie
in der horizontalen Ebene unendlich oft. Sie dient seit
jeher als Basis für den Aufbau des Frontzahnbereichs.
Aus Sicht des Zahnarztes mag die Mundfläche als die

Abb. 3-59: Hier wird die durch Sujet und Bildebene verlaufende Hauptlinie durch zwei sekundäre – eine vertikale und eine zu den Seiten der Bildebene parallel verlaufende horizontale – Linien ausgeglichen, was das Stabilitätsgefühl dieser Komposition stärkt (H. Laurens, 1951; Privatsammlung).

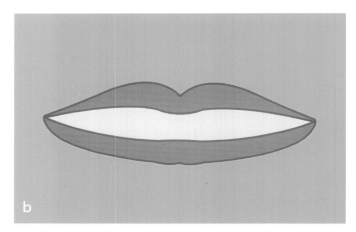

Abb. 3-60 a und b: So wie jede andere Fläche erzeugt auch der Mund Wirkungslinien, die unabhängig von seiner Form und unabhängig davon, ob er geschlossen oder offen ist, von einem Mundwinkel zum anderen verlaufen.

alles entscheidende Bezugsgröße erscheinen, doch in der Realität können wir nicht umhin, einen größeren Ausschnitt, nämlich die faziale Fläche, ebenfalls zu berücksichtigen.

Jeder Betrachter, der das ganze Gesicht ins Auge fasst, erkennt sofort eine wichtige vertikale Linie, die die Mundlinie kreuzt (Abb. 3-61). Diese Linie wird allzu oft aus Gewohnheit ignoriert, sodass nur ein Teil des gesamten fazialen Erscheinungsbildes berücksichtigt wird. Um bewerten zu können, wie Zahnersatz sich

ästhetisch einfügt, müssen wir das ganze Gesicht mit seinen ethnischen und individuellen Unterschieden als Bezugsfläche heranziehen. Diese Vorgehensweise wird aber viel zu selten befolgt, sondern man kümmert sich lieber um die Details der dentalen Komposition. Wir müssen die faziale Fläche als Einheit betrachten, in der alle Elemente, die für die ästhetischen Wechselwirkungen mit der dentalen Komposition eine Rolle spielen, auf einen Blick zu erfassen sind.

Die morphopsychologische Schule unterscheidet schon

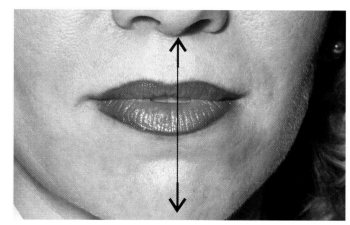

Abb. 3-61: In der fazialen Komposition wird unabhängig von ethnischen Besonderheiten die horizontale Begrenzungslinie des Mundes durch eine zentralvertikale Hauptlinie ausgeglichen – auch dann, wenn wir nur einen Ausschnitt der Komposition ins Auge fassen.

Abb. 3-62 a bis d: In der morphopsychologischen Schule unterscheidet man zwischen einem vestibulären Rahmen, der die fazialen Rezeptoren (Auge, Nase und Mund) einschließt, und dem gesamtfazialen Rahmen, welcher der Ausdehnung der Knochenstruktur entspricht. (a, b, c) Indem wir die fazialen Rezeptoren mit geraden Linien einrahmen, erhalten wir eine an das faziale Fünfeck der italienischen Renaissance angelehnte geometrische Figur. In Verbindung mit (d) der vertikalen Begrenzungslinie erhalten wir ein der menschlichen Vorliebe für mathematische Ordnung entsprechendes Beziehungsgeflecht.

seit langem zwischen dem gesamten fazialen Rahmen einerseits, der leicht auszumachen ist, sich aber umstände- und altersbedingt verändert, und dem engeren, aber dafür formbeständigeren vestibulären Rahmen. Dieser vestibuläre Rahmen wird rund um die fazialen Rezeptoren (d. h. Augen, Nase und Mund) gezogen und bleibt auch mit fortschreitendem Alter stabil (Abb. 3-62).

Auf Grundlage dieser Referenzfläche können die dentalen Elemente perfekt visualisiert werden. Um dem menschlichen Ordnungssinn zu entsprechen, zieht man diese Fläche mit mathematisch geraden Linien und stilisiert sie so zu einer geometrischen Figur, die an das berühmte faziale Fünfeck aus der italienischen Renaissance angelehnt ist. Die Qualitäten dieses geometrischen Schemas zum Ermitteln optimaler fazialer Pro-

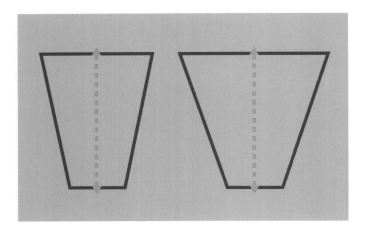

Abb. 3-63: Unabhängig von allen individuellen bzw. ethnischen Unterschieden in der fazialen Morphologie schafft nicht nur der faziale, sondern auch der abgeleitete vestibuläre Rahmen eine vertikale Begrenzungslinie. Die fazialen und vertikalen Begrenzungslinien sind nicht unbedingt identisch, womit auch die ewige Frage nach der Platzierung der interinzialen Linie beantwortet ist: Diese sollte entlang der zentralvertikalen Hauptlinie des vestibulären Rahmens verlaufen.

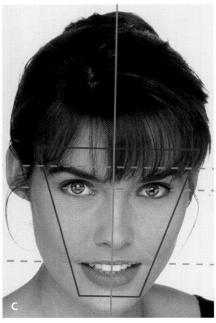

Abb. 3-64 a bis c: So wie bei der Analyse der blauen Komposition ergeben sich auch in diesem Liniensystem ganz natürlich die Verläufe der Augenbrauen-, Pupillen- und Kommissurenlinie. Wie wir wissen, hat die Natur die fazialen Rezeptoren entlang den sekundären Begrenzungslinien des vestibulären Rahmens – d. h. parallel zu seinem oberen und unteren Rand – platziert.

portionen sind bestens bewährt. Unabhängig von allen individuellen Unterschieden erzeugt sein trapezförmiger Aufbau eine zentralvertikale Dynamik und projiziert diese mit unterschiedlicher Intensität (Abb. 3-63). Alle vertikal integrierten Elemente – einschließlich Augen, Nase und Mund – verlaufen entlang dieser Wirkungslinie. Umgekehrt bilden die Brauen-, Pupillen- und Kommissurenlinie, die in den meisten Gesichtern parallel zum oberen und unteren Rand des vestibulären Rahmens verlaufen, sekundäre dynamische Linien, die von der Form der fazialen Fläche bestimmt werden (Abb. 3-64).

Eine eingehendere Analyse zeigt Folgendes: Zieht man bei einem lächelnden Gesicht eine Linie zwischen Augenrand und Mundwinkel, so verläuft diese parallel zur äußeren Begrenzungslinie des vestibulären Rahmens. Hieraus erklärt sich die Achsenrichtung des Eckzahns und ersten Prämolaren. Der Linienverlauf des Seitenzahnbereichs sollte also parallel den Seitenrändern der vestibulären Fläche folgen (Abb. 3-65 und 3-66).

In der Prothetik orientiert man sich schon seit geraumer Zeit an der Pupillenlinie, um die vordere Okklusionsebene zu definieren. Diese Linie, die als Konstante der

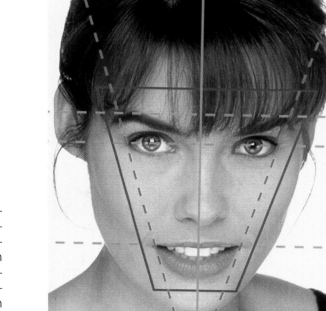

Abb. 3-65: Es ist schwer zu glauben, dass nur die horizontal verlaufenden sekundären Begrenzungslinien in eine Komposition einfließen. Bei genauerer Betrachtung zeigt sich, dass eine vom äußeren Augenrand zum äußeren Lippenrand gezogene Linie beim Lächeln dieselbe Richtung hat wie die äußere vertikale Begrenzungslinie der Fläche. Hieraus wird deutlich, dass bei der ästhetischen Analyse unbedingt die verschiedenen Aspekte der fazialen Dynamik zu berücksichtigen sind.

Abb. 3-66 a und b: (a) Es ist seit langem bekannt, dass die obere Okklusionsebene, zusammen mit den horizontalen Begrenzungslinien des vestibulären Rahmens, mit der Kommissurenlinie zusammenfällt. Es gibt keinen Grund, die bei geöffnetem Mund sichtbare untere Okklusionsebene von dieser Positionsvorgabe auszunehmen. (b) In der vertikalen Ebene jedoch sollte die Wahrnehmung der Achsenrichtung des Eckzahns, welche den gesamten Linienverlauf von vorn nach hinten vorgibt, als einer der bestimmenden Faktoren für die Integration der dentalen Komposition in ihren fazialen Rahmen anerkannt werden.

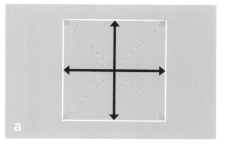 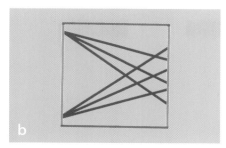 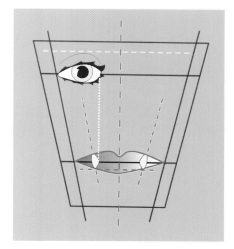

Abb. 3-67 a und b: (a) Jede tragende Fläche wie etwa ein Quadrat erzeugt Begrenzungslinien, die vorgeben, wie neue Elemente harmonisch in die Komposition eingegliedert werden können. (b) Werden diese Einschränkungen nicht beachtet, sondern die Elemente entlang subjektiv empfundener Linienverläufe eingefügt, so werden sie der Fläche nur sehr bedingt entsprechen und die Komposition ästhetisch abwerten.

Abb. 3-68: So wie bei den dental-gingivalen Beziehungen, deren Beschaffenheit die biologische Integration des Zahnersatzes in den Zahnhalteapparat ermöglicht, muss das Hauptaugenmerk des Zahnarztes den vom vestibulären Rahmen vorgegebenen Linienverläufen gelten. Dass er diese im Verlauf des Sanierungsprozesses häufig abfragen und bewerten muss, bildet eine Voraussetzung für die ästhetische Integration dentaler Elemente in den fazialen Rahmen.

dentofazialen Ästhetik gelten darf, verläuft parallel zur Kommissurenlinie und senkrecht zur vertikalen Außenlinie des vestibulären Rahmens. Diese Vielzahl an parallelen Gesichtslinien – Brauenlinie, Pupillenlinie, Kommissurenlinie, Okklusionslinie, Gingivalinie und Schneidezahnlinie – ist für die rhythmischen Eigenschaften der fazialen Ästhetik charakteristisch. Dem wäre noch hinzuzufügen, dass das Erscheinen von Linien bei Mundbewegungen, die nicht nur Bestandteil der dentalen Komposition sind, sondern auch parallel zur Wirkungslinie des vestibulären Gesichtsrahmens verlaufen, eine Kohäsion herstellt, anhand derer sich die dentale Komposition leichter in die dentofaziale und die faziale Komposition einfügen lässt (Abb. 3-66).

Die Wirkungslinien einer Fläche geben vor, wie man neue Elemente eingliedern kann, sodass die Balance der Komposition dabei gewahrt bleibt (Fig. 3-67). Normalerweise entsprechen die Elemente der dentofazialen und fazialen Komposition dieser tektonischen Anforderung von Natur aus. Die Normalstellung dieser Elemente ist ja nicht zufällig entstanden, und beim Integrieren von Zahnersatzkomponenten gelten selbstverständlich dieselben, vom vestibulären Rahmen vorgegebenen, horizontalen und vertikalen Begrenzungslinien (Abb. 3-68).

Außerdem können wir festhalten, dass bei genetisch bedingten fazialen Formveränderungen, die mit orthognathischen oder orthopädischen Eingriffen behandelt werden müssen (Abb. 3-69), stets die Parallelität der fazialen Linien beeinträchtigt ist. Was hingegen die vordere Okklusionslinie betrifft, so sind lineare Missverhältnisse zum vestibulären Rahmen üblicherweise auf

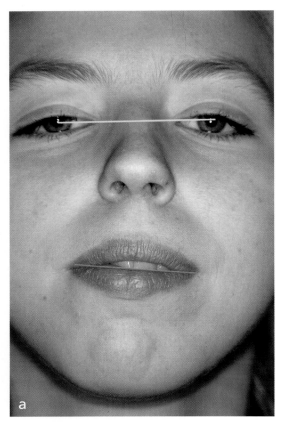
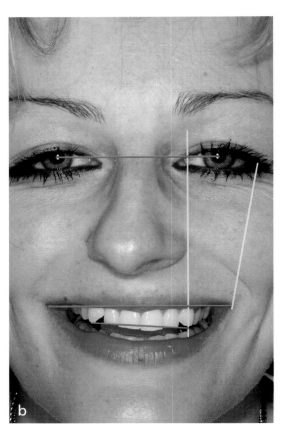

Abb. 3-69 a und b: Aus klinischer Sicht ermöglicht die Bezugnahme auf die linearen Begrenzungen des vestibulären Rahmens die Früherkennung von ästhetischen Defiziten. (a) Im abgebildeten Fall betont die beeinträchtige Parallelität zwischen Pupillen- und Kommissurenlinie eine Abweichung des unteren Gesichtsdrittels, was einen orthognathischen Eingriff erfordert. (b) Eine schlechte Koordination der vom Augenwinkel zum Mundwinkel verlaufenden Linie und der Ausrichtung der Eckzahnachse beeinträchtigt die vertikale Kohäsion der Komposition und hätte mit den üblichen kieferorthopädischen Mitteln korrigiert werden sollen. Die schlechte Koordination zwischen der Okklusionsebene und den horizontalen Begrenzungslinien des vestibulären Rahmens weist auf funktionale Störungen hin.

Mängel bei der prothetischen Rekonstruktion oder kieferorthopädischen Ausrichtung oder aber auf funktionale Probleme bei der natürlichen Bezahnung zurückzuführen (Abb. 3-70 bis 3-72). Diese Tatsache, dass funktionale Störungen sich in linearen Missverhältnissen zum vestibulären Rahmen manifestieren, unterstreicht einmal mehr den engen Zusammenhang zwischen Funktion und Ästhetik.

Ein solches pathologisch bedingtes Missverhältnis zur Rahmenfläche und uncharakteristische rhythmische Muster entwerten die Komposition ästhetisch ungemein. Im klinischen Umgang mit dem Frontzahnbereich

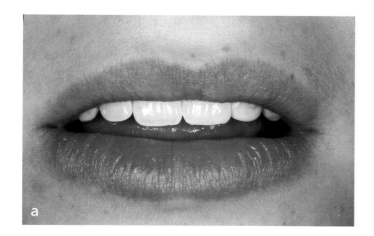

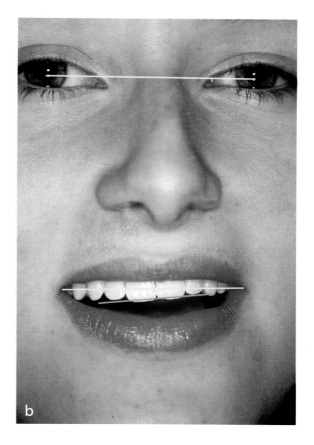

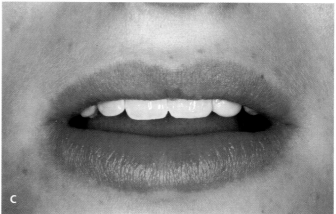

Abb. 3-70 a bis c: (a) Kieferorthopädischer Aufbau des Front-zahnbereichs, der die Begrenzungen des vestibulären Rahmens ignoriert – ein Fehler, der bei kieferorthopädischen Eingriffen häufig gemacht wird. (b) Die vordere obere Okklusionsebene verläuft nicht parallel zur Kommissurenlinie, was die dentofaziale Kohäsion gefährdet. (c) Durch Elongation des linken seitlichen Schneidezahns versuchten wir, anhand eines weiteren ästhetischen Faktors, den wir als „Gewicht der Elemente" bezeichnen, parallele balancierte Linienverläufe vorzutäuschen.

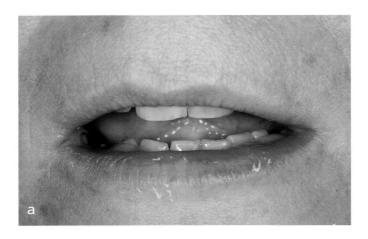

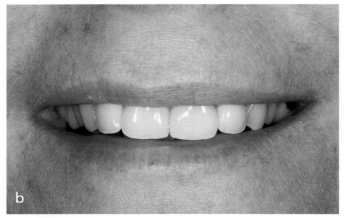

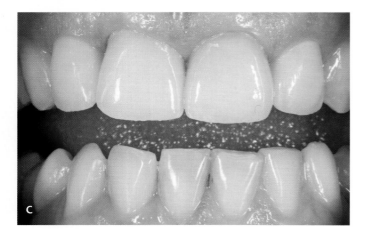

Abb. 3-71 a bis c: (a) Ein mit fortschreitendem Alter auftretendes lineares Missverhältnis zwischen der Inzisal- und Kommissurenlinie weist auf funktionale Störungen hin und beeinträchtigt die dentofaziale Kohäsion. In diesem Fall umfasste der Behandlungsplan die Wiederherstellung (b) der dentofazialen Parallelität sowie (c) konsistenter okklusaler Beziehungen im Frontzahnbereich.

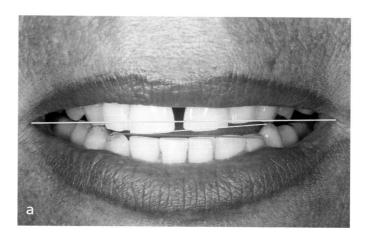

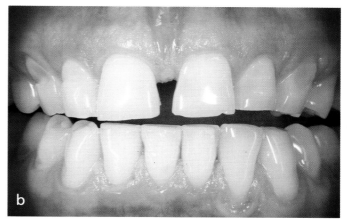

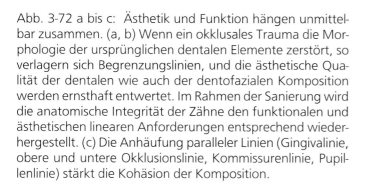

Abb. 3-72 a bis c: Ästhetik und Funktion hängen unmittelbar zusammen. (a, b) Wenn ein okklusales Trauma die Morphologie der ursprünglichen dentalen Elemente zerstört, so verlagern sich Begrenzungslinien, und die ästhetische Qualität der dentalen wie auch der dentofazialen Komposition werden ernsthaft entwertet. Im Rahmen der Sanierung wird die anatomische Integrität der Zähne den funktionalen und ästhetischen linearen Anforderungen entsprechend wiederhergestellt. (c) Die Anhäufung paralleler Linien (Gingivalinie, obere und untere Okklusionslinie, Kommissurenlinie, Pupillenlinie) stärkt die Kohäsion der Komposition.

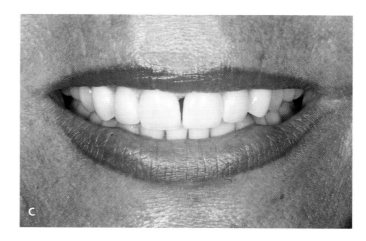

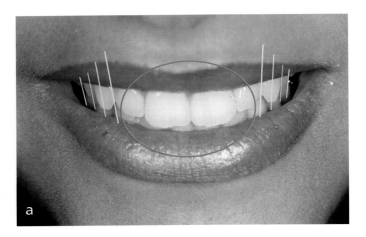

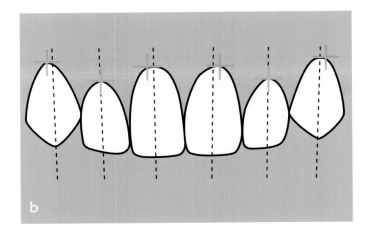

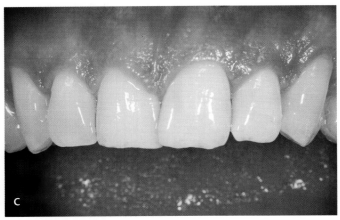

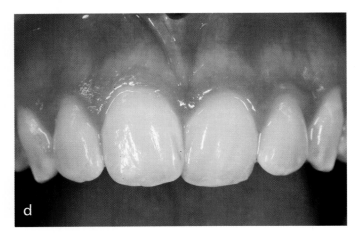

Abb. 3-73 a bis d: (a) Die Elemente der vertikalen Integration schließen auch die Eckzahnachse ein, die parallel zu einer beim Lächeln vom Mundwinkel zum Augenwinkel gezogenen Linie und in weiterer Folge parallel zum vertikalen Rand des vestibulären Rahmens verlaufen sollte. (b) Diese Begrenzungselemente bestimmen nicht nur die Richtung der Eckzahnachse, sondern auch die Achsenrichtung des gesamten Linienverlaufs von vorn nach hinten. Viele Autoren meinen ferner, dass diese Begrenzungselemente logischerweise auch eine identische Achsenrichtung für die Elemente des Frontzahnbereichs vorgeben. (c, d) Dies trifft zwar im Wesentlichen zu, In der Natur sind jedoch Variationen, welche die einheitliche Zahnanordnung durchbrechen, die Regel, sowohl was die Anordnung und Achsenrichtung der Frontzähne als auch was Engstände betrifft. Diese Variationen sehen nur dann gut aus, wenn sie wohldefinierte ästhetische Grundsätze beachten.

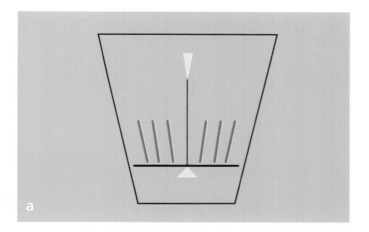

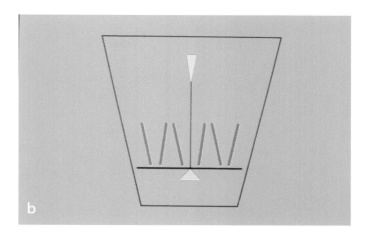

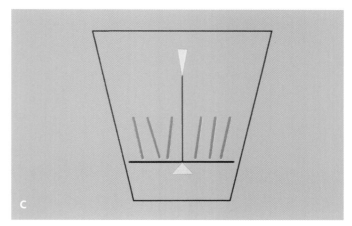

Abb. 3-74 a bis c: Die zentralvertikale Hauptlinie des vestibulären Rahmens fungiert als Drehpunkt der vertikal integrierten Elemente. Dementsprechend sollten sich alle Elemente zu beiden Seiten dieser Linie ausgleichen. Dieses Konzept lässt sich nicht nur auf den vertikalen Aufbau des Seitenzahnbereichs übertragen, sondern es bestimmt – gemäß dem Grundsatz, dass mit zunehmender Entfernung vom Drehpunkt die Bedeutung der Elemente zunimmt – auch die Achsenrichtung der Frontzahnanordnung. (a) Balancierte Frontachse, wie sie von vielen Autoren als ideal betrachtet wird. (b) Balancierte Frontachse bei entsprechender Kompensation von abweichenden seitlichen Schneidezähnen. (c) Kompensation der abweichenden Achse eines oberen mittleren Schneidezahns durch eine leichtere Abweichung des kontralateralen seitlichen Schneidezahns.

hingegen eröffnet dieses geometrische vestibuläre Schema einen beachtlichen Spielraum an Gestaltungsmöglichkeiten, der von mathematischer Strenge bis hin zu kontrollierter künstlerischer Kreativität reicht. Wie von verschiedenen Autoren dargelegt wurde, wird der Verlauf des Frontzahnbereichs nur dann als ästhetisch empfunden, wenn die Frontzahnachsen einem bestimmten Muster folgen (Abb. 3-73). Ein ästhetisch ansprechendes Ergebnis lässt sich auch über die allgemeine Balance erzielen, indem Fehlstellungen des einen

oder anderen Zahns kontralateral der zentralvertikalen Hauptlinie des vestibulären Rahmens wieder ausgeglichen werden. Das Prinzip der balancierten Zahnachsen findet hier einen idealen Anwendungsbereich, da es uns erlaubt, die dentofaziale Ästhetik nach naturgesetzlichen Regeln individuell abzustimmen und zur Geltung zu bringen. (Abb. 3-74).

In diesem Zusammenhang ist zu berücksichtigen, dass der ästhetische Stellenwert der einzelnen Zähne mit zunehmender Entfernung von der Zahndrehachse steigt.

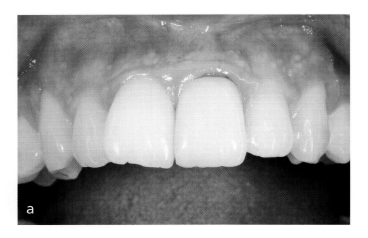

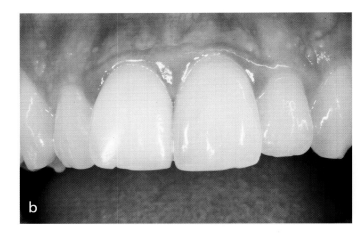

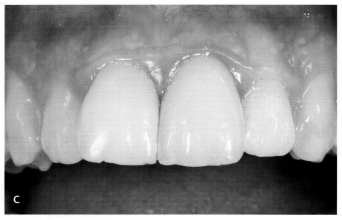

Abb. 3-75 a bis c: (a) Distal geneigter rechter mittlerer Schneidezahn mit starker distaler Wölbung, die durch die distale Neigung des linken seitlichen Schneidezahns nicht vollständig ausgeglichen ist. (b) Rekonturierung des distal gewölbten rechten mittleren Schneidezahns und Eingliederung eines leicht distal geneigten linken mittleren Schneidezahns, ohne dass dabei der Eindruck einer mangelhaften Achsenbalance beseitigt wird. (c) Die Balance lässt sich wiederherstellen, indem der mesiale Teil der Inzisalkante des linken mittleren Schneidezahns verändert wird.

So lässt sich etwa ein nach mesial geneigter rechter mittlerer Schneidezahn problemlos durch eine geringe mesiale Neigung des linken Eckzahns oder eine noch geringere Neigung des ersten Prämolaren ausgleichen (Abb. 3-75 und 3-76).

Solange eine kontrollierte Balance gewahrt bleibt, sind den theoretischen Möglichkeiten dieser Art von Manipulation keine Grenzen gesetzt. Unter praktischen Laborbedingungen ist diese kontrollierte Balance aber nur

sehr schwer zu realisieren. Am besten visualisiert man sie im klinischen Zusammenhang, wo die Neigung der Zahnachse auch von der Art und Position des gingivalen Niveaus (des gingivalen Zeniths) mitbestimmt wird. An dieser Stelle ist darauf zu achten, dass die horizontale und vertikale Positionierung der restaurativen Elemente adäquat mit den Begrenzungslinien des vestibulären Rahmens koordiniert werden sollten. Die Wirkungslinien des vestibulären Rahmens sind wirklich

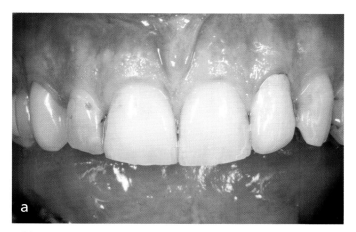 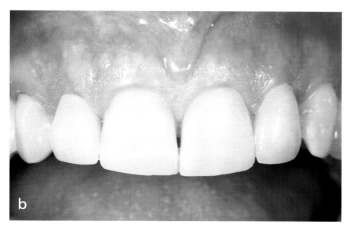

Abb. 3-76 a und b: (a) Unausgeglichene Frontzahnachse, die stark den Eindruck einer Achsenabweichung nach links vermittelt. (b) Wiederhergestellte Balance durch mesiale Neigung des linken seitlichen über den mittleren Schneidezahn.

von zentraler Bedeutung bei restaurativen Eingriffen. Sie definieren nicht nur unumstößliche Grenzen, wie die neuen Elemente balanciert in die faziale Komposition einzugliedern sind, sondern sie sichern auch die Kohärenz zwischen der dentalen, der dentofazialen und der fazialen Komposition. Sie sind also Bestandteil der rhythmischen Muster, die der fazialen Komposition ihre Individualität verleihen.

Optisches Gewicht

Der ästhetische Gewichtsbegriff ist aus der Physik entlehnt, muss aber im Licht der Naturerfahrung gesehen werden.

Der Mensch ist von seinem empirischen Sinn für die Anziehungskraft der Erde zutiefst geprägt. Wenn wir ein Quadrat an der Wand sehen, so siedeln wir sein Zentrum unweigerlich über dem tatsächlichen geometrischen Zentrum an. Befindet sich das Quadrat hingegen auf dem Boden oder an der Decke, so ist unsere Einschätzung geometrisch korrekt. Wird in eine Fläche mit hellem Hintergrund eine schwarz-weiße Form platziert, so empfinden wir die dunklen Anteile als gewichtiger. In einer komplexen dunklen Komposition hingegen empfinden wir eine einzelne helle Farbe als gewichtigen Akzent (Abb. 3-77).

Abb. 3-77 a und b: (a) Wenn ein weißes und ein dunkles Objekt auf einen hellen Hintergrund gesetzt werden, so wirkt das dunkle Objekt gewichtiger, während (b) ein einzelnes helles Element auf einem dunklen Hintergrund als relativ gewichtiger Akzent empfunden wird.

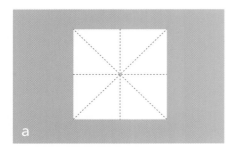

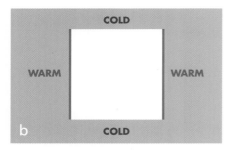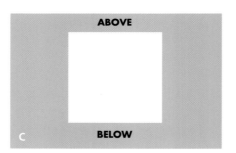

Abb. 3-78 a bis c: (a) In der wissenschaftlichen Auseinandersetzung mit Ästhetik stehen perzeptive Fähigkeiten und subjektive Gefühle im Vordergrund. Jeder kann die von einer ordentlich konzipierten Grundfläche erzeugte Dynamik erkennen, die vorgibt, wie neue Elemente harmonisch in die Komposition eingegliedert werden können. (b) Die Grundfläche lässt sich jedoch auch völlig anders auffassen. Ihre „signifikante" Qualität – der ruhende Aspekt des Quadrats – wird durch die gleich langen horizontalen und vertikalen Linien geprägt. Diese Resonanz verändert sich jedoch hin zu einer kälteren oder wärmen Atmosphäre, je mehr die Breite bzw. Höhe der Grundfläche ausgedehnt wird. (c) Die „physikalische" Qualität der quadratischen Grundform ist eine pragmatischere Größe. Diese Sichtweise ist vom Phänomen der Schwerkraft geprägt, d. h. wir nehmen die beiden horizontalen Linien als „oben" bzw. „unten" wahr.

Das optische Gewicht bereichert die Fläche um einen weiteren dynamischen Faktor. Es entsteht aus den besonderen Zusammenhängen zwischen Masse, Farbe und Position der einzelnen Elemente der Grundfläche. Unter „Grundfläche" verstehen wir den konkreten oder ästhetischen Rahmen, der die Komposition zusammenhält.

Alle Elemente einer Komposition stehen mit deren Grundfläche in einer besonderen dynamischen Beziehung.

Diese Dynamik ist eine fundamentale grundlegende ästhetische Qualität, die in ihrer Art und Intensität insofern variiert, als sie mit der Grundfläche unterschiedlich interagiert.

Die „tensionale" Qualität der Grundfläche (d. h. ihre Spannung oder innere Dynamik) ergibt sich aus deren Begrenzungslinien und ist am einfachsten zu verstehen. Hinzu kommen eine „physikalische" Qualität (d. h. oben und unten) und eine „signifikante" Qualität (d. h. ihr Ausdruck). Worum es sich bei diesen beiden letzteren Qualitäten handelt und worin sie sich unterscheiden, wird im weiteren Verlauf dieses Kapitels beschrieben (Abb. 3-78).

Die „signifikante" Qualität eines Quadrats wird durch die gleich langen horizontalen und vertikalen Linien bestimmt.

Die Eigenschaften von horizontalen und vertikalen Linien wurden bereits in einem anderen Kapitel erläutert. Das Quadrat mit seinen jeweils zwei perfekt ausgewogenen kalten und warmen Elementen vermittelt einen Ausdruck objektiver Ruhe. Beim ungleichseitigen Rechteck hingegen überwiegt eines dieser beiden Elemente, sodass der Ausdruck sich verändert. Dementsprechend vermittelt das hohe Trapez der vestibulären Fläche ein Gefühl der Wärme. Vertikal ausgerichtete Rechtecke sind überwiegend warm, horizontal ausgerichtete Rechtecke sind überwiegend kalt. Die Resonanz der Fläche ergibt sich aus ihrer räumlichen Ausrichtung.

Die faziale Fläche hat also einen von Natur aus warmen Charakter. Dieser kann, allen konträren Elementen zum Trotz, niemals ganz verloren gehen. Konträre horizontale Tendenzen in einer vertikal ausgerichteten Fläche bewirken stets eine mehr oder minder akzentuierte Spannungsdynamik, die einen Grundbaustein für die ästhetische Qualität einer Komposition darstellt. Diese Spannungsdynamik ist in der fazialen Fläche mit ihren ausgeprägte horizontalen Elementen (z. B. Augen-, Pupillen- und Kommissurenlinie) formvollendet ausgeführt. Sind die konträren Tendenzen aber zu stark (z. B. durch einen überdimensionierten Mund oder überdimensionierte Augen), kann sich die Spannungsdynamik bis ins Unerträgliche steigern.

Die „physikalische" Qualität der quadratischen Grundform ist eine pragmatischere und damit leichter erfassbare Größe. Ihre beiden horizontalen Linien lassen sich in „hoch" und „niedrig", oder genauer gesagt in „oben" und „unten" unterteilen. Diese Sichtweise ist von den empirischen Gesetzen der Schwerkraft geprägt, auf der seit jeher alles Lebendige beruht (Abb. 3-78). Dieser Zusammenhang gilt auch für die Fläche, die somit als lebendiges Phänomen betrachtet werden kann. Diese Behauptung mag Menschen mit weniger starker künstlerischer Neigung auf den ersten Blick sonderbar anmuten, doch werden ja auch in anderen Lebensbereichen oft Dinge, die zunächst unglaubhaft erscheinen, nach intensiver Beschäftigung mit der Materie glaubhaft. „Oben" und „unten" scheinen von Natur aus konträre Spannungen zu erzeugen (Abb. 3-79). Das Phänomen der Schwerkraft bringt es mit sich, dass das „Oben" leicht, locker und befreiend erscheint – Eigenschaften also, die in einer „warmen" Atmosphäre Ausdruck finden. Umgekehrt wirkt die „kalte" Umgebung des „Unten" schwer, dicht und bindend.

Lockerheit ist das Gegenteil von Dichte. Einzelne Formen erscheinen umso kleiner und weiter voneinander entfernt, je näher sie sich am oberen Rand der Fläche befinden. Darüber hinaus verstärkt das Freie und Leichte auch ihre inneren Eigenschaften und ihre Auf-

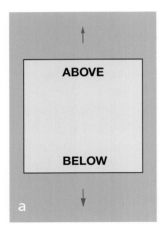  

Abb. 3-79 a bis c: (a) „Oben" und „unten" scheinen von Natur aus konträre Spannungen zu erzeugen. Dem Phänomen der Schwerkraft entsprechend ist das „Oben" von geringer Dichte und vermittelt demgemäß ein Gefühl der Lockerheit, wogegen das „Unten" als schwer und verdichtet erscheint. (b) Leichte und kleine Objekte verlieren „oben" an Gewicht und entwickeln eine stärkere Aufwärtsdynamik, wogegen (c) gewichtige Formen noch schwerer werden und eine gegenläufige Abwärtsdynamik erzeugen.

wärtsdynamik. Kleine Elemente verlieren im oberen Flächenabschnitt an Gewicht und somit auch ihre unterstützende Wirkung. Umgekehrt erscheinen gewichtige Formen noch gewichtiger und erzeugen somit eine ausgleichende Abwärtsdynamik (Abb. 3-79). Die freie Atmosphäre des „Oben" bringt also jede Art von innerer Dynamik noch besser zur Geltung. Sie verstärkt sowohl die Assoziationen des Steigens als auch des Fallens, die in der inneren Dynamik der Elemente angelegt und durch die Dynamik der Fläche konkretisiert sind.

Umgekehrt verdichtet sich die Atmosphäre, je näher eine Form an den unteren Flächenrand herangeführt wird. Die Bewegungsfreiheit wir immer kleiner, die Zwänge nehmen zu. Kleine Formen rücken näher zusammen und verlieren an Gewicht (Abb. 3-80). Die Ab-

wärtsdynamik der Fläche wird stärker und kann nur durch Strukturen mit konträrer Spannungscharakteristik ausgeglichen werden.

Dieses Oben und Unten verkörpert den größtmöglichen dynamischen Gegensatz. Die konträren Spannungen werden durch die Akkumulation schwererer Formen im unteren und leichterer Formen im oberen Bereich auf natürliche Weise verstärkt. Umgekehrt lassen sie sich durch die Akkumulation schwerer Formen im oberen und leichter Formen im unteren Bereich neutralisieren oder zumindest abschwächen (Abb. 3-80).

Die rhythmische Qualität der Grundfläche ergibt sich aus der Art und Position der darin enthaltenen Elemente und ihres optischen Gewichts. Durch platziertes Einsetzen einfacher Elemente kann die rhythmische Qualität

 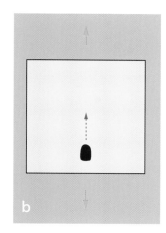 

Abb. 3-80 a bis c: (a) Nach „unten" zu wird die Bewegungsfreiheit immer kleiner, die Zwänge nehmen zu, und in Gegenwart einzelner oder mehrerer Elemente verstärkt sich die Abwärtsdynamik. (b) Nur spezielle Elemente wie Pfeile oder auch spitz zulaufende inzisale Kanten können „unten" konträre Dynamik erzeugen. (c) Die durch das „Oben" bzw. „Unten" erzeugte Dynamik kann durch gewichtige Elemente (oben) bzw. durch eine spezielle Formgebung (unten) kompensiert werden. Durch dieses kompensatorische Spiel mit sukzessiver gegenläufiger Dynamik werden rhythmische Qualitäten erzeugt, welche die Komposition ästhetisch aufwerten.

der vorgegebenen Grundfläche nachträglich modifiziert werden. Das optische Gewicht, bei dem Farben eine zentrale Rolle spielen, hängt vom unterbewussten Erkennen der dynamischen Verflechtungen ab, die in der Folge akzentuiert, ausgeglichen oder ausgeblendet werden können.

So wie andere Flächen beeinflusst das Phänomen der optischen Gewichtung auch die faziale und die dentofaziale Fläche. Die Hauptelemente der fazialen Fläche sind die „fazialen Rezeptoren" Augen, Nase und Mund, die in Charakter, Art und Dimension praktisch unbegrenzt viele Spielarten aufweisen. Sie können geöffnet oder geschlossen sein und bereichern das dynamische Spiel auch sonst um eine variable Größe, die das optische Gewicht der fazialen Ebene beeinflusst und daher

als wichtiger Faktor in der ästhetischen Analyse zu betrachten ist.

Unabhängig von allen individuellen und ethnischen Besonderheiten sind diese fazialen Rezeptoren von keinen tiefgreifenden altersbedingten Veränderungen betroffen. Eine Ausnahme bildet der Mund, dessen suborbitales Gewebe mit fortschreitendem Alter an Spannkraft verliert, wodurch sich die Voraussetzungen für die Sichtbarkeit der oberen und unteren Zahnflächen verändern. In der Praxis sind wir gerade im Bereich der dentofazialen Komposition, die nach oben und unten durch die Lippen begrenzt wird, gefordert, auf die diversen Manifestationen des optischen Gewichts zu achten.

Bei einem zwanzigjährigen Menschen, der den Mund leicht geöffnet hält, sind im Durchschnitt 3,5 mm der

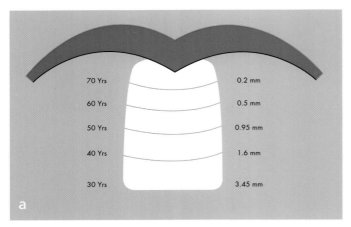

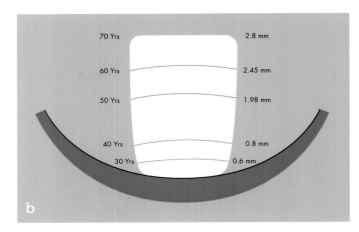

Abb. 3-81 a und b: Diagramm der mit fortschreitendem Alter in Ruheposition sichtbaren Zahnflächen im (a) oberen und (b) unteren Frontzahnbereich.

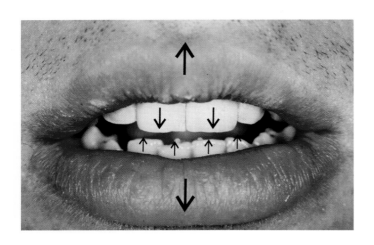

Abb. 3-82: Junger Mensch, bei dem bei ruhendem Unterkiefer und ruhenden Lippen große Anteile der oberen und minimale Anteile der unteren Zahnfläche sichtbar sind. Die aufeinander folgende Auf- und Abwärtsdynamik in der dentofazialen Fläche bewirkt einen optisch-psychisch ansprechenden „Pull-Push"-Effekt.

oberen Zahnfläche sichtbar, während die unteren Zähne weitgehend unsichtbar bleiben. Diese Situation führt zu interessanten rhythmischen Qualitäten in der dentofazialen Komposition (Abb. 3-81 und 3-82). Im späteren Leben wird durch den altersbedingt schwächer werdenden Muskeltonus immer weniger von den oberen Schneidezähnen zu sehen sein. Verstohlen treten die unteren Schneidezähne hervor und

heben den unteren Teil der dentofazialen Fläche stärker hervor (Abb. 3-83 und 3-84). Die in der Jugend typische rhythmische Qualität der dentofazialen Fläche geht unumkehrbar verloren. Dieser Verfallsprozess fällt zwar individuell sehr verschieden aus, ist aber zweifellos irreversibel (Abb. 3-85 und 3-86).
Welche Zahnflächen wie weit zu sehen sind, hängt aber nicht nur vom Alter, sondern auch von Geschlecht und

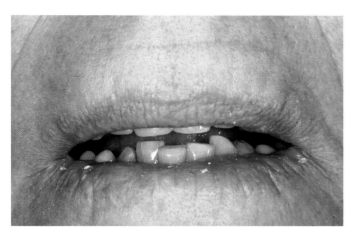

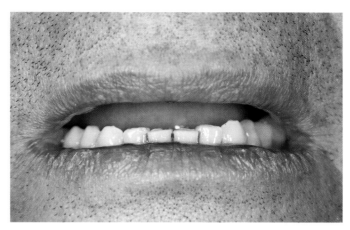

Abb. 3-83: Mit fortschreitendem Alter nehmen die sichtbaren Zahnflächen im oberen Segment ab, im unteren Segment hingegen zu. In dieser Komposition ist die obere Zahnreihe, wenngleich mit einer verstärkten „oberen" Aufwärtsdynamik, immer noch sichtbar, während die Sichtbarkeit der unteren Zahnreihe die „untere" Abwärtsdynamik verstärkt. Die Komposition ist auf zwei konträre Dynamiken reduziert, wobei die „untere" Abwärtsdynamik dominiert und die Verhältnisse durch die punktuelle Aufwärtsdynamik der eruptierten unteren Zähne gestört werden.

Abb. 3-84: Der fortschreitende Muskeltonusverlust macht sich im vierten Lebensjahrzent bemerkbar und schreitet – wie aus der veränderten Sichtbarkeit der Zähne und der Begrenzung der Sprechdynamik auf das untere Segment ersichtlich – kontinuierlich voran.

Abb. 3-85: Frau im vierten Lebensjahrzehnt mit deutlich sichtbarer unterer Zahnreihe. Dies widerspricht zwar dem allgemeinen Durchschnittswert unter Gleichaltrigen, entspricht aber der ethnischen Norm. Zu beachten ist die angehobene Oberlippe, die eine starke „obere" Aufwärtsdynamik besitzt und die gesamte gegenläufige Abwärtsdynamik der mittleren unteren Schneidezähne als Gegengewicht benötigen würde, die leider von Abrasionserscheinungen gezeichnet sind. Aus diesem Grund kann die „untere" Abwärtsdynamik, die durch eine nach unten zu dicke Lippe noch betont wird und eine Art von Gleichgewicht in den schlecht positionierten spitzen Schneidezähnen findet, nicht vollständig ausgeglichen werden.

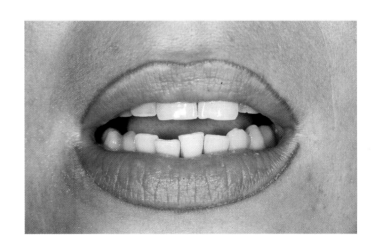

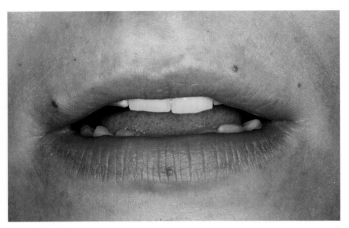

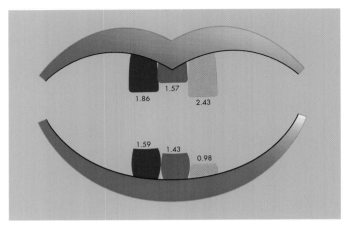

Abb. 3-86: Die abradierten oberen Schneidezähne dieser Frau im vierten Lebensjahrzehnt sind nicht mehr imstande, die „oben" erforderliche kompensatorische Abwärtsdynamik zu erzeugen. Die Sichtbarkeit der unteren Zahnreihe ist aufgrund der schlecht positionierten unteren Schneidezähne auf die seitlichen Zähne beschränkt. Das Spannungsspiel in der dentofazialen Komposition ist auf die Opposition zwischen „oben" und „unten" beschränkt und erzeugt nur schwache undefinierte rhythmische Eigenschaften.

Abb. 3-87: Diese Darstellung der sichtbaren Zahnflächen bei verschiedenen Ethnien macht deutlich, dass die Bewertung und Behandlung sichtbarer Zahnflächen immer an die individuellen Gegebenheiten anzupassen ist: blau = Asiaten; rot = Afrikaner; grün = Europäer.

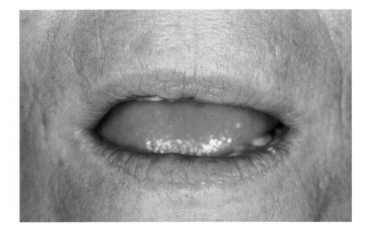

Abb. 3-88: Auch wenn die Morphologie der oberen und unteren Zahnbereiche bereits vollständig abradiert sind, können in Ruheposition immer noch Zahnanteile zu sehen sein. Die dentofaziale Balance beschränkt sich auf die gegenläufige „obere" Aufwärtsdynamik und die „untere" Abwärtsdynamik.

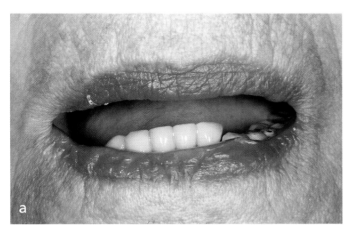
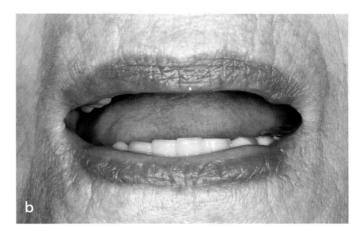

Abb. 3-89 a und b: (a) Vordringen des unteren Frontzahnbereichs in die Mundhöhle aufgrund von fehlenden interokklusalen Beziehungen. (b) Sanierung des unteren Frontzahnbereichs ohne erhebliche Verbesserung der rhythmischen Qualitäten der Komposition, jedoch konnte die faziale Kohäsion durch den ergänzenden parallelen Linienverlauf aufgewertet werden.

Abstammung ab. Der sichtbare Anteil der mittleren Schneidezähne in Ruheposition ist bei Negriden am kleinsten, bei Mongoliden größer und bei Europiden am größten. Die unteren Schneidezähne hingegen sind bei Mongoliden am besten, bei Negriden weniger gut und bei Europiden am schlechtesten sichtbar (Abb. 3-87). Hieraus wird deutlich, dass die Parameter zur Rekonstruktion optimaler rhythmischer Qualitäten in der dentofazialen Komposition nicht vorgegeben sind, sondern auf den Einzelfall abgestimmt werden müssen. Insbesondere Patienten im fortgeschrittenen Alter, an deren Zähnen das Leben sichtbar seine Spuren hinterlassen hat, stellen uns vor eine echte Herausforderung.

Häufig summieren sich diese altersbedingten Verfallserscheinungen – d. h. Verlust des suborbitalen Muskeltonus und Zahnabrieb – so weit, dass die Zähne bei ruhendem Unterkiefer überhaupt nicht mehr in Er-

scheinung treten. In diesem Fall bleibt das optische Gewicht auf das gegenläufige „physikalische" Spannungsverhältnis der Ober- und Unterlippenzeichnung beschränkt. Einer solchen Konstellation fehlt der optische Blickfang, daher ist es unwahrscheinlich, dass sie als ästhetisch ansprechend empfunden wird (Abb. 3-88).

Bei Patienten mit mehr oder minder ausgeprägtem altersbedingtem Muskeltonusverlust sehen wir uns aber nicht nur mit den unterschiedlichen funktionalen Manifestationen von Zahnabrieb konfrontiert. Die ästhetische Wertigkeit der dentofazialen, und in weiterer Folge der gesamten fazialen, Komposition wird auch durch instabile Bissverhältnisse im Frontzahnbereich und die daraus resultierenden Wanderbewegungen beeinträchtigt (Abb. 3-89).

An jede Zahnbehandlung ist die grundlegende Anfor-

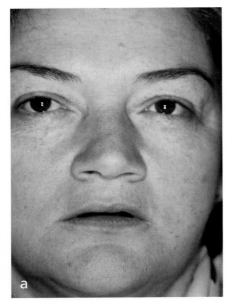 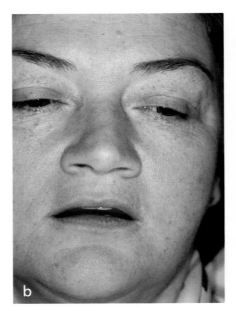 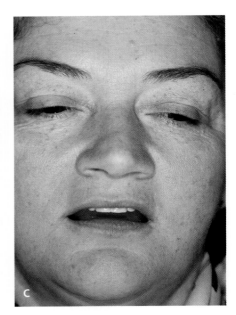

Abb. 3-90 a bis c: Progressiver temporärer Aufbau der oberen Zahnreihe in Ruheposition in der Anfangsphase einer Vollsanierung. Diese Verhältnisse werden in den provisorischen Zahnersatz übernommen und in der Endphase der Behandlung fertig gestellt.

derung zu stellen, dass die untere vordere Okklusionsebene und eventuelle klinische Veränderungen, die sich auf die Sichtbarkeit der Zähne auswirken, ermittelt werden müssen. Die rhythmischen Eigenschaften der dentofazialen Komposition sind für die ästhetische Qualität des Zahnersatzes von elementarer Bedeutung. Anders lassen sich die ursprünglichen rhythmischen Merkmale der jugendlichen dentofazialen Komposition nicht simulieren.

Klinisch sollten wir hier einen sequenziellen Ansatz wählen und als ersten Schritt die Sichtbarkeit der unteren Zähne bewerten, auch wenn wir davon ausgehen können, dass die Bewertung der oberen mittleren Schneidezähne (durch wiederholtes Beobachten in Ru-

heposition) gleichzeitig erfolgen wird (Abb. 3-90). Für die oberen Zähne kann je nach Alter, Geschlecht und Zahnfarbe eine sichtbare Fläche von 1–3 mm als optimal gelten. Wenn ältere Patienten überzogene Wünsche betreffend der Zahnfarbe äußern, ist Vorsicht geboten, da sich Farben und insbesondere Weiß auf die ästhetische Qualität von Formen auswirken (Abb. 3-91). Während also die obere und untere Zahnreihe praktisch gleichzeitig auf ihre Sichtbarkeit bewertet werden, müssen die ästhetisch und funktional notwendigen restaurativen Schritte sowie die Feinarbeiten nacheinander erfolgen, d. h. man stellt immer zuerst die unteren und erst danach die oberen Elemente fertig.

Die altersbedingt hervortretende untere Zahnreihe be-

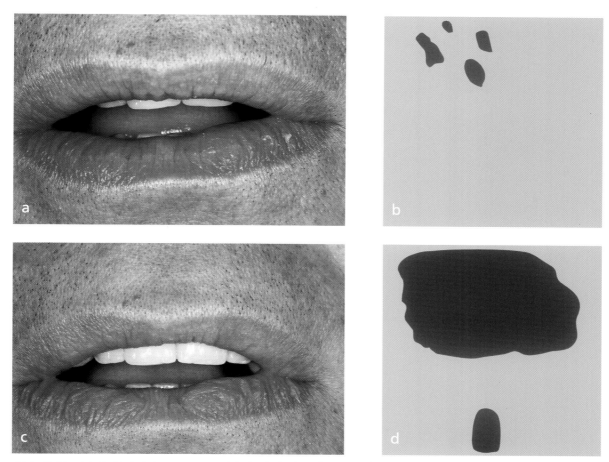

Abb. 3-91 a bis 3-91d: (a) Begrenzte Sichtbarkeit der oberen Zähne bei Ruheposition in einer dichtearmen Zone, was ein Gefühl des „Hochkletterns" fördert, analog zu (b) einer Aufwärtsdynamik, wie sie am „oberen" Rand der Fläche wirksam wird. Von den unteren Zähnen ist praktisch nichts zu sehen, d. h. von hier aus entsteht keine Spannungsdynamik. (c) Sanierung mit einer begrenzten Masse übermäßig weißer oberer Schneidezähne als Ausgleich für die Aufwärtsdynamik der dentofazialen Fläche. Im unteren Segment fördert das exzessive Weiß bereits eine optische Aufwärtsdynamik als Ausgleich für die „untere" Abwärtsdynamik. (d) In diesen Gegebenheiten spiegeln sich die rhythmischen Qualitäten jugendlichen Aussehens wider.

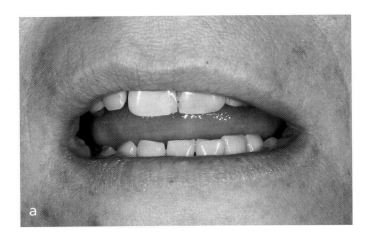

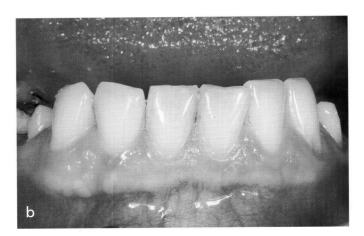

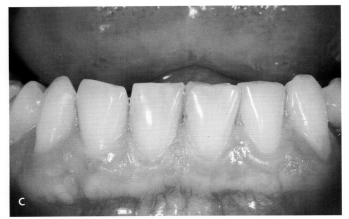

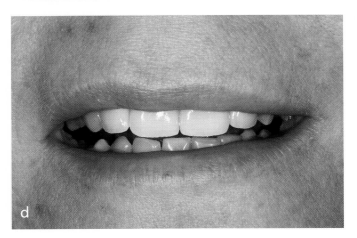

Abb. 3-92 a bis d: Klinische Ausgangssituation mit (a) sichtbaren Anteilen der unteren Zahnreihe, die durch eine (b) durch Abrasion und Wanderbewegungen beeinträchtige Okklusionsebene gestört wird. (c) Klinische Situation nach Rekonturieren der Zähne und Rekonstruktion des rechten unteren Eckzahns. (d) Dentofaziales Erscheinungsbild der Sanierung mit ästhetisch ansprechenden rhythmischen Eigenschaften.

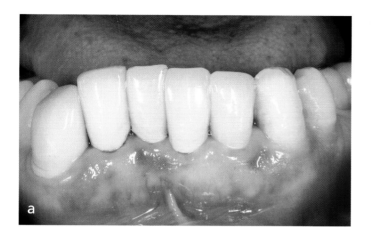

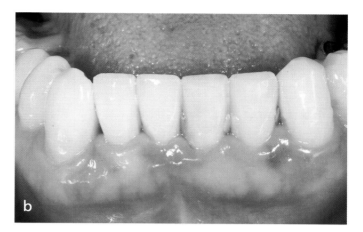

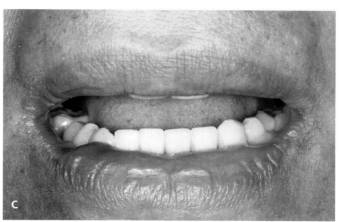

Abb. 3-93 a bis c: (a) Unterer Frontzahnbereich mit Fehlstellung des rechten Eckzahns und der Schneidezähne, die in die „untere" dentofazialen Fläche vordringen. (b) Klinische Situation nach parodontologischer Elongation und nachfolgender prothetischer Sanierung. (c) Die sanierte dentale Komposition in ihrem dentofazialen Rahmen stellt die Legitimität dieser Behandlungsmöglichkeit nicht Frage, sie zeigt aber, dass für die Erreichung ästhetischer Ziele jedem einzelnen Detail eine besondere Bedeutung zukommt. Scharfe Schneidekanten hätten hier eine Möglichkeit geboten, ein aufwärtsdynamisches Gegengewicht zu der „unteren" Abwärtsbelastung zu schaffen, während in diesem Fall zur Wiederherstellung optimaler rhythmischer Eigenschaften eine Elongation im oberen Segment erforderlich war.

wirkt fast immer, dass die untere vordere Okklusionsebene systematisch absinkt. Dem kann auf drei verschiedenen Wegen abgeholfen werden: (1) In leichten Fällen wird die Fläche durch Rekonturieren der Zähne ausreichend reduziert (Abb. 3-92); (2) in mittelschweren Fällen verlängert man das Parodont und reduziert die Zahnlänge nach unten (Abb. 3-93); (3) in schweren Fällen extrahiert man den unteren Frontzahnbereich, reduziert eventuell das Knochenniveau und rekonstruiert

danach die Zähne auf einem niedrigeren Niveau, wenn die Okklusionsverhältnisse eine weitere „Eruption" der Zähne und einen „Aufbau" des Zahnhalteapparats erlauben (Abb. 3-94).

Diese letztere Methode mag brutal anmuten, ist aber in extremen Fällen nach sorgfältiger Abwägung aller funktionalen und ästhetischen Aspekte immer noch die beste Lösung. Normalerweise handelt sich hier um Fälle der Klasse II-2 mit Eruption des unteren vorderen Front-

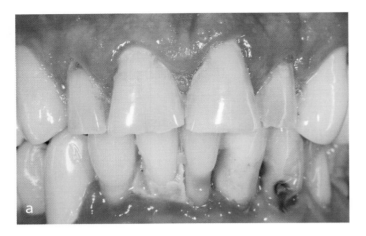

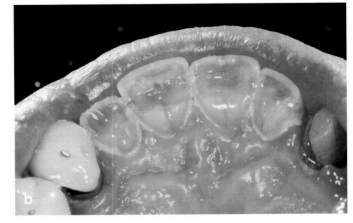

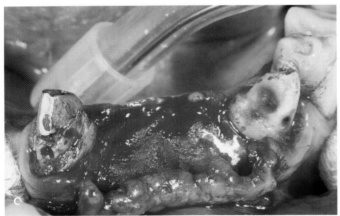

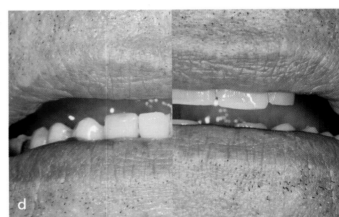

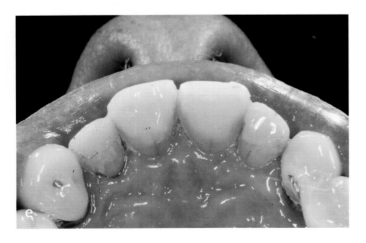

Abb. 3-94 a bis e: (a) Okklusionsrelation mit parodontal geschädigten dentalen Elementen. (b) Oberes Segment mit lingualen Abrasionserscheinungen. (c) Extraktion und operative Reduzierung der Knochenbasis des unteren Frontzahnbereichs. (d) Sichtbarkeit der Zähne in Ruheposition vor (links) und nach (rechts) Absenken der unteren Okklusionsebene. (e) Stabilisierung der Frontokklusion durch provisorischen Kompositaufbau auf der lingualen Oberfläche des Antagonisten.

zahnbereichs und gleichzeitigen Kiefergelenksproble-men infolge wiederkehrender zentrischer Frühkontak-te bei Protrusion wie Retrusion.

Eine Gebisssanierung im oberen Frontzahnbereich zu beginnen, ist aus klinischer Sicht nicht zu vertreten. Die funktionalen und ästhetischen Anforderungen, die an die Länge und linguale Morphologie der oberen Zähne zu stellen sind, können erst dann erfüllt werden, wenn die untere Okklusionsebene und Zahnsichtbarkeit fest-stehen. Jede andere Vorgehensweise wäre mit funk-tionalen wie auch ästhetischen Einbußen verbunden.

Die korrekte Ausrichtung der oberen und unteren Ok-klusionsebene bildet die Grundvoraussetzung, um so-wohl in der Ruheposition als auch bei den dynamischen Mundbewegungen ein ästhetisch optimales Erschei-nungsbild der Zähne zu ermöglichen. Wir wollen ja ein typisch jugendliches Muster aus konträrer Spannungs-dynamik schaffen, das Auge und Geist erfreut – eine Rhythmik des „Pull-Push", in dem sich Anklänge an die ästhetische Lehre von Hans Hofman, dem bedeutenden Vorreiter des amerikanischen abstrakten Expressionis-mus, finden.

Es bringt aber nichts, die obere und untere Okklusions-ebene zu bestimmen, wenn dabei eine Reihe grundle-gender funktionaler Anforderungen ignoriert werden, nämlich zwischen den oberen und unteren Zähnen op-timale Verhältnisse herzustellen, bestimmte Aspekte der vertikalen Okklusionsdimension zu sichern und die seitlichen Okklusionsebenen stimmig anzupassen. Nachdem wir die vordere Okklusionsebene kunstge-recht bestimmt und die rhythmischen Eigenschaften der dentofaziale Komposition hergestellt bzw. rekonstru-iert haben, können wir im Licht der Umgebungsbedin-gungen darangehen, bestimmte orale Parameter wie Zahnlänge und Zahnposition weiter zu bearbeiten. Unter anderem korrigieren wir die sichtbare Zahnfläche und die Zahnlänge im Licht der von der Oberlippe (d. h. dem „oberen" Rand der dentofazialen Fläche) einwir-kenden Spannungsdynamik. Eine dünne gerade Ober-lippe vermittelt nicht die gleiche Aufwärtsdynamik wie eine hohe, feste und dicke Lippe, die im Sinne einer aus-gleichenden Abwärtsdynamik nach längeren bzw. mas-siveren Zahnkomponenten verlangt. Diese Parameter kann nur der erfahrene Zahnarzt richtig einschätzen. Überlässt man sie den Gesetzen des Zufalls, so wird das ästhetische Behandlungsziel allzu oft verfehlt.

Spannung der Elemente

Die Spannung der Fläche und das Gewicht der Elemente bilden einen Orientierungsrahmen, der uns dabei hilft, die Elemente, die wir in die Komposition eingliedern, balanciert zu gewichten und zu positionieren. Diese Fak-toren sind ein verpflichtendes organisatorisches Prinzip, das allerdings von einem anderen ästhetisch wirksamen Faktor beeinflusst wird, nämlich der emotionalen Re-sonanz der Komposition. Diese Resonanz wird von einer ästhetischen Sprache geschaffen, die nicht aus Worten, sondern aus Formen und Farben besteht.

Jedes ästhetische Element ist der Ausdruck innerer Dy-namik. Die Resonanz einer Komposition ist das Produkt der Spannungsdynamiken in den Elementen, zwischen den Elementen sowie zwischen den Elementen und der ästhetischen Gesamtheit. Diese Dynamik ist für unser ästhetisches Ansprechen von zentraler Bedeutung und muss deshalb begreifbar und erfassbar gemacht wer-den.

In der „wissenschaftlichen" Auseinandersetzung mit Ästhetik entdecken wir zwischen geraden oder ge-wellten Linien und Formen ein potenziell unendliches System von wechselseitigen Zusammenhängen, die Auge und Geist permanent in Bewegung halten. In die-sem unentwirrbaren System sind wir nun gefordert, Phänomene zu orten, die das Auge anziehen und den Geist anregen. Diese Phänomene entstehen durch be-sonders dynamische Elemente, durch Dynamik zwi-

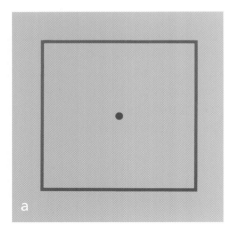 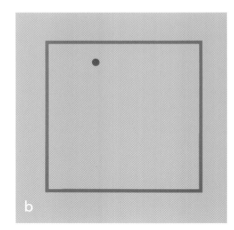 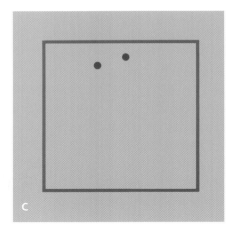

Abb. 3-95 a bis c: (a) Setzt man einen Punkt in das Zentrum eines Quadrats mit seinen beiden kalten und warmen Elementen – d. h. in den Kreuzungspunkt, wo die Spannungsdynamik aufgehoben ist –, so verliert er seine nach innen gewandten, konzentrischen Qualitäten. (b) Bewegen wir den Punkt in eine andere Richtung, so werden diese Qualitäten wieder sichtbar und strahlen auf die gesamte Fläche aus. (c) Setzen wir einen zweiten Punkt, so werden die innewohnenden Qualitäten verstärkt, zusätzlich treten aber plötzlich auch seine exzentrischen Qualitäten zutage.

schen einzelnen Elementen, durch Gruppierung von Elementen auf einer privilegierten Oberfläche, durch die spezifische Anordnung von Elementen nach Maßgabe ihrer Charakteristik (z. B. durch Kontraste), durch potenzielle Ungleichgewichte.

Das Dominanzprinzip

Punkte, Linien und Formen als Elemente der ästhetischen Sprache sowie die verschiedenen morphologischen Gesichtsmerkmale stehen aber nicht als isolierte Größen im Raum. Die ästhetische Realität der Komposition ist naturgemäß komplexer, als sie in den vorangegangenen Abschnitten der Einfachheit halber beschrieben wurde.

Unserer Definition zufolge beginnt die ästhetische Komposition dort, wo ein Punkt auf eine Fläche gesetzt wird.

Damit soll verdeutlicht werden, dass es hier zwei Faktoren gibt, die untrennbar miteinander verbunden sind. Punkt und Fläche verbinden sich zur einfachsten denkbaren Komposition, und der Punkt im Zentrum des Quadrats ist deren prägnanteste Erscheinungsform (Abb. 3-95).

Nun erwarten wir uns vielleicht, dass diese Urkomposition aufgrund der zwischen Punkt und Quadrat entstehenden Dynamik eine bestimmte Resonanz besitzt. Dem ist aber nicht so. Die identisch langen kalten und warmen Linien des Quadrats neutralisieren die Resonanz der Grundfläche, sodass die Resonanz der Komposition auf sein einziges Element, den Punkt, reduziert wird. Dessen nach innen gewandte, konzentrische Qualitäten verstummen aber im geometrischen Zentrum der Grundfläche, da an diesem Kreuzungspunkt der begrenzenden Linien alle Dynamik aufgehoben wird.

Setzen wir den Punkt dezentral, so wird durch die Schwingungen und äußere Dynamik, die auf die ge-

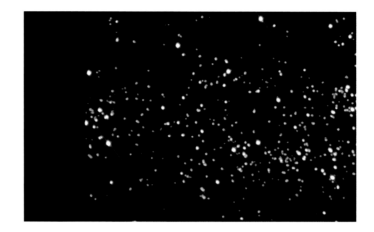

Abb. 3-96: Jede Form strahlt ihre Qualitäten an die umgebenden Strukturen ab, d. h. die inneren Qualitäten eines Elements können durch den Kontakt mit anderen Formen temperiert, ausgelöscht oder aber auch intensiviert werden.

samte Fläche ausstrahlen, sein Ausdruck wieder sichtbar. Die Resonanz der Komposition verstärkt sich. Dieser Positionswechsel bringt die konzentrischen Qualitäten des Punktes wieder zur Geltung (Abb. 3-95). Darüber hinaus ist die Richtung der dezentralen Position mit einem bestimmten „Klangbild" verbunden, das in der zentralen Position verstummt. Offenbar können kleine Veränderungen an der Komposition recht komplexe Folgen haben, die sich in ihrer gesamten Resonanz niederschlagen.

Wir sprechen hier aber immer noch von einer Komposition, in der ein einzelnes Grundelement mit der einfachsten aller Grundflächen verbunden wird. Setzen wir einen zweiten Punkt ein, so verstärken sich nicht nur die konzentrischen Qualitäten des Punktes, sondern es treten auch seine exzentrischen Qualitäten in Erscheinung. Die Resonanz einer Komposition entsteht aus der Wechselwirkung ihrer äußeren Form mit ihren inneren Elementen. Der Punkt als Primärelement der ästhetischen Komposition kann unabhängig von seiner Position und seinen statischen Merkmalen die äußeren Kräfte, die einen Richtungsimpuls auf ihn ausüben, entweder überwältigen oder aber von ihnen überwältigt werden.

Jedes Element strahlt seine Qualitäten an die umgebenden Strukturen ab (Abb. 3-96). Auch wenn sich seine primäre Dynamik durchsetzen sollte, kann sie von einer anderen in der Komposition vorhandenen Dynamik verstärkt oder abgeschwächt werden. Die innere Dynamik eines Elements kann sich im Kontakt mit anderen Elementen intensivieren, oder sie kann nachlassen. Sie kann aufblühen oder verwelken, sich vermehren oder absterben.

Dies kann so weit gehen, dass eine besonders potente Form das gesamte Bild prägt, der gesamten Komposition ihren Stempel aufdrückt. Dieses Dominanzprinzip ist entscheidend an der ästhetischen Wirkung einer Komposition beteiligt. Es bestimmt ihre endgültige Resonanz.

Die Bewertungskriterien für die faziale Resonanz sind äußert komplex. Die dentofaziale Komposition kann Elemente aufweisen, die dermaßen dominant sind, dass sie die neuen Elemente entweder außer Kraft setzen oder ihnen zumindest ihren eigenen Charakter aufzwingen (Abb. 3-97 und 3-98).

Es gibt aber auch Kompositionen, die sich einer Charakterisierung entziehen und eine schwächere Art der

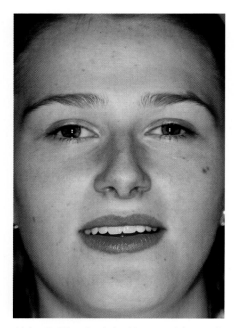

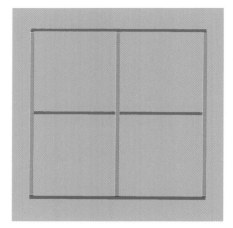

Abb. 3-97: Faziale Komposition mit perfekter ovaler Form und vielfältigen fazialen und dentofazialen Wölbungen, die sich unter anderem im Erscheinungsbild der Ober- und Unterlippe und der Schneidezahnlinie sowie in den gerundeten dentalen Elementen manifestieren. Diese charakteristischen Wölbungen werden durch die Vorgaben der Augen- und Kommissurenlinie zugleich durchbrochen und realisiert.

Abb. 3-98: Faziale Komposition, die von quadratischen Komponenten und geraden Linien geprägt ist und ein Gefühl der Reife, Ruhe und Strenge vermittelt. Es ist schwer vorstellbar, dass das Erscheinungsbild der dentalen Komposition nicht durch gerade Linienverläufe und quadratische dentale Elemente gekennzeichnet sein könnte.

Abb. 3-99: Im Gegensatz zu einer Komposition mit einem einzigen Klangcharakter bewirken diese beiden Linien, dass sich die Zahl der Klangbilder auf zwölf erhöht. Die Resonanz der Komposition ergibt sich aus dem Produkt von mehr oder minder identischer Dynamik.

Resonanz besitzen. Greifen wir zur Veranschaulichung noch einmal auf unsere quadratische Grundfläche zurück. Diesmal setzen wir aber keine Punkte, sondern wir zeichnen eine vertikale und eine horizontale Linie, die sich im Zentrum des Quadrats kreuzen. Damit haben wir eine neue, komplexe Komposition geschaffen (Abb. 3-99). Die beiden Linien sind singulär – d. h. sie lassen sich nicht reproduzieren – und vermitteln eine starke Resonanz. Logisch betrachtet sollten die gleich starken konträren Tendenzen die Resonanz der Komposition ei-

gentlich neutralisieren. Die ästhetische Logik hält sich aber nicht an die kartesianische Logik, sodass einfache, in elementaren Kombinationen auftretende Elemente durch ihre wechselseitige Wirkung die Resonanz der Komposition sichern. In Wirklichkeit stellt diese Komposition aus einem Quadrat, das in vier weitere Quadrate unterteilt ist, die einfachste Unterteilung einer schematischen Fläche dar. Sechs horizontal-kalte und sechs vertikal-warme Elemente ergibt insgesamt zwölf sichtbare Dynamiken. Wenn eine Komposition mit

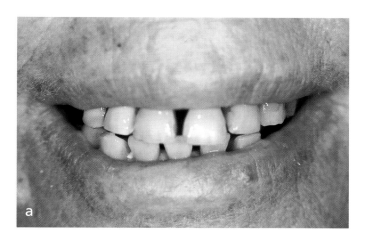

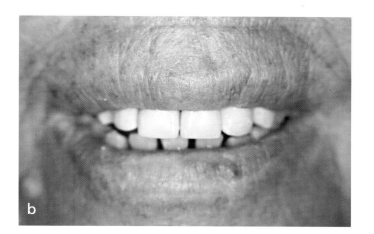

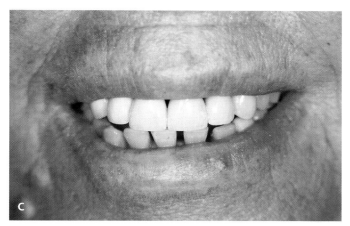

Abb. 3-100 a bis c: (a) Diese dentofaziale Komposition ist durch physische und psychische Spannungslosigkeit, durch Volumen und Vertiefungen gekennzeichnet. Die oberen seitlichen Schneidezähne und die gezackten wie auch geraden Linien im Aufbau der Unterlippe weisen darauf hin, dass eine natürlich Veränderung dieser Merkmale stattgefunden hat. (b) Provisorischer Aufbau mit quadratischen mittleren Schneidezähnen im oberen Segment und Korrektur der axialen Vorwölbung. (c) Definitive Sanierung mit runderen Zähnen und Brüchen in der Schneidezahnlinie. Die gepunktete Linie macht den Frontzahnbereich optisch schmaler. In diese Komposition, die als Beispiel für einen relativ schwachen dominanten Faktor gelten kann, können physisch bzw. psychisch regulierende Elemente jeder Art eingegliedert werden.

einem einzelnen Punkt im Zentrum des Quadrats einen einzigen Klangcharakter besitzt, so hat die hier vorliegende zwölf Klangbilder – sechs Flächenklänge und zwei Linienklänge in jeweils doppelter Ausführung. Die Resonanz der Komposition ergibt sich aus dem Produkt von mehr oder minder identischer Dynamiken (Abb. 3-99).

Analoge Situationen können bei dentofazialen Kompositionen auftreten, was verschiedene Möglichkeiten offen hält, ihre Resonanz zu verändern, zu regulieren

oder zu erhärten (Abb. 3-100). Das Dominanzprinzip ist dabei besonders wichtig, da es die Komposition mit einem auffälligen dynamischen Element versieht, das unsere Aufmerksamkeit und Empfindsamkeit auf sich zieht, bevor wir die anderen Elemente erfassen.

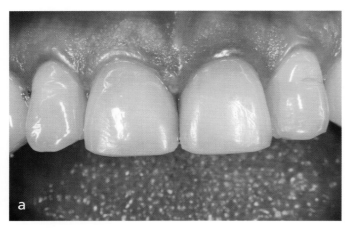
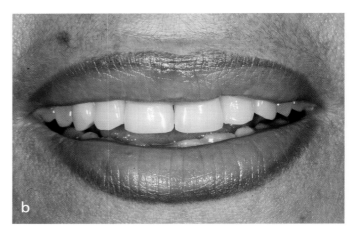

Abb. 3-101 a und b: (a) Die Eingliederung von zwei mittleren oberen Schneidezähnen, die länger als die seitlichen Schneidezähne sind, erzeugt eine so genannte „individuelle Dominanz". (b) Diese Definition verliert ihren Sinn, wenn die Komposition aus einer anderen Entfernung betrachtet wird, wo die Dominanz als segmentbezogen wahrgenommen wird.

Stärke und Qualität des Dominanzprinzips

Jedes Element einer Komposition projiziert seine Qualitäten auf die umliegenden Strukturen. Die Resonanz der Komposition ergibt sich aus dem psychologisch wirksamen Konzert aller Elemente oder aber aus der Dominanz eines dieser Elemente. Es existieren jedoch keine absoluten Kriterien, um festzustellen, ob ein bestimmtes Element dominant ist. Jedes Element wird von der Art seiner Umgebung und den unterschiedlichen Tendenzen, die sich darin überlagern, mitbestimmt. Wie sie wahrgenommen werden, hängt wiederum mit den physiologischen und psychischen Reaktionen des Betrachters zusammen.

Wie wir gesehen haben, verliert ein einzelner, ins Zentrum eines Quadrats gesetzter Punkt seinen Ausdruck. Versetzt man ihn aber in eine dezentrale Position, treten seine inhärenten konzentrischen Qualitäten wieder in Erscheinung und beeinflussen die gesamte Fläche. Befinden sich darauf noch weitere Elemente, so werden diese unter dem Einfluss des Punktes entweder belastet oder entlastet. Befinden sich auf der quadratischen Fläche mehrere Punkte, können diese durchaus auch exzentrische Dynamik freisetzen. Die konzentrischen Qualitäten bleiben aber bestimmend und werden durch die Quantität der Punkte zusätzlich betont.

Das Dominanzprinzip manifestiert sich in einer ungleichgewichtigen Verteilung von Elementen, die wesentlich und unvermeidlich an der ästhetischen Wirkung beteiligt ist. In der dentofazialen Ästhetik impliziert das Dominanzprinzip ein konzertiertes Ungleichgewicht aus Form, Farbe oder Charakter durch Expansion oder

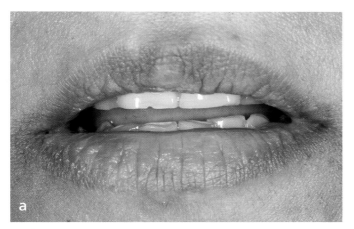 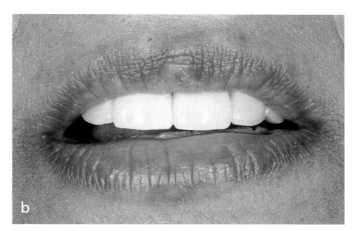

Abb. 3-102 a und b: Die Sanierung einer dentofazialen Komposition kann durchaus interessante physische und charakterliche Dominanzfaktoren fördern, wobei sich diese Merkmale – wie die Extrovertiertheit und der Ehrgeiz, der sich in einer dicken er-höhten Oberlippe manifestiert – im Rahmen der gesamten fazialen Komposition bestätigen müssen. Gleichzeitig müssen diese Elemente durch rein ästhetische Parameter betont werden, etwa durch die sensible Eingliederung konträrer Dynamik in die „obere" Form – d. h. in die ausgeprägte Wölbung der Oberlippe –, was in diesem Fall durch das massige Erscheinungsbild der oberen Schneidezähne erreicht wird.

Reduktion einzelner Gesichtszonen, aus den einzelnen fazialen Rezeptoren oder sonstigen Elementen der fazialen Struktur (Abb. 3-101 bis 3-104).

Aus dieser Erkenntnis schöpfen wir auch die Motivation, die Persönlichkeit des Patienten als wesentlichen Faktor der dentofazialen Ästhetik anzusehen. Das Endziel der dentofazialen Rekonstruktion besteht somit darin, die faziale Resonanz des Patienten zu wahren oder zu verbessern. Die angestrebte faziale Harmonie können wir nur erreichen, indem wir die Restauration dieser Resonanz optimal unterordnen.

Dabei sind folgende Punkte zu beachten:

1. Zentrale Spannungen unterstreichen.
2. Zentrale Spannungen durch ergänzende Elemente verstärken bzw. abschwächen.
3. Monotones Reproduzieren identischer Spannungen vermeiden.

Augen und Geist greifen in ihrer rastlosen Aktivität korrigierend in das Dominanzprinzip ein und ersetzen das entstandene Ungleichgewicht durch ein so genanntes „dynamisches Gleichgewicht". Aus ästhetischer Sicht ist das Dominanzprinzip nicht nur durch seine Quantität (d. h. der Intensität des aus den Faktoren Größe, Menge und Charakter entstehenden Ungleichgewichts), sondern auch durch seine Qualität gekennzeichnet.

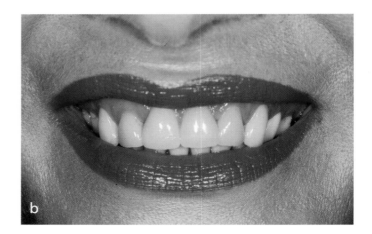

Abb. 3-103 a bis d: Bei der Bewertung des Dominanzprinzips in der fazialen Komposition sind zwei Faktoren zu berücksichtigen:

1. Die Ausdehnung der fazialen Zonen (a).
2. Das Wesen der geschlossenen oder geöffneten Rezeptoren (b). Ist überhaupt kein dominanter Faktor vorhanden, so bleibt die faziale Komposition langweilig und wenig attraktiv.

Die im Rahmen der dentalen Sanierung vorgenommene Elongation fördert sowohl die virtuelle Ausdehnung des unteren Gesichtsdrittels als auch das Gewicht des Mundes, d. h. die mit diesen fazialen Zonen assoziierten Charaktermerkmale machen sich verstärkt bemerkbar. Über die Analyse der dentofazialen Komposition (c, d) können nur begrenzte Anhaltspunkte über ihren Stellenwert im Rahmen der gesamten fazialen Komposition gewonnen werden.

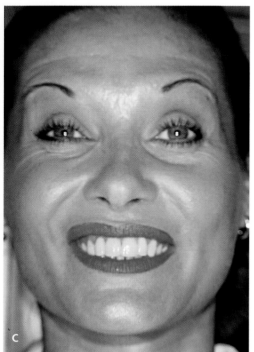

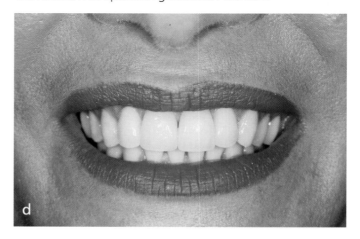

Abb. 3-104 a und b: (a) Durch eine dentofaziale Sanierung bei Vorliegen eines unzureichenden Dominanzfaktors lässt sich gegebenenfalls nicht nur der Mund bzw. das untere Gesichtsdrittel betonen, sondern auch ein zu starkes Ungleichgewicht abschwächen. (b) Die störende Dominanz der Augen könnte durch eine Betonung des Frontzahnbereichs (Länge, Breite und Farbe) abgeschwächt werden. (Mit freundlicher Genehmigung von Dr. R. Nixon, Los Angeles.)

Charakterentsprechung und Charakterkontrast

Wenn wir die in eine Komposition einfließenden Punkte, Linien und Formen qualitativ bestimmen, so erschöpfen wir damit nicht das Spektrum möglicher ästhetischer Kombinationen. Vielmehr reagiert das menschliche Sensorium erst auf die wechselseitigen Energien und spezifischen dynamischen Beziehungen zwischen den Elementen der Komposition. Diese Beziehungen beruhen auf einer homogenen Charakteristik, die zerstört wird, wenn eine dominante konträre Tendenz den spezifischen Bedingungen des Arrangements zuwiderläuft.

Um einen Kreis optisch zu erfassen, ist eine einzige kontinuierlichen Bewegung erforderlich. Bei einem Dreieck ist dies unmöglich: um seine spitzen Winkel zu überwinden, muss die Bewegung dreimal hintereinander unterbrochen werden. Kreis und Dreieck haben einen

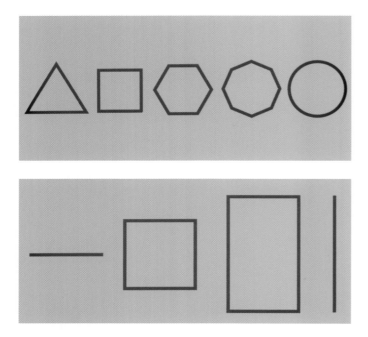

Abb. 3-105: Dreieck und Kreis besitzen aus geometrischer Sicht einen diametral entgegengesetzten Charakter. Es lassen sich jedoch Zwischenformen vorstellen, die eine fließende Verbindung zwischen diesen beiden Formen ermöglichen.

Abb. 3-106: Horizontale und vertikale Linien bilden einen ebenso großen Gegensatz. Wiederum führt eine stufenweise Veränderung direkt von der einen Form zur anderen. Diesen Transformationen liegen geometrische wie auch psychologische Gesetzmäßigkeiten zugrunde.

durchweg unterschiedlichen Charakter und finden sich dementsprechend auch in vielen entgegengesetzten geometrischen Formen wieder. Nun ist aber ein Zehneck mit seinen sanften optischen Übergängen charaktermäßig eng mit dem Kreis verwandt, und man kann sich leicht eine Reihe von Zwischenformen vorstellen, die vom Kreis über das Zehneck bis hin zum Dreieck führen. Schon ist eine Verbindung zwischen zwei Strukturen hergestellt, die auf den ersten Blick hoffnungslos unvereinbar erschienen sind (Abb. 3-105).

Ähnlich verhält es sich mit dem kalten bzw. warmen Charakter von Linien. Man könnte meinen, dass zwischen horizontalen und vertikalen Linien ein unüberwindlicher Gegensatz besteht. Wenn wir die Linie jedoch als Form auffassen, so können wir über eine stufenweise Veränderung des Charakters dieser Form eine perfekte Verbindung zwischen den beiden Linientypen herstellen. Abstrahiert man eine horizontale Linie zu

einem liegenden Rechteck und zieht dieses in die Länge, so entsteht zuerst ein Quadrat und in weiterer Folge ein stehendes Rechteck, das sich schließlich wieder auf eine vertikale Linie reduziert (Abb. 3-106). Die logische Basis für diese Charakterabstufungen, die einen Zusammenhang zwischen Kreis und Dreieck oder eben zwischen der horizontalen und vertikalen Linie herstellen, ist nicht nur geometrischer, sondern auch psychischer und physiologischer Natur.

Zwar findet sich in der fazialen Komposition kein genaues Pendant für diese schematischen Beziehungen, dynamisch und komplex aneinander gereihte Charakterentsprechungen spielen aber bei vielen ästhetischen Erscheinungen eine Rolle. In der fazialen Komposition werden diese Kettenreaktionen nur als Proportionen wahrgenommen (Abb. 3-107), worunter wir das Verhältnis verstehen, in dem verschiedene Elemente seriell miteinander zusammenhängen. So gesehen steht die

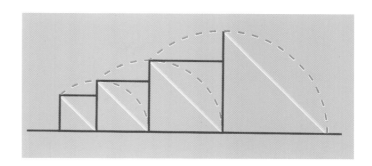

Abb. 3-107: Was die faziale Komposition betrifft, so entzieht sich diese Art der Kettenreaktion seit jeher einer praktischen Umsetzung. Jedoch sind Anwendungsmöglichkeiten für logische Reihen (ähnlich jener, die von der Diagonale des Quadrats festgelegt wird) denkbar, um im Rahmen anatomischer Kompositionen die Position verschiedener Komponenten zu definieren.

Bedeutung der Proportionen jener der Charakterentsprechungen und Charakterkontraste um nichts nach und wird deshalb im Rahmen dieses Kapitels noch ausführlich erläutert. Dem Phänomen der Charakterentsprechungen und Charakterkontraste wird nicht weiter nachgegangen, weil der Mensch viel stärker auf formale Ähnlichkeiten oder symmetrische Zusammenhänge achtet und diese Präferenz auch gar nicht unterdrücken kann.

Benachbarte Elemente, auch wenn sie noch so verschieden sind, werden – vermutlich durch die Macht der Gewohnheit – stets als Einheit aufgefasst. Umgekehrt stellt man zwischen Elementen, die einander in Form oder Farbe ähnlich sind, selbst dann einen geistigen Bezug her, wenn sie sich an völlig verschiedenen Positionen des Gesichtsfeldes befinden. Diese Assoziationen setzen sich in der menschlichen Wahrnehmung normalerweise durch. Damit soll keinesfalls angedeutet werden, dass sie keinen ästhetischen Wert besitzen, nur sind Charakterkontraste zwischen einzelnen Elementen ein Anziehungspunkt für Geist und Empfindung.

Bestimmte anatomische Merkpunkte der fazialen Komposition können uns wertvolle Anhaltspunkte liefern. Zieht man beispielsweise eine Linie vom seitlichen Stirnhöcker zum Jochvorsprung und weiter bis zum Unterkieferwinkel, so ergibt sich ein Verlauf, der – umgedreht

und entsprechend verkleinert – die distale Kontur und den Winkel des mittleren Schneidezahns vorwegnimmt. Dieses assoziative Phänomen beruht auf Formentsprechung und Positionskontrast (Abb. 3-108).

Diese drei Merkpunkte des Gesichts sind leicht zu erkennen und lassen sich optimal auf den Verlauf vom inzisalen zum zervikalen Schneidezahndrittel übertragen. Die praktische Erfahrung zeigt, dass insbesondere auf den Linienverlauf zwischen seitlichem Stirnhöcker und Jochvorsprung zu achten ist. Der Verlauf dieser Linie ist sehr stark von der Größe bzw. Position der Augen abhängig und legt somit einen mehr oder weniger eckig oder rund geprägten distalen Zahnwinkel nahe. Diesem Beispiel für Charakterentsprechung kommt ein besonderer Stellenwert zu, da der distale Zahnwinkel schon bei einem leichten Lächeln sichtbar wird (Abb. 3-109 bis 3-111).

Der Linienverlauf vom Jochvorsprung zum Unterkieferwinkel wiederum sollte als Vorlage für die distale Wölbung des mittleren Schneidezahns oder eine Linie vom Unterkieferwinkel zum interdentalen Parodont herangezogen werden. Problematisch wird diese Methode allenfalls bei Vorliegen einer Gingivarezession infolge biologisch oder akzidentell bedingter Alterserscheinungen. Wenn die Zahnform feststeht, kann sie in Hinblick auf sonstige Persönlichkeitsmerkmale weiter ver-

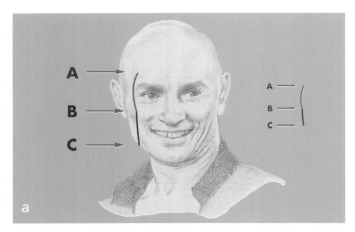
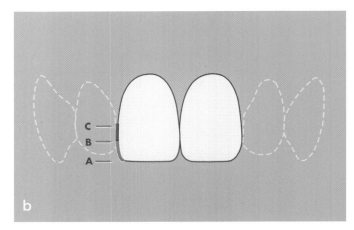

Abb. 3-108 a und b: (a) Schematische Darstellung des um die Augen gezogenen Linienverlaufs zwischen seitlichem Stirnhöcker, Jochvorsprung und Unterkieferwinkel. (b) Die Linie *AB* um die Augen entspricht dem distalen Winkel des oberen mittleren Schneidezahns, und die Linie *BC* ergänzt die Zahnkontur ab der distalen Kante bis hinauf zur Papille.

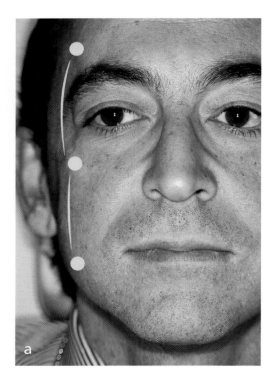

Abb. 3-109 a und b: Es ist zu betonen, dass das Erscheinungsbild der Linie *AB* je nach Größe und Position der Augen und je nach Ausgangs- und Endpunkt der Linienführung unterschiedlich gewölbt bzw. gerade sein kann. Dieses Bewertungskriterium ist auf einen unterschiedlich runden bzw. quadratischen Zahnwinkel umzulegen. (a, b) Faziale Merkpunkte und lineare Bewertung in Gegenüberstellung zum natürlichen Aufbau der distalen Kontur des oberen mittleren Schneidezahns.

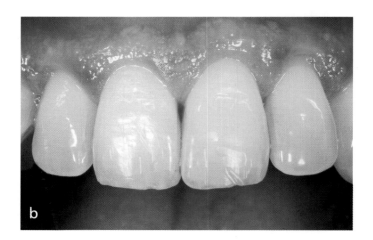

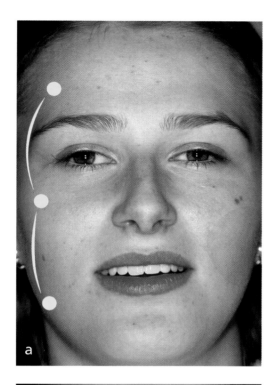

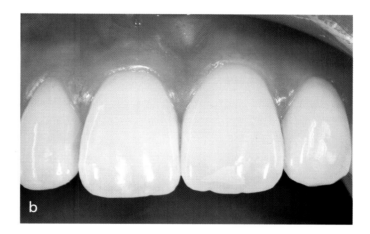

Abb. 3-110 a und b: Faziale Komposition mit runderem distalen Winkel – vorgegeben durch die Linie *AB* um das Auge – und einer runden distalen Wölbung entsprechend dem Linienverlauf zwischen Jochvorsprung und Unterkieferwinkel.

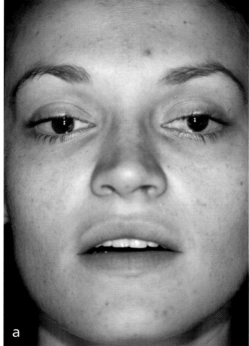

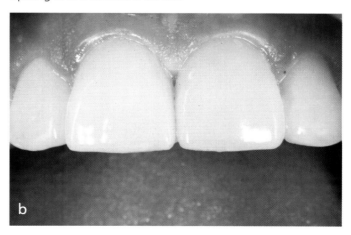

Abb. 3-111 a und b: Sanierung des Frontzahnbereichs entsprechend den Linienverläufen zwischen fazialen Merkpunkten. Der abgerundet quadratische distale Winkel entspricht der weitgehend geraden Linie um die Augen, die distale Kante dem geraden Linienverlauf zwischen Jochvorsprung und Unterkieferwinkel.

feinert werden. Pragmatisch ausgedrückt erfolgt die Auswahl der Zahnform über eine schrittweise Bewertung: Die Elemente des Charakterausdrucks definieren die Art der Winkel, und die Elemente der Charakterentsprechung regeln ihre Konturen.

Zentren der Aufmerksamkeit

Oberflächlich betrachtet wirkt eine Komposition als ein System aus Linien, Formen und Farben. Aus grafischer Sicht sind die Linien am wichtigsten, da sich im Endeffekt kein Element einer Komposition dem linearen System entziehen kann. Linien unterstützen, trennen und grenzen Formen, Raum und Farben abstrakt gegeneinander ab. Bei genauer Betrachtung zeigt sich, dass Linien – ob sie nun gerade oder gebogene sind – assoziativ an der Komposition beteiligt sind. Die verschiedenen Linienkombinationen lassen sich zwar auf eine begrenzte Zahl charakteristischer Grundtypen zurückführen, diese können jedoch in unbegrenzt vielen Variationen erscheinen. Die Natur kennt keine gerade Linien, und in der Kunst vermitteln sie einen rigiden Eindruck. Ihre Bedeutung ergibt sich aus der menschlichen Vorliebe für Systematik. Diese Vorliebe und unsere Sicht der Natur sind dafür verantwortlich, dass wir zwischen geraden und gebogenen Linien unbegrenzt viele Beziehungen anerkennen (Abb. 3-112). Die ästhetische Wirkung dieser Linien entsteht aus Kongruenzen zwischen dem, was wir sehen, und dem, was bereits in uns festgeschrieben ist.

Der ästhetische Wert einer Komposition ergibt sich aus der Summe ihrer Elemente mit deren Spannungsdynamik. Die Wirkung dieser Assoziationen unterliegt einer irrationalen, ästhetischen Art der Logik.

Wenn wir eine horizontale und eine vertikale Linie zusammenfügen, so zeigt sich eine Charakteristik der konträren Spannungen. Aus Sicht unserer menschlichen Erfahrung symbolisieren diese beiden Linien einen vertikalen Impuls auf einer horizontalen Ebene – den Versuch, sich von den Gesetzen der Schwerkraft zu lösen, den geistigen, moralischen, intellektuellen oder gesellschaftlichen Aufstieg. Diese Komposition vermittelt also einen Leistungsbegriff. Ihre Resonanz wird dadurch geschaffen, dass – von optischen Täuschungen einmal abgesehen – keine der beiden Linien dominiert und der Ausdruck der Elemente somit gewahrt bleibt.

Die Tragweite der Dynamik, die zwischen Linien bestehen kann, lässt sich am Plus- und Gleichheitszeichen veranschaulichen. Das Pluszeichen besteht aus zwei geraden, einander kreuzenden Linien. Diese Kreuzung verstärkt die Spannungsdynamik der Linien und entfaltet auf dem Weg des Widerspruchs eine starke psychologische Wirkung. Das Gleichheitszeichen besteht aus zwei parallelen Linien mit der gleichen Spannungsdynamik. Es vermittelt ein Gefühl der Verbundenheit und Gleichheit und nimmt ein Prinzip vorweg, das für die Kohäsion der Komposition von großer Bedeutung ist.

Entsprechende Linienverläufe finden sich auch in der fazialen und dentofazialen Komposition. Das Pluszeichen etwa kann, einem Kreuz ähnlich, im Diastema zwischen den Schneidezähnen in Erscheinung treten. Das Gleichheitszeichen findet sich im parallelen Linienverlauf der Unterlippe und Schneidezähne wieder, von dem vielen Autoren zufolge eine markante ästhetische Wirkung ausgeht.

Plus- und Gleichheitszeichen sind ein perfektes Beispiel dafür, was wir unter separierenden und kohäsiven Kräfte verstehen. Diese beiden Kräfte bilden eine Grundvoraussetzung für die ästhetische Qualität der Komposition. Sie ziehen an, stoßen ab und fügen zusammen (Abb. 3-113).

Bestimmte Elemente können der gesamten ästhetischen Komposition ihr eigenes Abbild aufzwingen. Sie erregen Auge und Seele, reduzieren den Klang der an-

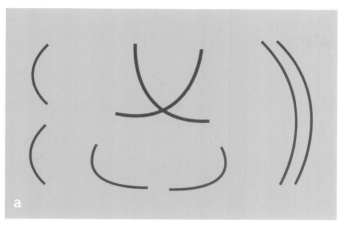 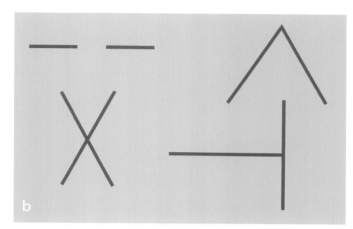

Abb. 3-112 a und b: Die Kompositionen umfassen ein System gerader bzw. gewölbter Linien, deren unendlich viele mögliche Variationen auf eine begrenzte Zahl von Grundtypen zurückgeführt werden können (a, b).

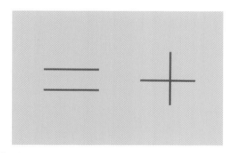 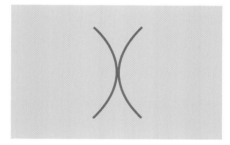

Abb. 3-113: Die grafische Vielfalt linearer Assoziationen wird an zwei antagonistischen Typen deutlich: dem Plus- und dem Gleichheitszeichen.

Abb. 3-114: In der Natur kommen diese rigiden, der menschlichen Vorliebe für mathematische Ordnung entsprechenden Assoziationen nur selten vor. Vielmehr neigt die Natur zu Elementen der optischen Konvergenz bzw. „Zentren der Aufmerksamkeit".

deren Elemente und erzeugen eine auffällige Dynamik, die uns schon beim ersten Hinsehen in ihren Bann zieht. Diese „Zentren der Aufmerksamkeit" sind Elemente der optischen Konvergenz. Ihr Anziehungspotenzial richtet sich nach der Stärke ihres Ausdrucks.

Die dentofaziale Komposition umfasst einige bestens erkennbare Zentren der Aufmerksamkeit, die es zu berücksichtigen gilt, wenn im Rahmen der dentofazia-

len Sanierung die ursprünglichen Verhältnisse zwischen Zähnen und Lippen simuliert werden sollen. Zwei gewölbte Linien etwa, die sich in der Mitte treffen, wirken wie eine Kombination aus Pluszeichen und Gleichheitszeichen – d. h. diese Anordnung schafft eine bestens erkennbare Beziehung zwischen den beiden Elementen und hat gleichzeitig eine starke optische Wirkung (Abb. 3-114).

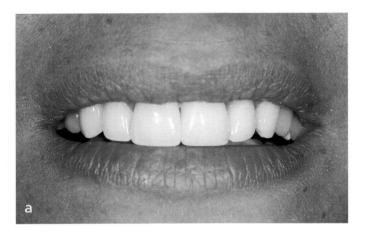

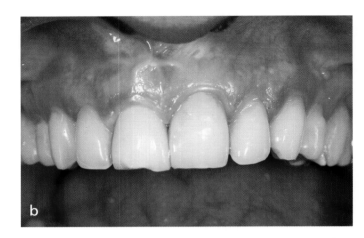

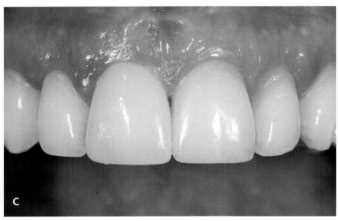

Abb. 3-115 a bis c: (a) Hinsichtlich des Aufbaus der Unterlippe geht man üblicherweise davon aus, dass sie im Zentrum am dicksten ist und gegen die Mundwinkel sukzessive ausdünnt. (c) Diese Merkmale entsprechen einer regelmäßigen Zahnanordnung und einer nach unten gewölbten Schneidezahnlinie. (b) Klinische Ausgangssituation.

Das klinische Gegenstück hierzu, aus der vertikalen Ebene betrachtet, bilden die spezifischen Beziehungen zwischen der oberen Schneidezahnlinie und der Unterlippe. Die Verhältnisse zwischen Zähnen und Lippe lassen sich am besten in einer „dynamischen" Position bei ruhendem Unterkiefer untersuchen – oder auch in einer Position, in der von den Mundwinkeln ausgehend eine leichte, einem Viertel der normalen Lächelbreite entsprechende Zugspannung auf das weiche Gewebe

wirkt. Was den Aufbau der Unterlippe betrifft, so geht man üblicherweise davon aus, dass sie im Zentrum am stärksten ist und gegen die Mundwinkel sukzessive ausdünnt (Abb. 3-115). In der Regel bestätigt sich dieses morphologische Erscheinungsbild, es zeigen sich aber primär am oberen Rand und die Dicke betreffend eine Vielzahl von Unterschieden – konkrete Manifestationen des Axioms „Formen schaffen Beziehungen, Beziehungen schaffen Formen". Diese sind kein Produkt des

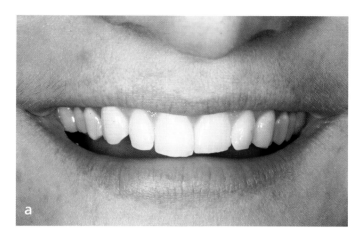

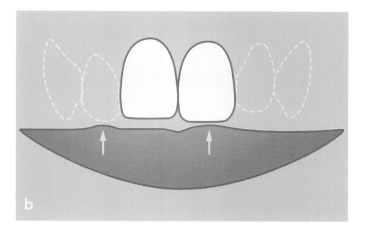

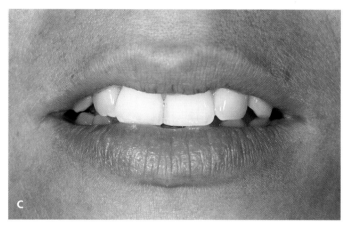

Abb. 3-116 a bis c: In der Realität variieren Stärke und Erscheinungsbild der Unterlippe, und perfekt angeordnete Zähne sind nur von theoretischer Bedeutung. Zwischen den oberen Zähnen und dem Erscheinungsbild der Unterlippe besteht ein direkter Zusammenhang, der auf die Stimulation des Lippengewebes durch die inzisalen Zahnkanten zurückzuführen ist. (a, b) Elongationen führen zu entsprechenden punktuellen Lippenvorsprüngen. (c) Zwei große lange mittlere Schneidezähne in Gegenüberstellung zur Lippendicke, die sich links unter der stimulierenden Einwirkung eines seitlichen Schneidezahns in einer weiter bukkal gelegene Position ausdehnt. Das Fehlen einer Lippenstimulation durch den rechten seitlichen Schneidezahn bewirkt eine bedeutende Verdünnung der Unterlippe.

Zufalls, sondern resultieren aus der Einwirkung der oberen Schneidezahnränder, die in der Dynamik der Mundbewegungen mit der Lippe in Berührung kommen.
Die morphologischen Variationen der Unterlippe halten einer wiederholten Beobachtung nur selten stand. Schwieriger zu beschreiben ist die genaue räumliche Position der Zähne. Wenn wir die Besonderheiten des natürlichen Verhältnisses zwischen Zähnen und Lippe betrachten, so zeigt sich, dass größere Unterschiede bei

der Lippenstärke und Lippendicke mit bestimmten räumlichen Anordnungen der vorderen Zähne einhergehen (Abb. 3-116). Die feineren anatomischen Besonderheiten in der Mitte des oberen Lippenrandes wiederum hängen mit den interinzisalen Abständen zusammen und bestimmen sogar das inzisale Erscheinungsbild der oberen mittleren Schneidezähne.
Eine dreieckförmige Vertiefung in der oberen Lippenmitte bewirkt gewöhnlich ein ähnliches, wenngleich

149

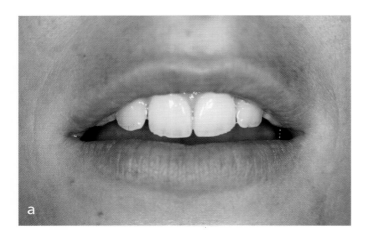

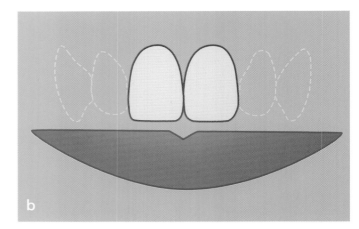

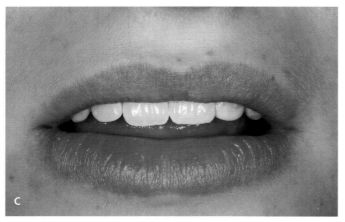

Abb. 3-117 a bis c: (a, b) Erhebliche Öffnung des interinzisalen Raums mit leicht gerundeten mesialen Winkeln an den oberen mittleren Schneidezähnen und entsprechender dreieckförmiger Vertiefung im Zentrum des oberen Unterlippenrandes. (c) Eine geringfügige laterale Extension dieser Lippenvertiefung wiederum entspricht einer proportionalen interinzisalen Öffnung und runderen mesialen Winkeln.

umgekehrtes Erscheinungsbild des interinzisalen Abstands mit geschlossenen und leicht gerundeten mesial-inzisalen Winkeln. Eine leichte, fließende Vertiefung wiederum geht mit runderen mesial-inzisalen Winkeln einher (Abb. 3-117). Eine erweiterte zentrale Vertiefung, die nach beiden Seiten hin in eine ausgeprägte konvexe Gegenbewegung ausläuft, ist mit einem bestimmten Erscheinungsbild der Schneidekanten verbunden (Abb. 3-118). Umgekehrt korreliert ein Fehlen des interinzisalen Abstandes mit quadratisch-eckigen mesialen Winkeln üblicherweise mit einem geraden oder leicht angehobenen zentralen Lippenverlauf (Abb. 3-119).

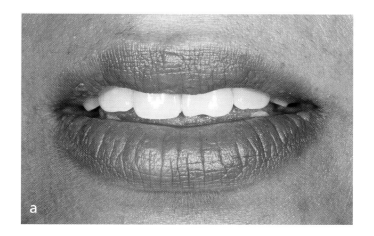

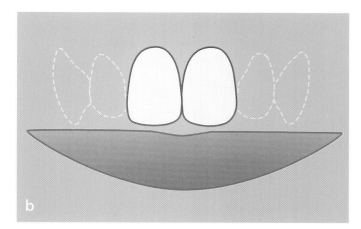

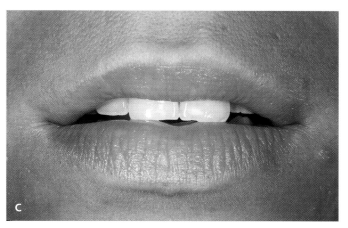

Abb. 3-118 a bis c: (a, b) Eine erweiterte zentrale Vertiefung, die nach beiden Seiten hin in eine ausgeprägte konvexe Gegenbewegung ausläuft, ist mit abgerundeten Schneidekanten verbunden und betont die stimulative Einwirkung der inzisalen Zahnform auf das antagonistische Lippengewebe. (c) Hingegen ist eine dreieckförmige Vertiefung inmitten von Weichgewebevorsprüngen mit einem umgekehrten inzisalen Erscheinungsbild verbunden. Diese Beobachtungen bestätigen einmal mehr das ästhetische Grundprinzip „Formen schaffen Beziehungen, Beziehungen schaffen Formen".

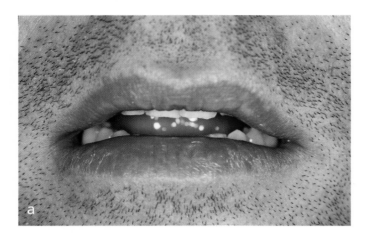
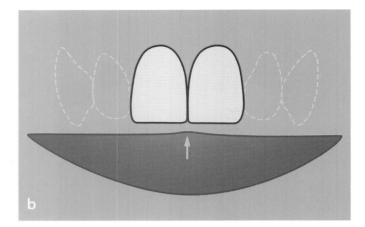
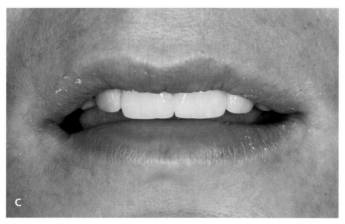

Abb. 3-119 a bis c: (a, b) Eine verdickte Unterlippe mit geradem Verlauf des oberen Randes entspricht elongierten oberen mittleren Schneidezähnen, geraden Schneidekanten und quadratischen mesialen Winkeln. Diese Merkmale sind in natürlichen Zahn-Lippen-Relationen häufig anzutreffen. (c) Diese Relationen müssen auch bei Zahnersatz wiederhergestellt werden, damit die Ästhetik „stimmt".

Nun müssen wir diese Elemente unter Beachtung von morphologischen Merkmalen, die geeignet sind, unsere Restaurationen möglichst glaubwürdig erscheinen zu lassen, an die relationalen ästhetischen Qualitäten heranführen (Abb. 3-120 und 3-121).

Wenn der detaillierte Verlauf des oberen Unterlippenrandes nicht mit dem Erscheinungsbild der interinzisalen Raums übereinstimmt und allenfalls das Wesen der mesialen inzisalen Winkel und inzisalen Kanten der obe-

ren Zähne widerspiegelt, so können adäquat positionierte und korrekt erfasste Unterlippenvorsprünge als Indikator für die räumliche Orientierung der seitlichen Schneidezähne herangezogen werden. Aus klinischer Sicht gibt es – außer bei kieferorthopädischen Musterexemplaren und herausnehmbaren Vollprothesen – keine seitlichen Schneidzähne, die streng entlang eines parabolischen Bogens angeordnet wären. Natürliche Gebissanordnungen sind speziell bei den seitlichen

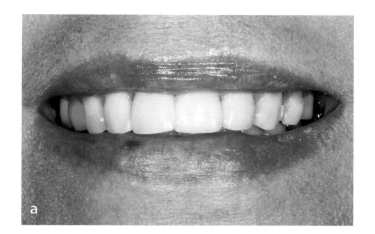

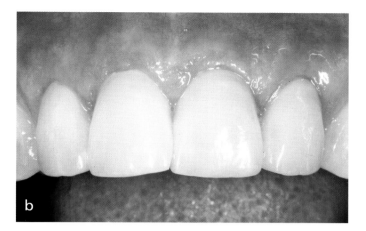

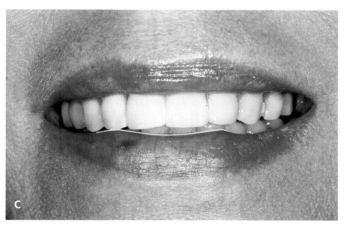

Abb. 3-120 a bis c: (a) In der Praxis kann das wahre Erscheinungsbild der oberen Randlinie der Unterlippe nur durch oft wiederholte Beobachtungen ermittelt werden. (b) Dabei wird auch deutlich, dass beidseitige Unterlippenvorsprünge je nach ihrer Position ebenfalls mit variablen räumlichen Positionen der seitlichen oberen Schneidezähne einhergehen. Diese Beobachtung von Variationen in der Lippendicke, der Art und Position von Lippenvorsprüngen sollten die Wiederherstellung perfekt angepasster dentaler Elemente bestimmen. (c) Hier ist die Position des distalen Winkels des linken mittleren (und vielleicht auch des seitlichen) Schneidezahns eindeutig nicht optimal an den Unterlippenverlauf angepasst.

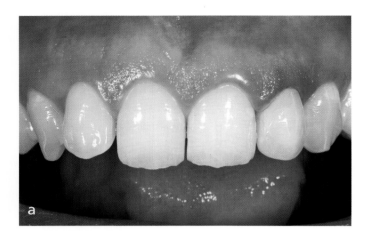

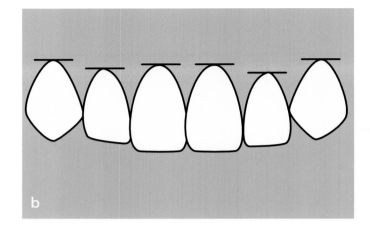

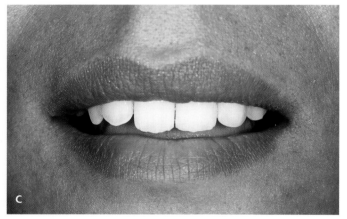

Abb. 3-121 a bis c: Das Erscheinungsbild und die Position der Zähne entsprechend den Besonderheiten des Unterlippenverlaufs zu gestalten, ist für den Zahnarzt häufig eine schwierige Aufgabe, die viel Vorstellungskraft erfordert. Eine eingehende Analyse zeigt, dass die beiden natürlichen oberen mittleren Schneidezähne mit ihren abgerundeten inzisalen Kanten und interinzisalen Zwischenräumen mit einer leichten runden Vertiefung im Zentrum des oberen Unterlippenrandes einhergehen. Dies bestätigt die obigen Ausführungen. (a) Nur müssen wir erklären, nach welchen Gesichtspunkten die seitlichen Schneidezähne rekonstruiert wurden. (b) Vielen Autoren zufolge ist die Unterlippe im Zentrum am dicksten und wird gegen die Mundwinkel sukzessive dünner, und ein ästhetisch ansprechender Frontzahnbereich zeigt bei den seitlichen Schneidezähnen ein tieferes Zahn-Gingiva-Niveau als bei den mittleren Schneidezähnen. An der linken Seite eines Mundes, der diese Merkmale aufweist, wird der seitliche Schneidezahn im Zahnbogen wiederhergestellt. (c) Die Rekonstruktion des rechten seitlichen Schneidezahns gestaltet sich jedoch heikler. Dieser Zahn wird, was sein Erscheinungsbild wie auch seine Position anbelangt, bestimmt vom Niveau der Zahn-Gingiva-Relationen, das höher ist als bei den mittleren Schneidezähnen, sowie vom seitlichen Lippenvorsprung auf der rechten Seite der Unterlippe. Dies fördert die Individualität und den besonderen Reiz der dentofazialen Komposition.

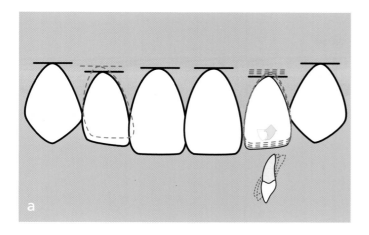

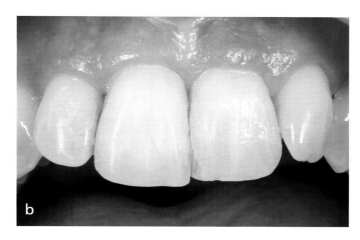

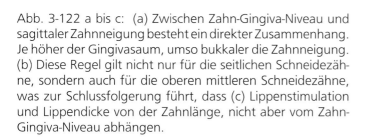

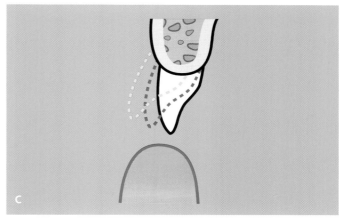

Abb. 3-122 a bis c: (a) Zwischen Zahn-Gingiva-Niveau und sagittaler Zahnneigung besteht ein direkter Zusammenhang. Je höher der Gingivasaum, umso bukkaler die Zahnneigung. (b) Diese Regel gilt nicht nur für die seitlichen Schneidezähne, sondern auch für die oberen mittleren Schneidezähne, was zur Schlussfolgerung führt, dass (c) Lippenstimulation und Lippendicke von der Zahnlänge, nicht aber vom Zahn-Gingiva-Niveau abhängen.

Schneidezähnen stets durch mehr oder weniger ausgeprägte Positionsabweichungen gekennzeichnet, die auf die Form des Bogens, die Zahn-Gingiva-Höhe und die Zahn-Lippen-Verhältnisse zurückzuführen sind.

Diese drei Faktoren hängen untrennbar zusammen. Grundsätzlich richtet sich die Stellung des seitlichen Schneidezahns nach dem Platzangebot zwischen Eckzahn und mittlerem Schneidezahn. Idealerweise sollte das Zahn-Gingiva-Niveau tiefer als beim mittleren Schneidezahn liegen. Die klinische Praxis zeigt jedoch, dass unterschiedlich hohe Zahn-Gingiva-Niveaus beim seitlichen Schneidezahn bedingt durch das geringere Platzangebot immer mit entsprechend unterschiedlichen Zahnachsen in der Sagittal- oder Frontalebene verbunden sind (Abb. 3-122). Aus ästhetischer Sicht haben diese Achsenabweichungen, solange die ästhetischen Beziehungen zum oberen Unterlippenverlauf gewahrt sind, keine negativen Konsequenzen. Im Gegenteil: Unter normalen Umständen hebt sich der seitliche Schneidezahn dank dieser Abweichungen wohltuend von der monotonen Gebissanordnung ab.

Aus diesen Beobachtungen folgt, dass die Stellung des

seitlichen Schneidezahns sich in der dentofazialen Komposition bemerkbar macht und diese auch merklich beeinflusst. Eine angemessene Stellung zu finden erfordert aber viel Feingefühl, da sehr unterschiedliche Parameter wie Lippenzeichnung, Gingivaansatz, Zahnlänge, Platzangebot und nicht zuletzt funktionale und phonetische Anforderungen in die Suche einfließen müssen.

Zwischen Zähnen und Lippen existieren also unbewusste optische Konvergenzpunkte, oder „Zentren der Aufmerksamkeit", die logischen ästhetischen Regeln folgen. Diese Punkte bestimmen die Unterstützungs- und Bruchstellen in der fazialen Komposition, welche die Prioritäten für das Ablesen des Gesichts festlegen. Naturgemäß sollten die ansprechenderen Elemente höhere Priorität haben.

Rhythmus und Kohäsion

Wir alle wissen, was Rhythmus ist. Er ist Teil unseres Seins. Wir erkennen ihn im Wechsel zwischen kalten und warmen Jahreszeiten, zwischen Tag und Nacht, im Pulsieren unseres Herzens, in der Bewegung unserer Beine. Die meisten unserer Aktivitäten sind mit einem physiologischen, mechanischen, künstlerischen, bewussten oder unbewussten Rhythmus verknüpft.

Rhythmus entsteht immer dort, wo starke und schwache Perioden, belebte und stille Momente sich in unterschiedlich regelmäßigen Abständen wiederholen. Von dieser periodischen Ordnung fühlen sich alle Menschen angesprochen, und sie findet sich in allen Kunstgattungen wieder: der Musik, dem Tanz, der Dichtung und in den bildenden Künsten. Diesen letzten Punkt sollten wir vielleicht näher erläutern, da man den Rhythmusbegriff normalerweise mit sequenziellen künstlerischen Kategorien wie Musik und Lyrik assoziiert, während die bildenden Künste der statischen Darstellung dienen.

Um ein Objekt ästhetisch erfassen zu können, muss das Auge es aktiv abtasten. Auch hier kommt also eine zeit-

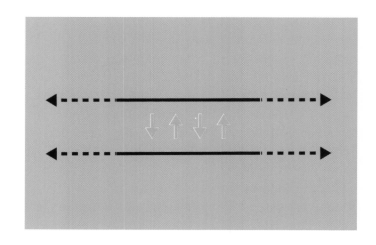

Abb. 3-123: Beim Ablesen zweier paralleler Linien nehmen wir drei Arten von Spannungsdynamik wahr: die Eigendynamik der einzelnen Linien und die Dynamik ihrer Interaktion.

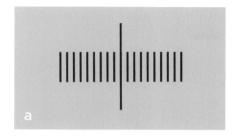

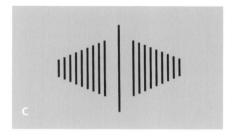

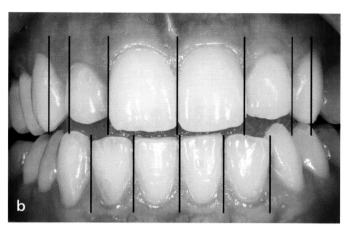

Abb. 3-124 a bis c: Rhythmus schafft eine Abfolge von verschiedenartigen tragenden und ruhenden Elementen. (a,c) Die Unterteilung einer Fläche nach dem Verhältnis der so genannten „goldenen Zahl" wird vom Menschen als positiv empfunden. (b) Ein oberer Frontzahnbereich, der dieser Unterteilung entspricht, wird ebenfalls als positiv empfunden – er vermittelt ein Gefühl der ungestörten Wahrnehmung rhythmischer Qualitäten.

liche Komponente ins Spiel, die mit denselben Wahrnehmungsbedingungen wie die sequenziellen Künste verbunden ist.

Betrachten wir noch einmal unser Gleichheitszeichen mit seinen beiden parallelen Linien. Wir sehen drei Spannungsdynamiken: die Eigendynamik der einzelnen Linien und die Dynamik ihrer Interaktion (Abb. 3-123). Zwei von diesen drei Spannungen sind statisch oder noch nicht aktiv. Ihr Zusammentreffen schafft eine Vorbedingung für ihre Aktivierung oder eben einen Rhythmus. Ergänzen wir das Gleichheitszeichen mit einer dritten Linie, so führt die Dynamik zwischen den ersten beiden Linien das Auge weiter zur dritten Linie. Somit haben wir ein Tempo sowie betonte und unbetonte Taktteile – eben einen Rhythmus.

Nach Auffassung des Malers A. Hölzel sind drei Elemente erforderlich, damit ein Rhythmus sich auch tatsächlich manifestieren kann. Seine qualitativen Komponenten beruhen auf einer akzentuierten Spannungsdynamik aus Linien, Formen und Farben. Seine quantitativen Elemente beruhen auf Ruhezonen, Erneuerung und Dauer.

Der Mensch erkennt viele verschiedene rhythmische Kombinationen und Variationen. Eine dieser Kombinationen erhält man, indem man eine Fläche in einem bestimmten, zuweilen als „goldene Zahl" bezeichneten Verhältnis unterteilt. Die qualitativen und rhythmischen Elemente, die sich aus dieser Kombination ergeben, werden seit Jahrhunderten verwendet, um ästhetische Beziehungen herzustellen. Rhythmus bedeutet aber nicht, dass man ein bestimmtes Element nach einem mehr oder weniger simplen Muster immer wieder wiederholt, sondern dass man eine Komposition aus dynamischen Beziehungen herstellt (Abb. 3-124).

Jedes Element, das auf eine Fläche gesetzt wird, erzeugt zusätzlich zu seiner Eigendynamik neue Dynamik, die auf die verschiedenen Flächenbereiche einwirkt. Dementsprechend verändert sich auch die Unterteilung der Fläche in mehr oder weniger ruhige Bereiche. Die diversen vorhanden Elemente bauen an bestimmten Stellen Spannungen auf und an anderen ab, schaffen tragende Stellen und Bruchstellen. Alle diese Bereiche verleihen der Flächenunterteilung eine bestimmte Qualität, die sympathisch, unsympathisch oder auch abstoßend wirken kann.

Jede neue dentale Komposition, egal wie perfekt sie ausgeführt ist, hat Veränderungen in der fazialen Komposition zur Folge, was ja nicht per se einen ästhetischen Fortschritt bedeuten muss. Daher muss der Rhythmus der fazialen Komposition bei Eingliederung jeder neuen dentalen Komposition neu überprüft werden.

Über ihre rhythmischen Qualitäten hinaus stellen parallele Linien in einer Komposition auch einen wichtigen Faktor der ästhetischen Kohäsion dar. Ob sie dabei den Wirkungslinien der Flächenform – die wir zuvor unter dem Namen „Spannung der Fläche" als Grundelement des ästhetischen Aufbaus definiert haben – entsprechen oder nicht, ist von sekundärer Bedeutung. In Wirklichkeit schafft die verbindende Spannungsdynamik paralleler Linienverläufe nicht nur die qualitativen und quantitativen Voraussetzungen für den Rhythmus der Komposition. Sie setzt vielmehr auch die kohäsiven Kräfte frei, durch welche die Komposition insgesamt zusammengehalten wird. Rhythmus entsteht aus der Spannungsdynamik zwischen Elementen. Ohne Rhythmus gehen auch die kohäsiven Qualitäten der Komposition verloren.

Beziehungen zwischen Formen und Flächengrenzen

Der Abstand zwischen Form und Flächenrand hat eine ganz bestimmte und wichtige ästhetische Funktion. Er kann einen Spannungsbereich darstellen, der für Auge und Geist interessant ist und somit – wie wir dies zuvor genannt haben – ein „Zentrum der Aufmerksamkeit" bildet. Eine ungebunden in der Fläche liegende Linie, die sich dem Flächenrand annähert, zeigt vorne einer steigende und hinten eine fallende Spannung (Abb. 3-125). Sowie die Linie den Rand berührt, wird die Spannung plötzlich aufgehoben. Je weiter eine Linie vom Flächenrand entfernt ist, umso schwächer ist dessen Anziehungskraft. Anders ausgedrückt erhöhen nahe am Flächenrand gelegene Linien die „dramatische" Resonanz dieser Beziehung. In dieser „Dramatik" drückt sich die Qualität der erzeugten Schwingungen und somit die ästhetische Kraft der Komposition aus.

Sobald die Linie den Rand berührt, steigt plötzlich die Dynamik an ihrem anderen Ende, wobei die Stärke dieser Spannungsdynamik von der „räumlichen" Position abhängt. Die Gesetze der Schwerkraft setzen sich immer durch. Deshalb wird die Abwärtsdynamik einer Linie am oberen Flächenrand als stärker empfunden als die Aufwärtsdynamik einer Linie am unteren Flächenrand. Die Gesetze der Schwerkraft (Abwärtsdynamik) sind immer stärker als der Ehrgeiz der Menschen, sich von ihnen zu lösen (Aufwärtsdynamik) (Abb. 3-126).

In der Anatomie des Lächelns bevorzugen die meisten von uns eine Lippenposition, die in Relation zur sichtbaren Zahnfläche als „Lippenmittellinien-Lächeln" bezeichnet wird. Diese Vorliebe ist auf die Dynamik der oberen Lippenränder zurückzuführen, die den ganzen Zahn freilegen und über das sichtbare rosafarbene interdentale Gingivagewebe eine Position nahe am Rand der Gingivafläche andeuten. Diese Dynamik wird auch bei größeren sichtbaren Anteilen der Gingivafläche

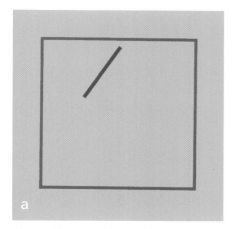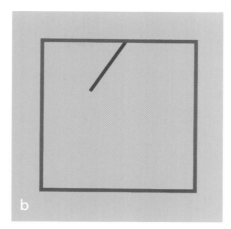

Abb. 3-125 a und b: (a) Wenn eine Form sich dem Flächenrand annähert, so erhält sie eine starke Spannung, die je nach Entfernung vom Flächenrand entsprechend stärker oder schwächer wird. (b) Sowie die Linie den Rand berührt, wird die Spannung plötzlich aufgehoben. Dieselbe Situation sehen wir bei den Zahn-Gingiva-Relationen, die beim Lächeln an der Lippenlinie sichtbar werden, und wir sehen sie auch bei den Relationen zwischen Seitenzahnsegment und dem lateralen schwarzen Raum der Mundhöhle.

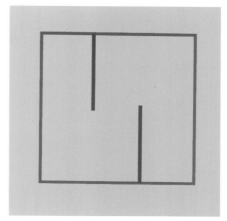

Abb. 3-126: Die Gesetze der Schwerkraft setzen sich immer durch. Deshalb wird die Abwärtsdynamik einer Linie am oberen Flächenrand als stärker empfunden als die Aufwärtsdynamik einer Linie am unteren Flächenrand.

noch wahrgenommen. Es gibt aber einen Punkt, an dem durch eine hohe Lippenposition zu viel Gingivagewebe freigelegt wird, was zu einem Bruch in der Spannungsdynamik zwischen dem Weiß der Zähne und dem Rahmen aus Gingivagewebe führt.

Die Dynamik löst sich auf, wenn sich der Großteil des Frontzahnsegments mit dem Lippenrahmen in Kontakt befindet – eine Situation, die wir bei niedriger Lippenposition beobachten können. Ebenso funktioniert ein Eindringen in den schwarzen Raum der Mundhöhle, was vielfach als optisch anziehend befürwortet wird, nur dann, wenn zum inneren Mundwinkel ein Abstand gewahrt bleibt, der Spannungsdynamik und damit

ästhetische Anziehungskraft ermöglicht. Gelingt es, die dentale Komposition natürlich in die geometrischen Parameter der fazialen Komposition zu integrieren – was in der Praxis selten auf Schwierigkeiten stößt –, so können punktuelle Elemente bzw. Zentren der Anziehung, mit denen die Komposition ästhetisch nachgebessert werden muss, auch mehr oder minder willkürlich gesetzt werden. Die Komposition kann aber mit den beschriebenen einfachen ästhetischen Mitteln, wenn man sie nur kennt, merklich aufgewertet werden.

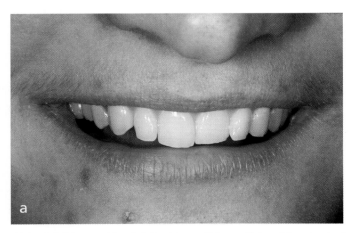
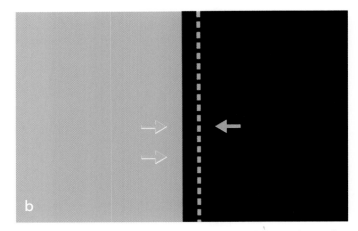

Abb. 3-127 a und b: (a) Rechter mittlerer Schneidezahn beim Lächeln knapp an der Unterlippe: Spannung. Linker Seitenzahnbereich knapp am Kommissurenwinkel: Spannung. Oberlippe knapp an der interdentalen Papille: Spannung. Liegt die zentrale interinzisale Linie im Zentrum des Lächelns oder (b) in der Mitte einer Ebene? Diese Fragen, mit denen Auge und Geist konfrontiert sind, der Eindruck eines möglichen Ungleichgewichts, bewirken alle eine Spannung und verleihen dieser chaotischen Zahnanordnung eine doch recht ansprechende Ästhetik.

Die Proportion

In vielen Versuchen, Schönheit zu definieren, wird auf den harmonischen Ausdruck proportionaler arithmetischer und geometrischer Beziehungen verwiesen. Vielfach werden diese harmonischen Qualitäten bestimmter proportionaler Beziehungen auf das Talent und die Inspiration des Künstlers zurückgeführt. Talent allein reicht aber gerade hier nicht aus. Um optisch und mental ansprechende proportionale Beziehungen herzustellen, müssen wir bewusst oder unbewusst Gesetze anwenden. Es ist durchaus möglich, dass ein Künstler aus seinem unbewussten visuellen Gedächtnis heraus auch dann harmonische Beziehungen schafft, wenn er diese Gesetze gar nicht kennt. Jedoch zeigt jede eingehende Analyse einer attraktiven ästhetischen Beziehung, dass zu den bekanntesten bzw. verbreitetsten proportionalen Beziehungen immer eine Verbindung besteht. Daher ist die Vorstellung, dass harmonische Beziehungen aus einem natürlichen, spontanen Impuls heraus geschaffen werden, abzulehnen.

In der Geschichte der Philosophie ging man vielfach davon aus, dass die Natur sich nur über die Sprache der Mathematik verstehen ließe. Über Generationen hinweg wurde versucht, Schönheit auf objektive mathematische Kriterien zu reduzieren. Der Begriff der Proportion geht auf die alten Griechen zurück. Er versetzt uns in die Lage, die für jedes physische Phänomen geltenden Normen zu quantifizieren. Dieses Konzept wird am grundlegenden Axiom der pythagoreischen Lehre, *Panta en arithmo* („alles ist in der Zahl"), deutlich. Mit dem Ausdruck der „goldenen Zahl" wurde eine geheimnisumwitterte Größe geschaffen, deren Einfluss bis heute fortbesteht. Wenn wir Proportionen verstehen wollen, können wir auf mathematische Erwägungen nicht verzichten.

Der Überzeugung, dass Schönheit ausschließlich von numerischen Regeln abhängt, liegt ein natürlicher

Wunsch nach Vereinfachung zugrunde. Jedes eigensinnige Befolgen von Gesetzen und Regeln schränkt aber nicht nur die Kreativität ein, sondern ignoriert auch den individuellen Charakter und kulturellen Hintergrund des Betrachters. Da Proportionen also ihre Wirkung auf physisch-psychischem Weg entfalten, sind ästhetische Denker für einen psychologischeren Ansatz eingetreten. Die Behauptungen der mathematischen Denker wurden dadurch relativiert. Mit ihrem eigenen Ansatz, Schönheit aus Zahlen herzustellen – so dies überhaupt möglich ist –, wären sie auf rezepthafte Vorgaben beschränkt gewesen.

Ästhetisch wirksame Regeln und Gesetze lassen sich nur formulieren und anwenden, indem wir Wissenschaft und Gefühl miteinander aussöhnen. Künstler und Betrachter befinden sich an den beiden Polen desselben Phänomens. Der eine setzt ein Gefühl um, der andere nimmt es auf. Dem Künstler bleibt es vorbehalten, die besten Materialien und Proportionen zu wählen, um den gewünschten ästhetischen Effekt zu erreichen.

Definitionen

Der Begriff der Proportion ist im Laufe der Geschichte in den allgemeinen Sprachgebrauch eingegangen und ist heute mit unterschiedlichen Bedeutungen besetzt. Wir müssen ihn deshalb auf seine engere Bedeutung zurückführen. Dies auch deshalb, da unser Gegenstand der Erörterung sich eindeutigen Lösungen seit jeher beharrlich entzogen hat und dies auch weiterhin tun wird, sodass zumindest an seinem mathematischen Fundament Klarheit herrschen sollte. Zu diesem Zweck werden in diesem Kapitel zwei Definitionen vorgeschlagen.

1. Eine Proportion ist ein quantitatives Verhältnis zwischen der Größe bzw. den Ausmaßen zweier wesensgleicher Elemente. Diese Art der proportionalen Beziehung lässt sich in einer einfachen arithmetischen Division darstellen. Die Proportion eines Zahns etwa lässt sich als Quotient aus Breite und Länge definieren. Für den oberen mittleren Schneidezahn gilt ein Verhältnis aus Breite zu Länge von 75–80 % als ideal. Bei einem Verhältnis von unter 65 % (z. B. nach einem chirurgischen Eingriff am Parodont) wirkt der Zahn vermutlich zu schmal. Bei einem Verhältnis von über 85 % (z. B. infolge Zahnabrasion) wirkt er zu kurz.

Die goldene Zahl für die Proportionen eines Rechtecks, das angeblich allen Menschen gefallen soll, beträgt 1,618. Vom Ästheten Fechner durchgeführte Experimente lassen aber darauf schließen, dass diese Proportionen eher tendenziell denn universell positiv aufgenommen werden. Diese Beobachtung bestätigt die auf Plato zurückgehende Meinung, dass andere Verhältnisse nicht nur theoretisch, sondern auch praktisch eine bestimmte Schönheit aufweisen. Die der goldenen Zahl zugeschriebene universelle Gültigkeit ist also doch relativ zu bewerten. Diese Meinung verhinderte nicht nur, dass alle vom goldenen Weg abweichenden Verhältniszahlen als hässlich verdammt wurden, sondern dämpfte auch schon die vergeblichen Erwartungen, Schönheit anhand mathematischer Formeln erklären zu können.

Plastische Chirurgen wiederum bewerten die menschliche Schönheit sehr wohl über die goldenen Proportionen und werden dieser Feststellung daher nicht zustimmen. Ihren Beobachtungen zufolge muss das Verhältnis zwischen Hüfte und Taille zwischen 0,6 und 0,7 liegen, um als ästhetisch ansprechend empfunden zu werden. Von eine ähnlicher Regel geht man bei den fazialen Proportionen, die nach einer von Leonardo da Vinci vorgeschlagenen Definition – so wird behauptet – annähernd $1/_3 - 1/_3 - 1/_3$ betragen sollten.

In Wirklichkeit aber eignen sich diese proportionalen Beziehungen nur zur Definition einer morphologischen Norm, die auf den durchschnittlichen anatomischen und proportionalen Merkmalen des menschlichen Körpers beruht. Das Längen-Breiten-Verhältnis der Zähne entspricht nicht der goldenen Proportion und beruht daher ausschließlich auf einem anatomischen Normverständnis.

Konformität zur morphologischen Norm ist ein Teil der menschlichen Schönheit. In der arithmetischen Lehre des menschlichen Körpers definiert sich Normalität über biometrische Maßstäbe. Dieser Ansatz hat spezifische anthropometrische Normen hervorgebracht, in denen die Dimensionen der Gliedmaßen als Bruchteile der Körpergröße definiert sind. Im Normverständnis der Griechen beispielsweise galten die menschlichen Proportionen als ideal, wenn die Körpergröße die Kopfhöhe um den Faktor 7,5 überstieg (Doriphor). Im Normverständnis der Römer wiederum wurde dieser Faktor auf 8 erhöht (Lysipp, Apollon von Belvedere). Diese Unterschiede machen die Bedeutung von geografischen und physiologischen Faktoren deutlich. Schöne Proportionen sind etwas Relatives. Es führen viele Wege zur Schönheit.

Diese Schwächen taten jedoch der Attraktivität der arithmetischen Lehre keinen Abbruch. Eine der vielen unterschiedliche Studien, die in dieser Tradition unternommen wurden, ergab ein Längen- und Breitenverhältnis des mittleren Schneidezahns von einem Sechzehntel der Gesichtslänge bzw. -breite, worunter der Abstand zwischen den Jochbögen bzw. zwischen Haaransatz und der Unterseite des Kinns zu verstehen ist. Diese Beobachtungen zeigen, dass der Begriff der Proportion meist als Gegenüberstellung zweier wesensgleicher Zahlen oder Quantitäten aufgefasst wird, zwischen denen einfache quantitative Beziehungen herrschen.

In der Sprache der Mathematik wird die Gegenüberstellung zweier Zahlen in einer Verhältniszahl ausgedrückt. Durch Subtraktion erhält man eine arithmetische Verhältniszahl (z. B. 8 − 3 = 5), durch Division erhält man eine geometrische Verhältniszahl (z. B. 10 : 2 = 5). Andere Verhältnisse kennt die Mathematik nicht. Ihre

ästhetischen Ergebnisse variieren jedoch, was nicht bedeutet, dass der Gedanke einer Verknüpfung zwischen organischer Schönheit und mathematischer Ordnung bedeutungslos ist und verworfen werden muss. In Wirklichkeit beruht ein echtes System der Proportionen nicht nur auf Verhältniszahlen, in denen sich bestimmte Beziehungen ausdrücken, sondern auch auf reziproken und unveränderlichen Verknüpfungen zwischen einem übergeordneten Teil, untergeordneten Teilen und den kleinsten dazwischenliegenden Teilen.

Aus mathematischer Sicht entsteht eine Proportion aus der Verbindung zweier gleichwertiger Verhältniszahlen, was Euklid zufolge als die Gleichwertigkeit der Verhältnisse zwischen zwei homogenen Elementen aufgefasst werden kann. Zum Beispiel:

$$8 \text{ verhält sich zu } 5 \text{ wie } 6 \text{ zu } 3, \text{ oder}$$

$$8 - 5 = 6 - 3.$$

Dies ist eine arithmetische Proportion. Aber 5 ist in 15 wie 6 in 18 enthalten, oder

$$\frac{15}{5} = \frac{18}{6}$$

erzeugt eine geometrische Proportion. Diese Art von proportionaler Beziehung besitzt vier Ausdrücke, zwei mittlere und zwei extreme Werte. Dies bezeichnet man als divergent.

Sind die mittleren Ausdrücke identisch, so reduziert sich die Proportion auf drei Ausdrücke, die hintereinander gestellt eine Reihe bilden. Zum Beispiel:

$$12 - 10 = 10 - 8$$

bildet eine konvergente arithmetische Reihe.

$$\frac{48}{12} = \frac{12}{3}$$

bildet eine konvergente geometrische Reihe.

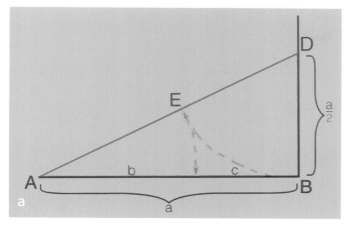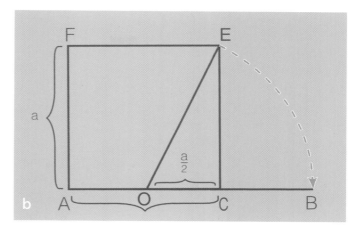

Abb. 3-128 a und b: (a) Darstellung einer goldenen Unterteilung unter Verwendung eines rechten Winkels und eines Zirkels. Linie von A nach D senkrecht zu einer halb so langen Linie, gefolgt von einem Bogen mit Länge $^a/_2$ mit der Zirkelnadel auf D, der die von A nach D gezogene Diagonale E kreuzt. Mit der Zirkelnadel auf A wird ein Bogen von E weg zu einem Punkt auf A gezogen, der A in zwei Teile b und c unterteilt, die ein goldenes Verhältnis bilden. (b) Für eine bestimmte Linienlänge von A nach C erhält man unter Verwendung eines Quadrats eine goldene Reihe, indem auf die erweiterte Linie AC eine Diagonale gezogen wird, die der halben Länge von AC entspricht.

Zusätzlich zur Gleichheit der Verhältnisse muss in der Proportion auch noch eine Komponente der Äquivalenz – der Analogie der Verhältnisse – enthalten sein. Diese fixiert die spezifischen Beziehungen zwischen den verschiedenen Einheiten. Diese Beziehungen sehen so aus, dass jede einzelne Größe durch eine einfachen Umrechnungsfaktor das Maß der Gesamtheit wie auch das Maß der untergeordneten Größen ausdrückt. Mit anderen Worten: Die Proportion besteht aus einer Serie von Ausdrücken – eben einer Reihe –, in der jeder Ausdruck sich zum vorigen oder nächsten Ausdruck so verhält, dass er damit die Beziehung zur Gesamtheit festlegt.

Hieraus ergibt sich eine qualitative Komponente, ein gemeinsamer Nenner, der das Wesen der Proportion bestimmt und die Elemente der Gesamtheit in ästhetisch wirksamer Weise vereint. Die Proportion erreicht dadurch ihr volles Potenzial und kann wie folgt definiert werden:

2. Die Unterteilung einer Oberfläche in Komponenten, die sich in Form und Größe unterscheiden und dennoch in Beziehung zueinander stehen.

Als nächstes müssen wir den mathematischen Ausdruck und auch seine grafische Umsetzung unter dem Gesichtspunkt betrachten, dass nicht jede konvergente Reihe die goldene Zahl einschließt. Es gibt nämlich sehr wohl auch andere konvergente geometrische Reihen (siehe etwa Fibonacci) mit interessanten Anwendungen in den bildenden Künsten, wo das ästhetische Ergebnis vorwiegend von der Qualität der Unterteilung eines definierten geometrischen Raums abhängt. Die konvergente geometrische Reihe ist durch eine regelmäßige, aber komplexe Bewegung gekennzeichnet. Sie

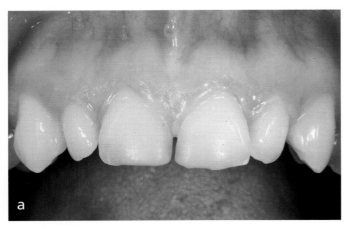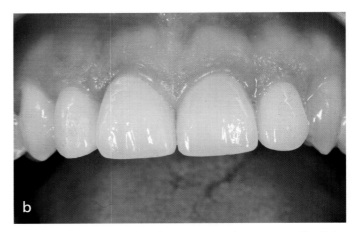

Abb. 3-129 a und b: Herstellung von erkennbaren goldenen Verhältnissen in einem Frontzahnsegment, dessen ursprüngliche Elemente diese Eigenschaften nicht aufwiesen.

besitzt also einen Rhythmus sowie die Fähigkeit, sich aus sich selbst heraus zu reorganisieren.

Jedes Liniensegment und jedes Objekt, das nach diesem Unterteilungsrhythmus aufgebaut ist, zeigt eine Korrelation in Form und Fläche. Die Verhältniszahl der konvergenten geometrischen Projektion erhalten wir ja dadurch, dass wir ein Liniensegment in mittlere und extreme Ausdrücke aufteilen. Mit dieser Operation können wir einen Linienverlauf in zwei ungleiche Abschnitte so unterteilen, dass die Relation kleinerer/größerer Wert der Relation größerer Wert/Summe der Werte entspricht. Folgerichtig ergibt sich durch Addition zweier Ausdrücke der Wert des dritten Ausdrucks.

Wenn wir die goldene Unterteilung eines Linienverlaufs betrachten (Abb. 3-128), so sollten wir beachten, dass diese – wie von Lewis beschrieben – der Anordnung des Frontzahnbereichs entspricht (Abb. 3-129) und auch auf die linearen Beziehungen zwischen der Augenbreite und dem interokulären Abstand anwendbar ist (Abb. 3-130). Aber auch andere Strukturen zeigen eine Segmentierung, die sich aus der goldenen Zahl ergibt. Insbesondere das Fünfeck und Zehneck können in Rechtecke unterteilt werden, die der goldenen Zahl sehr nahe kommen und somit schematisch auf verschiedene Elemente der fazialen Komposition angewendet werden können. Die Bedeutung dieses Phänomens wurde nicht nur in der Kieferorthopädie und plastischen Chirurgie erkannt, sondern sie hat auch Richtlinien zum Integrieren von dentalen Kompositionen in das Gesicht hervorgebracht.

Dass die ästhetischen und rhythmischen Qualitäten von konvergenten geometrischen Reihen als ästhetisch ansprechend empfunden werden, ist eine seit langem anerkannte Tatsache. Die goldene Zahl in der chirurgischen Praxis bewusst einzusetzen ist aber ein rein spekulatives Unterfangen. Unsere Fähigkeiten stoßen dort auf ihre Grenzen, wo die arithmetischen Divergenzen aufhören. Diese bieten aber leider nur wenige Möglichkeiten, optimale Proportionen zu erzielen. Schon seit Jahrzehnten und länger warten wir vergeblich auf gebrauchsfertige Schemata, die auf konvergenten geometrische Reihen beruhen.

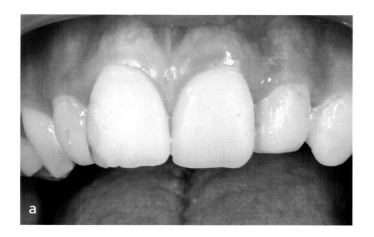

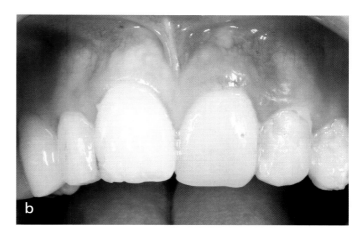

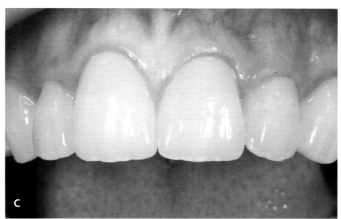

Abb. 3-130 a bis d: Versuch einer Wiederherstellung von goldenen Verhältnissen in einem Frontzahnbereich (a) durch veränderte Achsenrichtung des rechten Eckzahns und seitlichen Schneidezahns einerseits und optischer Täuschung andererseits. Diese Veränderungen können (a) während des ästhetischen Aufbaus und (c) nach Zementierung bewertet werden. (d) Unterlippenverlauf beim Lächeln mit korrekter entsprechender Formgebung bei den oberen mittleren Schneidezähnen, für eine goldene Reihe aber ungenügend veränderter Achsenrichtung des rechten oberen Eckzahns. Um echte ästhetische Qualität zu erzielen, sollten diese Elemente mit fazialen Parametern abgeglichen werden und identische proportionale Beziehungen aufweisen.

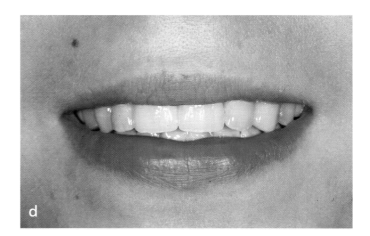

Literatur

Alain. Propos sur l'esthétique. Paris: Presses Universitaires de France, 1959:14–16.

Angsburger RH. Occlusal plane relation to facial type. J Prosthet Dent 1953;6:755–770.

Arnheim R. Visual Thinking. Berkeley:Univ of California Press, 1971:xii–345.

Arnheim R. Art and Visual Perception, a Psychology of the Creative Eye. London: Faber and Faber, 1956.

Arnheim R. Forms and the consumer. College Art J 1959; 19:2–9.

Art and Language, 1966–75. Oxford: Museum of Modern Art, 1975.

Ash MM. Wheeler's Dental Anatomy, Physiology and Occlusion. Philadelphia: Saunders, 1984.

Barthelemy J. Traité d'Esthétique. Paris: Ed. de l'Ecole, 1964:496.

Bayer R. Traité d'esthétique. Paris: A. Colin, 1956:304.

Berenson B. Seeing and Knowing. London: Chapman and Hall, 1956.

Berger R. La Mutation des Signes. Paris: Denoel, 1972:4

Brisman AS. A comparison of dentists' and patients' concepts. J Am Dent Assoc 1980;100:345–352.

Chiche GJ, Pinault A. Esthetics of Fixed Anterior Prosthodontics. Chicago: Quintessence, 1994.

Cley MM. Le nombre d'or. Paris: PUF, 1973.

Copper DF. Interrelationships between the visual arts, science and technology. Leonardo 1980;13(1):29–33.

de Sausmarez M. Design: La dynamique des formes. Paris: Dessain et Tolra, 1973.

Duthuit G. Le feu des signes. Genève: Saira, 1962.

Eissman H. Visual perception and tooth contour. In: Dental Porcelain: The State of the Art. Los Angeles: Univ of Southern California School of Dentistry, 1977:297.

Frush JP, Fisher RD. Introduction to dentogenetic restorations. J Prosthet Dent 1955;5:586.

Frush JP, Fisher RD. How dentogenetic restorations interpret the sex factor. J Prosthet Dent 1956;6:160–172.

Frush JP. Fischer RD. Dentogenetics: Its practical applications. J Prosthet Dent 1959;9:915–921.

Frush JP. Fischer RD. The dynastic interpretation of the dentogenetic concept. J Prosthet Dent 1958;8:588.

George W. Présence de l'esthétique de Hegel. Paris: Arted, 1967.

Ghylka M. Essai sur le rythme. Paris: Gallimard, 1952.

Goldstein RE. Change Your Smile. Chicago: Quintessence, 1984.

Goldstein RE. Esthetics in Dentistry. Philadelphia: Lippincott, 1976.

Golub J. Entire smile pivotal to teeth design. Clin Dent 1988;33.

Gombrich EH. Norms and Forms: Studios in the Art of the Renaissance. London: Phaidon, 1966:vii–167.

Graber LW, Luckner WG. Dental esthetic self-evaluation and satisfaction. Am J Orthod 1980;77:163–173.

Gredon S. Space, Time and Architecture. The Growth of a New Transition. Cambridge, MA: Harvard Univ Press, 1965.

Green B. The Doctrine of Pure Aesthetic. College Art J 1959-60; 19 (Winter): 122–133.

Greenberg JR. Shaping anterior teeth for natural esthetics. Esthet Dent Update 1992;3:81.

Guillaume P. La Psychologie de la Forme. Paris: Fammarion, 1984.

Hegel G. Wilhelm Friedrich. Esthétique, Textes choisis par Claude Khodoss, ed 3. Paris: PUF, 1962: intro–16.

Hogrebe W, Naredi-Rainer P, Klein J, Stüben J, Hasenfuss J. Geschichte der Ästhetik und der Kunsttheorie. Zeitschrift für Ästhetik und allgemeine Kunstwissenschaft. Vol 23 (1978)130–283.

Hughes GA. Facial types and tooth arrangement. J Prosthet Dent 1951;1:82–95.

Huyghe R. Dialogue avec le Visible. Paris: Flammarion, 1995.

Kandinsky W. Ecrits Complets. Paris: Denoel-Gonthier, 1970.

Kandinsky W. On the Spiritual in Art. Guggenheim Foundation. New York: Solomon, 1946.

Kandinsky W. Point, Ligne, Surface: Contribution à l'Analyse des Éléments Picturaux. Paris: ed. de Beaune, 1963.

Kant E. Le jugement Esthétique. Paris: PUF, 1966.

Klee P. Die Ordnung der Dinge. Teufen: A. Niggli, 1975.

Kuhn R. Komposition und Rhythmus: Beiträge zur Neubegründung einer historischen Kompositionslehre. Berlin: W. De Gruyter, 1980.

Lalo C. Les sentiments esthétiques. Paris: F. Alcan, 1910.

Lalo C. Notions d'esthétique, ed 5. Paris: Presses universitaires de France, 1969.

Landow G. The Aesthetic and Critical Theories of John Ruskin. Princeton, NJ: Princeton Univ Press, 1971:xii–462.

Lejoyeux J. Les 9 clefs du visage. Paris: Solar, 1991.

Levin EL. Dental esthetics and the golden proportion. J Prosthet Dent 1978;40:244–252.

Lombardi RE. The principles of visual perception and their clinical application to denture esthetics. J Prosthet Dent 1973;29:358–382.

Lucio-Meyers J-J. Visual aesthetics. London: Lund Humphries, 1973.

Mavroskoufis F, Ritchie GM. The face form as a guide for the selection of maxillary central incisors. J Prosthet Dent 1980;43:501–505.

Moles AA, Rohmer E. Psychologie de l'Espace. Tournai: Casterman, 1972: i–16.

Muriro T. Form and Style in the Arts: An Introduction to Aesthetic Morphology. Cleveland: Case Western Reserve Univ Press, 1970: xvii–468.

Norberg-Schulz C. Existence, Space and Architecture. London: Studio Vista, 1971.

Pound E. Applying harmony in selecting and arranging teeth. Dent Clin North Am 1962; :241–258.

Ratel P. Naissance de l'odontographie: Prothèse dentaire. 1998;139: 23–29.

Ricketts RM. The biologic significance of the divine proportion and Fibonacci series. Am J Orthod 1982;81:351–370.

Sanginola RA. Prothèse compléte: Choix des dents artificielles. Encycl Med-Chir. Paris; Stomatologie, 12-1997, 233 25 F-10.

Schüling H. Theorien der malensischen Linear Perspektive. Giessen: Universitätsbibliothek, 1973:xii–28.

Sourian Etienne. Clefs pour l'esthétique. Paris: Seghers, 1970:i–16.

Torroya E. Logik der Form. München: GDW Callwey, 1961.

Tritten G. Education par la forme et par la couleur. (Erziehung durch Form und Farbe). La Tour de Peilz: Ed. Delta, 1968.

Tweed CH. The diagnostic facial triangle in the control of treatment objectives. Am J Orthod 1969;55:651–657.

Weyl H. Symmetry. Princeton, NJ: Princeton Univ Press, 1952:iii–168.

Woelfels JB. Dental Anatomy: Its Relevance to Dentistry, ed 4. Philadelphia: Lea and Fabiger, 1990.

4 Funktionale Integration

Einleitung

„Zahnersatz kann noch so gut aussehen und sich trotzdem als Musterbeispiel für ein funktionales Trugbild mit schädlichen Folgen für das Kiefersystem erweisen" (Robert Lee in *Anterior Guidance*). Um eine gute Beziehung zwischen Ästhetik und Funktion zu erreichen, müssen wir den Grundgedanken akzeptieren, dass funktionsgerecht anmutende Formen unterbewusst als schön empfunden werden.

Funktionen bringen Formen hervor. Begreifen wir die Funktion eines natürlichen Elements, so werden wir auch einen Weg finden, es glaubhaft zu rekonstruieren. Nur hört die Erklärungskraft dieser funktionalen Sichtweise dort auf, wo wir genau wissen wollen, welche Funktionen welche Formen hervorbringen. Zum Rekonstruieren dieser funktional-formalen Schönheit sind wir offenbar auf rein morphologische Gesetzmäßigkeiten angewiesen.

Dies ist jedoch nur ein Gefühl, und Gefühle können sich nur schwer gegen die Überzeugungskraft von Theorien behaupten. Okklusionskonzepte werden seit jeher von Funktionstheorien und ständig reproduzierten Pseudoformen beherrscht, die sich der morphologischen Wirklichkeit nicht unterordnen und somit den wichtigsten ästhetischen Grundsatz der restaurativen Zahnheilkunde verletzen.

Nichts vernebelt den Verstand so sehr wie hartnäckige Theorien, selbst wenn sie absurde Ergebnisse zeitigen.

Nichts verwirrt so sehr wie die Kontroversen rund um die vielen unterschiedlichen Okklusionskonzepte bzw. Systeme und deren frustrierendes Fazit, dass sie alle gleichwertig, aber weder miteinander noch mit der klinischen Realität vereinbar sein sollen.

Einwandfreie ästhetische und Okklusionsverhältnisse können wir nur erzielen, wenn wir uns nicht über die vorgegebene Zahnmorphologie hinwegsetzen, sondern uns bemühen, den mannigfaltigen funktionalen Parametern des stomatognathen Systems mit dem gebührenden Respekt gerecht zu werden.

Von der Notwendigkeit fundierter wissenschaftlicher Kenntnisse einmal abgesehen, liegt die wichtigste Voraussetzung für den zahnprothetischen Behandlungserfolg in der Sensibilität des behandelnden Zahnarztes. Niemand sonst kann die physiologisch-morphologischen Eigenheiten des einzelnen Patienten abschätzen und dort, wo die Standardtechnik an ihre Grenzen stößt, kompensatorisch eingreifen. Selbst das raffinierteste prothetische Verfahren folgt jedes Mal denselben mechanischen Regeln. Die klinische Vernunft bleibt dabei allzu oft auf der Strecke.

Das wichtigste Werkzeug in der ästhetischen Zahnmedizin ist seine Sensibilität. Sie ist kein Himmelsgeschenk, sondern muss durch geduldiges Beobachten und viel Übung erworben werden.

Doch diese Sensibilität muss natürlich durch wissenschaftliche Kenntnisse ergänzt werden. Wir sind gefordert, bestimmte, dem heutigen Wissensstand entsprechende Parameter zu berücksichtigen, die sicherstellen, dass die restaurativen Elemente richtig in die Mechanismen des stomatognathen Systems eingegliedert werden und langfristig stabil bleiben.

Architektur

Der Kieferaufbau ist seinem Wesen nach genetisch vorgegeben. Am trabekulären Aufbau des stomatognathen Systems (und darüber hinaus des ganzen Körpers) zeigt sich, dass die Form dieser Strukturen funktionale Ursachen hat. Der wellenförmige Aufbau der Zähne entspricht ganz und gar ihrer perkussiven Funktion. Dieser Linienverlauf gilt als Energieträger bei elektromagnetischen Wellen, d. h. Energie bezieht ihre Kraft aus wellenförmigen Bewegungen. Jeder lebende Organismus ist harmonisch aus Wellenformen aufgebaut. Die orale Architektur bildet hier keine Ausnahme.

Die bukkalen und lingualen Konturen des Zahnbogens sind wellenförmig. Die Anordnung der Zahnhöcker weist eine wellenförmige Morphologie auf. Die Sagittal- und Frontallinie der Okklusion zeigt ebenfalls diese wellenförmige Charakteristik.

Die Längsachsen der Zahnwurzeln sind ebenso wie der gesamte Okklusions-Artikulations-Komplex einschließlich der Kondylenbahnen wellenförmig aufgebaut. Die einzelnen Komponenten lösen perkussive Zusammenstöße aus und können die einwirkenden Kräfte dank ihrer optimal angepassten elastischen und druckmindernden Eigenschaften neutralisieren.

Entgegen der „geradlinigen" Vorstellungswelt von kartesianischen Geistern ist die tektonische Wirklichkeit des menschlichen Körpers durch wellenförmige Linienverläufe gekennzeichnet. Es ist daher zu betonen, dass die im vorangegangenen Kapitel beschriebenen ästhetischen Prinzipien aus didaktischen und methodischen Gründen stark vereinfacht wurden.

In Wirklichkeit können wir der Schönheit des Lebendigen und ihrer formalen wie funktionalen Rekonstruktion nur dadurch gerecht werden, dass wir den morphologischen und tektonischen Merkmalen der oralen Architektur den nötigen Respekt entgegenbringen. Routinemäßig hergestellter Zahnersatz lässt diesen Re-

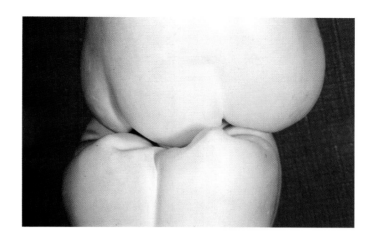

Abb. 4-1: Wie die Kontakte beschaffen sind (d. h. Höcker-Fossa, Höcker-Leiste oder Dreierkontakte) spielt keine Rolle. Wichtig ist vielmehr, dass mehrere möglichst kleinflächige Kontakte gleichzeitig und entlang der Wurzellängsachse zusammenwirken. Diese Merkmale treffen am besten auf eine Zahnmorphologie mit gut geformten Höckern und Fossae zu (vgl. A. Tanaka, CDT, Chicago).

spekt häufig vermissen und erfüllt seinen Zweck mehr schlecht als recht. Wenn wir uns mit diesen Ergebnissen abfinden, dann nur deshalb, weil wir uns von der unglaublichen Anpassungsfähigkeit des Systems täuschen lassen, die das Ende jedoch nur hinauszögern, nicht aber verhindern kann.

Koordinierte Okklusionsrelationen

Gute Okklusion ist dadurch gekennzeichnet, dass alle Zähne gleichzeitig in Kontakt sind. Diese Kontakte sollte jedoch im Frontzahnbereich lockerer sein als im Seitenzahnbereich, selbst wenn dies nur ein subjektives Gefühl ist. Der nach dem gnathologischer Konzept favorisierte Dreipunktkontakt des Seitenzahns ist zwar mechanisch sehr sinnvoll. In der Natur sind jedoch Höcker-Leisten-Kontakte weitaus häufiger zu beobachten als Höcker-Fossa-Kontakte.

Welches System wir „besser" finden, ist dabei unwichtig. Vielmehr müssen wir im Interesse einer stabilen Okklusion darauf achten, dass die Kraftübertragung entlang der Längsachse der Zahnwurzel erfolgt. Der Schlüssel zu einer stabilen Okklusion liegt in der präzisen Interkuspidation. Die Kontakte sollten möglichst gleichzeitig hergestellt werden, und die Kontaktflächen sollen möglichst klein sein, damit die Belastung auf ein Mindestmaß reduziert wird (Abb. 4-1).

Für eine mechanisch stabile Okklusion sollten drei optimal auf dem Zahnbogen positionierte Okklusionskontakte vorhanden sein. In der Praxis kann die Gleichzeitigkeit der Kontakte durch drei Hindernisse beeinträchtigt werden: (1) den Höckeraufbau der spiralförmigen Kontaktflächen im Gegenkiefer, (2) unterschiedliche Entfernungen vom Rotationszentrum des Unterkiefers und (3) die Stellung der Zahnachsen. Es ist ratsam, die Kontakte möglichst weiträumig zu verteilen (zwischen 16 und 22 pro Quadrant), damit kleinere unerkannte Fehlstellungen bzw. Störfaktoren der Okklusion nicht zu sehr ins Gewicht fallen.

Die kontaktintensivste Stellung der beiden Zahnreihen bezeichnet man als zentrische Okklusion (ZO) oder Interkuspidationsposition (IP), die zugleich die Schluss-stellung der natürlichen funktionalen Bewegungen dar-stellt. Es konnte gezeigt werden, dass die Kondylen sich in ZO dreidimensional von allen drei Wänden der Rand-bahnen wegbewegen, d. h. diese Position scheint die Gelenke nicht zu belasten.

Der Weg bis zu dieser Position kann von vielen Hinder-nissen und ablenkenden Kontakten gesäumt sein. Die nach Überwindung aller Hindernisse erreichte Schluss-stellung fällt mit der als zentrische Relation (ZR) be-zeichneten Drehposition des Unterkiefers zusammen. Die ZR kann also in jeder Drehposition des Unterkiefers wiederholt werden und lässt sich als jene kraniomandi-buläre Relation definieren, in der sich die Kondylen am vorderen oberen Fossarand befinden. Die ZR ist durch starke elektrische Aktivität der Muskulatur gekenn-zeichnet und ist somit keine Ruheposition.

Die ZR ist eine wichtige, weil physiologisch funktionale und beliebig reproduzierbare Position, die unbedingt er-mittelt werden sollte. Hierzu sollte wiederholt und ohne äußere Manipulation eine lockere Schließbewegung des Unterkiefers durchgeführt werden. Nach MacNeill lässt sich die ZR am besten über funktionale Unterkie-ferbewegungen ermitteln. Durch die Muskelaktivität wird der Kondylus-Diskus-Block zur am weitesten an-terosuperior gelegenen Position in der Fossa geführt, was natürlich interessante klinische Aussagen ermög-licht.

Die ZR gilt allgemein als optimale Position für die Inter-kuspidation der Zähne. Anders ausgedrückt können die kraniomandibulär-dentalen Relationen bei ZR = IP als ideal betrachtet werden. Hieraus folgt eindeutig, dass das gewählte Verfahren der ZR-Registrierung gleichzei-tig optimale Relationen und die korrekte Position des Kondylus-Diskus-Blocks sicherstellen sollte. Früher war dies unmöglich, da es keine einfachen Messmethoden gab, mit denen diese klinischen Parameter im Verlauf des Sanierungsprozesses hätten eruiert werden kön-nen. Auf dem heutigen Stand der Technik hingegen können wir zwischen intraoralen und extraoralen Messmethoden für die ZR wählen. Intraorale Techniken beruhen gewöhnlich auf einer festen Okklusionshöhe, während im extraoralen Ansatz alle möglichen Okklu-sionshöhen analysiert werden können, indem der Arti-kulator einfach geöffnet bzw. geschlossen und die ZR über eine Bestimmung der terminalen Scharnierach-senposition direkt ermittelt wird.

Optimal sind jedoch auch die heutigen Verfahren noch nicht. Wir konnten zwar die manuellen Störfaktoren, nicht aber die Muskeltätigkeit während der Bissregi-strierung ausschalten. Nach heutigem Wissensstand kann das Ziel, das wir mit der Ermittlung der ZR verfol-gen, nicht darin bestehen, dass wir auf spezifische Kon-dylenstellungen abgestimmte Relationen herstellen, sondern lediglich darin, die Stabilität der Okklusion si-cherzustellen.

Kontrolliertes Schließen der Zahnreihen

Optimal verteilte, positionierte und dimensionierte Ok-klusionskontakte, die in zentrischer Relation koordiniert hergestellt werden, bilden also eine wichtige Voraus-setzung für eine langfristig stabile Okklusion. Die klini-sche Praxis zeigt jedoch, dass die Ergebnisse, selbst wenn alle diese Bedingungen erfüllt sind, durchaus va-riieren. Nun liegt es am Zahnarzt, diese schematischen Voraussetzungen vor dem Hintergrund der mannigfal-tigen individuellen Unterschiede und der Dynamik der Unterkieferbewegungen in einen Zustand zu bringen, der eine stabile Okklusion gewährleistet.

Der Unterkiefer bewegt sich gleichzeitig rotational und translational um drei Achsen – die transversale, sagit-tale und vertikale Achse. Diese Bewegungen werden

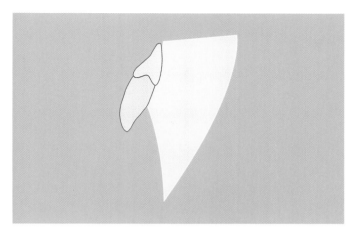

Abb. 4-2: Der Aktionsradius der Unterkieferbewegungen wird durch die Anatomie der Kiefergelenke eingeschränkt. Seine dreidimensionale Ausdehnung markiert den Bereich des so genannten „Unterkiefer-Bewegungsradius" (Abbildung zeigt die sagittale Dimension).

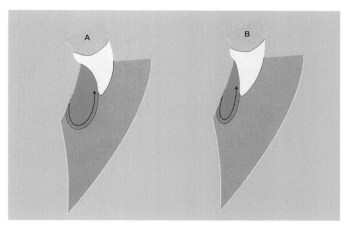

Abb. 4-3: Funktionale Bewegungen sind nicht nur von den Kondylenbahnen, sondern in erster Linie von der antagonistischen Frontzahnmorphologie und der Zahnstellung abhängig. Der so beschriebene, bei allen Menschen unterschiedliche dreidimensionale Raum (oben zwei Beispiele) markiert den Bereich des so genannten „Funktionsradius" (Abbildungen zeigen die sagittale Dimension).

durch die Anatomie des Kiefergelenks mitsamt seinen assoziierten Muskeln und Bändern auf einen Aktionsradius beschränkt, der als Unterkiefer-Bewegungsraum bezeichnet wurde (Abb. 4-2). Diese Bewegungen müssen erfasst werden, um Artikulatoren entwickeln zu können.

Artikulatoren sind als Ausbund einer konzeptorientierten mechanistischen Vorstellungswelt zum Symbol einer intellektuellen Perversion geworden. Sie haben es geschafft, Generationen von Zahnärzten einzurichtern, dass allein der Besitz und zeitweilige Einsatz der neuesten und raffiniertesten Modelle ein ungeahntes Leistungspotenzial erschließt. Man übersieht dabei aber, dass Bewegung und Funktion in der komplexen

Realität des stomatognathen Systems zwei verschiedene Dinge sind. Funktion findet in dem Moment statt, in dem die Zähne in Aktion treten. Funktionale Bewegungen unterliegen somit nicht nur den Kondylenbahnen, sondern auch der Frontzahnmorphologie im Gegenkiefer. All dies spielt sich im Bereich des so genannten Bewegungsraums ab (Abb. 4-3).

Dieser Funktionsraum ist auf den dentalen Bereich beschränkt und naturgemäß im größeren Unterkiefer-Bewegungsraum eingeschlossen. Das klinische Interesse an den Unterkieferbewegungen ist durch die neueren Forschungsergebnisse zu den Mechanismen beim Öffnen und Schließen der Zahnreihen in den Hintergrund gerückt. Es konnte gezeigt werden, dass hier die wich-

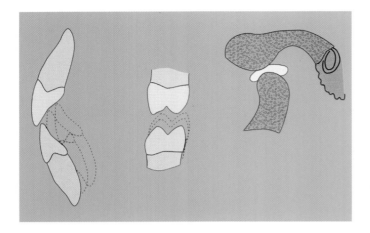

Abb. 4-4: Funktion bedeutet, die Zähne sind in Aktion. Die atraumatischen Bewegungen des Unterkiefers hin zur zentrischen Okklusion können nur mit autoprotektiven neuromuskulären Mechanismen erklärt werden.

tigste Rolle bei den Zähnen selbst zusammen mit den Kondylenbahnen und der neuromuskulären Aktivität zu suchen ist.

In der Tat können rein neuromuskuläre, von der Kopfstellung unabhängige Mechanismen die rhythmischen atraumatischen Bewegungen des Unterkiefers hin zur zentralen Okklusion erklären. Auch wenn diese Mechanismen nicht vollständig erforscht sind, wissen wir doch, dass diese Bewegungen vom Zentralnervensystem gesteuert werden, das über Feedback-Informationen die geeignete Muskelaktivität bestimmt (Abb. 4-4).

Eine klinisch belegte Hypothese besagt, dass bei restaurativen Eingriffen im Frontzahnbereich mit Veränderungen an der Zahnmorphologie und Zahnstellung das ZNS in der Lage ist, neue, okklusionsbezogene Engramme zu bilden. Der Eingriff muss also primär darauf abzielen, dass die normalen morphologischen Verhält-

nisse wiederhergestellt werden und sich die autoprotektiven neuromuskulären Aktivitäten möglichst gut entfalten können.

Nachdem wir sichergestellt haben, dass Mehrfachkontakte synchron hergestellt werden, müssen wir in unserem nächste Sanierungsschritt der Tatsache Rechnung tragen, dass die meisten Okklusionsanomalien aus einem ungenauen oder nicht funktionierenden Zahnverschluss entstehen, d. h. wir müssen die dynamischen Mechanismen des Öffnens und Schließens der Zähne unter Kontrolle bringen.

Verursacht ein Zahnverschluss sichtbare oder unsichtbare Belastungen bzw. Schäden, führt er zu einer Überbelastung von Zähnen, Gelenken, Muskeln, Knochen, Parodont oder Nervensystem, so sprechen wir von einer traumatischen Okklusion. In der zahnmedizinischen Literatur finden sich unzählige Belege für die diversen Interferenzen, die ab dem ersten Kontakt zwischen

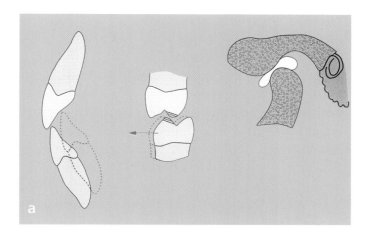

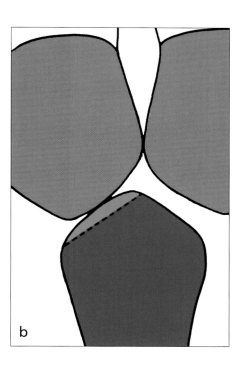

Abb. 4-5a und b: Die freie Weg zur zentrischen Okklusion kann durch zwei Interferenztypen (zentrische Interferenzen) behindert werden: (a) Der eine bewirkt ein laterales oder protrusives Abrutschen. (b) Zentrische Interferenzen müssen selektiv weggeschliffen werden.

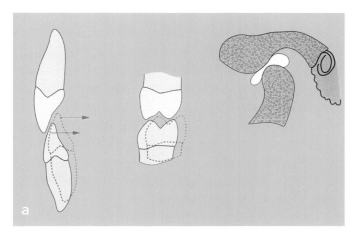

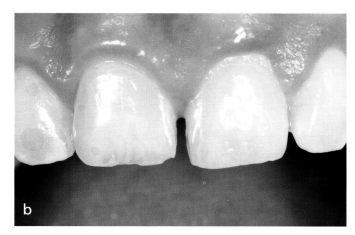

Abb. 4-6a und b: (a) Die zweite Möglichkeit einer zentrischen Interferenz bezeichnet man als inzisiv oder protrusiv/retrusiv. (b) Dieser Typ ist schwieriger zu beseitigen, da selektives Einschleifen die bereits bestehenden Schäden an den oberen Schneidezähnen weiter verschlimmern könnte.

Frontzähnen im Gegenkiefer auftreten und die zentrischen Relationen negativ beeinflussen können. Innerhalb des Unterkiefer-Funktionsraums sprechen wir von zentrischen Interferenzen. Hiervon gibt es zwei verschiedene Arten:

(1) Zentrische Relation: anteriore oder laterale Gleitbewegungen, Hebelbewegungen.
(2) Inzisiv: protrusiv-retrusiv.

Alle Autoren sind sich einig, dass diese Störfaktoren beseitigt gehören, weil sie zu einer exzessiven seitlichen Kraftübertragung auf die Zähne führen können und somit einen Hauptauslöser für Bruxismus und einen prädisponierenden Faktor für Funktionsstörungen des Kiefergelenks darstellen (Abb. 4-5 und 4-6). Ihre Beseitigung ebnet den Weg für ein Öffnen und Schließen von Kontakten, der auch beim Kauen oder Schlucken unter neuromuskulärer Kontrolle bleibt.

Bei Artikulatoren, wo die protrusiven und lateralen Öffnungsbewegungen aufgrund der fehlenden neuromuskulären Kontrolle stets zu weiteren Zahnkontakten führen, kann man von einer solchen Bewegungsfreiheit wohl kaum sprechen. Echte Bewegungsfreiheit entsteht praktisch erst, wenn anatomische Details bereits zerstört sind. Dieser äußerst verwirrende Befund legt nahe, zur Sicherung einer langfristigen Okklusionsstabilität ergänzende Parameter zu berücksichtigen.

Reduzierte Muskelaktivität

Nun, da die Okklusionskräfte einheitlich entlang des Zahnbogens verteilt und präzise entlang der Zahnachse ausgerichtet sind, das Schließen der Zahnreihen unter neuromuskulärer Kontrolle störungsfrei abläuft, müssen wir noch die Auswirkungen der Veränderungen des Zahns unter dem dynamischen Einfluss der Unterkieferbewegungen untersuchen.

Den Studien von Kelly zufolge weisen 80 % der Bevölkerung eine Okklusion der Klasse I auf. In diesen Fällen überlappen sich die oberen und unteren Vorderzähne vertikal wie auch horizontal. Es gibt aber unbegrenzt viele Varianten, was die vertikalen und horizontalen Verläufe und die Neigung der Zähne betrifft (Abb. 4-7). Ausgeprägtere Variationen dieser Art finden sich in den restlichen 20 % Okklusionstypen, die als Fehlokklusion definiert werden. Hierunter fallen, geordnet nach Verbreitung, Okklusion Klasse II, horizontale Überbiss-, offene Biss- und Kantenbissverhältnisse sowie Okklusion Klasse III.

Interessanterweise weicht die von Position, Neigung und Morphologie abhängige Schneidezahnführung ebenfalls in 20 % aller Fälle von der Norm ab.

Das exzentrische Öffnen der Zahnreihen bei diesen unterschiedlichen Anordnungen – d. h. die so genannte lateral exzentrische Okklusion – wurden gemäß der Zahnkontaktsituation als autoprotektive Artikulation, Gruppenfunktion oder balancierte Artikulation definiert. Dass die exzentrische Okklusion dazu dienen soll, Kräfte gleichmäßig zu verteilen, ist nach dem derzeitigen Wissensstand keine haltbare These. Die Forschungsergebnisse weisen – angefangen bei der exzentrischen Artikulation über die Gruppenfunktion bis hin zur balancierten Artikulation – auf eine zunehmende Muskeltätigkeit hin, die mit einer Vergrößerung der Zahnkontaktflächen zusammenhängt. Dasselbe Phänomen kann auch bei Bruxismus und der resultierenden Gebissabrasion auftreten, wobei die freigesetzten Kräfte sechsmal so stark wie bei normaler Funktion sind und auch länger wirken, was das unphysiologische und traumatische Wesen dieser Mechanismen verdeutlicht.

Reduzierte Muskelaktivität ist einer der Parameter, mit dessen Hilfe Okklusionsstabilität erkannt werden kann. Die exzentrische Artikulation bzw. Zahnführung ist das

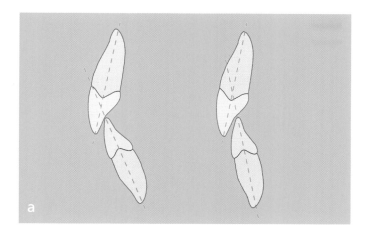

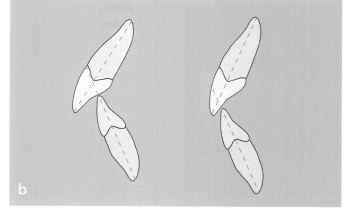

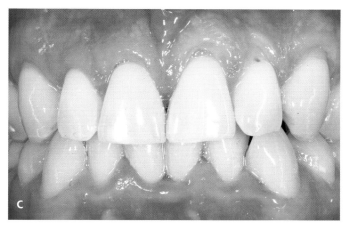

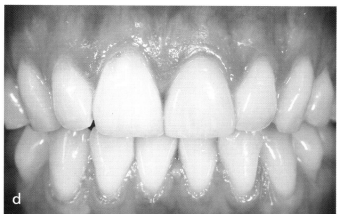

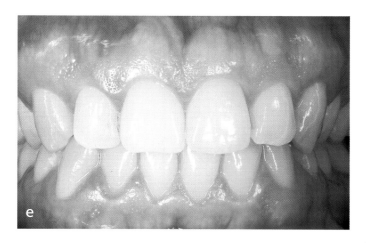

Abb. 4-7a und b: 80 % der Bevölkerung weisen Klasse-I-Relationen auf. Dabei gibt es aber unbegrenzt viele Varianten bei Achsenneigungen, Okklusionsverhältnissen und Schneidezahnführung. In den abgebildeten Relationen 40- bis 50-jähriger Menschen zeigen sich (c) mäßige Abrasionserscheinungen an den linken oberen Schneidezähnen mit Gingivarezession an einem seitlichen Schneidezahn, was mit den zu lockeren Eckzahnrelationen zusammenhängen könnte; (d) ein reduzierter vertikaler Überbiss mit fortgeschrittener Abrasion des unteren Frontzahnsegments sowie mit Abrasion speziell an den oberen Eckzähnen und mittleren Schneidezähnen; (e) einwandfreie Frontzahnrelationen mit morphologischer Integrität und allen Merkmalen einer stabilen Okklusion.

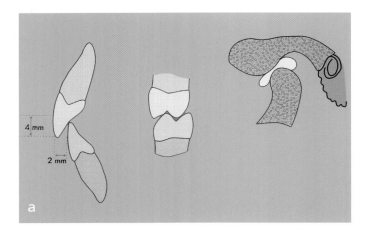

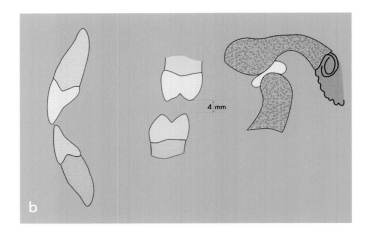

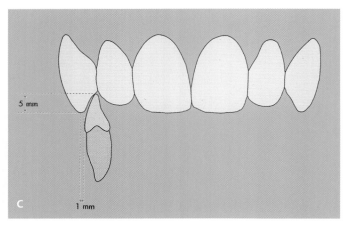

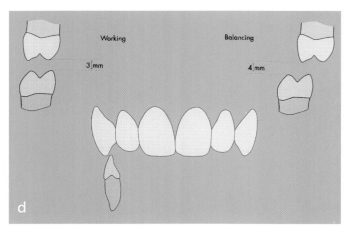

Abb. 4-8 a bis d: Langzeitstabile Gebisse weisen nicht nur eine Zahnführung in exzentrischen okklusalen Relationen, sondern auch Ähnlichkeiten in der Zahnmorphologie und im vertikal-horizontalen Überbiss auf. Optimales Relationsschema zwischen den oberen und unteren Schneidezähnen in (a) zentrischer und (b) exzentrischer protrusiver Okklusion. Optimales Relationsschema zwischen den oberen und unteren Eckzähnen in (c) zentrischer und (d) exzentrischer lateraler Okklusion.

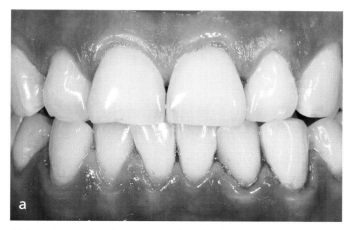 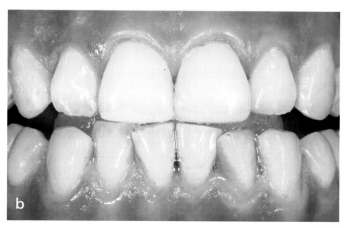

Abb. 4-9a und 4-9b: Die Merkmale der Zahnmorphologie sind in zentrischer wie auch exzentrischer Okklusion ein entscheidender Faktor für optimale Okklusionsrelationen. Hier konnte durch Verlängerung des oberen Schneidezahns um 1,5 mm die Schneidezahnführung so verändert werden, dass wie gewünscht ein Freiraum in protrusiver exzentrischer Okklusion entsteht.

einzige Mittel der okklusalen Architektur, das uns erlaubt, dieses Ziel zu erreichen.

An der Zahnführung sind autoprotektive neuromuskuläre Mechanismen beteiligt. Sie umfasst zwei Parameter: Schneidezahnführung (protrusiv-retrusive Bewegung) und Eckzahnführung (mediotrusive laterale Bewegung).

Die klinische Beobachtung zeigt uns, dass langzeitstabile, unbehandelte und atraumatische Gebisse nicht nur diese Art der exzentrischen Relation, sondern auch altersunabhängige Ähnlichkeiten der Zahnmorphologie und der Okklusion (Abb. 4-8 und 4-9; Tabelle 4-1) aufweisen.

Tabelle 4-1 Durchschnittliche Morphologien und Okklusionsrelationen

Okklusionsrelation	Durchschnittl. Freiraum
Obere mittlere Schneidezähne	12 mm
Oberer Eckzahn	12 mm
Unterer Schneidezahn	10 mm
Horizontaler Überbiss	
bei den Schneidezähnen	2–3 mm
Eckzahn	1 mm
Vertikaler Überbiss	
bei den Schneidezähnen	3–4 mm
bei den Eckzähnen	5–6 mm
Seitlicher Freiraum bei	
exzentrischer protrusiver	
Okklusion	2–4 mm
Laterale Okklusion	
Arbeitsseite	2–3 mm
Balanceseite	3–4 mm

Diese morphologischen Relationen unterbinden jede Möglichkeit exzentrischer Störfaktoren im Seitenzahnbereich und gewährleisten, dass beim direkten vertikalen Schließen der Zahnreihen in ZR die Seitenzähne so wenig wie möglich belastet werden. Es ist zu betonen, dass nur wenige Gebissanordnungen diese Voraussetzungen erfüllen. Die Variationen sind unbegrenzt, eine reine Eckzahn- oder Schneidezahnführung ist nicht die Regel, und Korrekturen sind normalerweise unvermeidlich.

Die Vertikalisierung der Okklusion kann als therapeutischer Ansatz zur Duplizierung dieser Bedingungen definiert werden. Die Entscheidung, die Okklusion zu vertikalisieren, bleibt dem erfahrenen Zahnarzt überlassen und kann, da Funktion und Ästhetik untrennbar miteinander verbunden sind, nur vor dem Hintergrund einer ästhetischen Bewertung der dentofazialen Komposition gefällt werden.

Richtlinien zur Okklusionsstabilität

Die korrekte und langfristig stabile Okklusion, ob natürlich oder durch Restauration entstanden, entspricht stets denselben funktionalen Prinzipien:

- Es werden gleichzeitig möglichst viele möglichst kleine Kontakte hergestellt.
- Die Neigung der Verschlussbahn wird von der Position der Zähne im Ober- und Unterkiefer, der Zahnneigung, der Morphologie der jeweiligen Antagonisten und der Kondylenbahn bestimmt.
- Der Kontakt zwischen dem unteren vorderen Schneidezahn und der lingualen Fläche des oberen Schneidezahns (Schneidezahnführung) und der Kontakt zwischen dem unteren Eckzahn und der lingualen Fläche des oberen Eckzahns (Eckzahnführung) werden neuromuskulär reguliert.

- Die Zahnreihe wird über ähnliche neuromuskuläre Mechanismen geschlossen bzw. geöffnet.
- Diese neuromuskulären Mechanismen laufen über propriozeptive Rezeptoren, die das Gehirn ständig mit Informationen zur Position des Unterkiefers versorgen. Nur so kann das Schließen der Zahnreihen ordnungsgemäß und vor allem atraumatisch vor sich gehen – ein Reflexmechanismus.
- Diese autoprotektiven Mechanismen verhindern auch eine Überlastung des Frontzahnbereichs, bis der Seitenzahnbereich in Endbissposition großflächig Halt bietet. Zentrische Interferenzen, die den freien Zahnkontakt behindern, müssen beseitigt werden.
- Der Seitenzahnbereich okkludiert normalerweise nur bei vollständig geschlossenen Zahnreihen, nicht aber in allen anderen Phasen des Kontakts bzw. der Öffnung.

Ferner können wir feststellen:
- Der okklusale Freiraum, der in allen Phasen des Öffnens und Schließens von Kontakten oder bei Unterkieferbewegungen in Erscheinung tritt, ist auch in Ruheposition zu beobachten.
- Diese Ruheposition, die den Ausgangspunkt für alle Unterkieferbewegungen bildet, kann mit einem Artikulator nicht simuliert werden.

Abweichungen von diesen Normen, Disharmonien in der Okklusionsstatik oder Arrhythmien in der Funktionsdynamik beeinflussen den Unterkieferverschluss und belasten das stomatognathe System.

Es obliegt dem behandelnden Zahnarzt, aus diesen vielfältigen Bissmustern potenzielle Instabilitätsursachen herauszulesen. Er muss geeignete solide Behandlungsmodalitäten finden und Korrekturen vornehmen, die eine stabile Okklusion gewährleisten. Sind solche Korrekturen nicht möglich, so sind okklusionserhaltende Maßnahmen angezeigt.

Okklusionsanomalien und Okklusionserhaltung

Nur wenige Gebisse erfüllen die Bedingungen, die an eine langfristig stabile Okklusion zu stellen sind, optimal. Okklusionserhaltende Therapien dienen dem Zweck, die destruktive Wirkung parafunktionaler Kräfte zu verhindern und Zahnwanderungen einzudämmen, wenn korrektive Maßnahmen nicht in Frage kommen.

Die okklusionserhaltenden Maßnahmen müssen auf die bestehenden klinischen Voraussetzungen abgestimmt werden. Sie sollten möglichst frühzeitig durchgeführt werden, um Defizite in den verschiedensten Situationen – angefangen bei der normalen Okklusion über die Klasse-II-Okklusion bis hin zu vertikalen Nonokklusions- und Kantenbissrelationen – auszugleichen (Abb. 4-10).

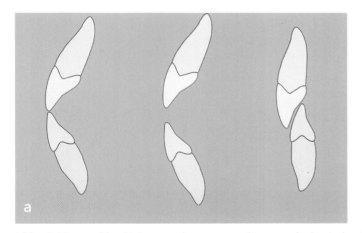
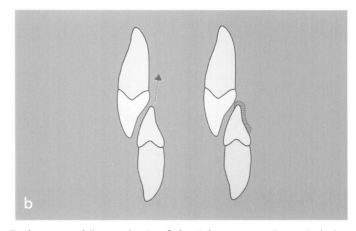

Abb. 4-10a und b: Zahnwanderungen oder morphologische Veränderungen können im Lauf der Jahre zu gestörten Relationen führen (z. B. Kantenbiss, offener Biss oder exzessiver horizontaler bzw. vertikaler Überbiss). In diesen Fällen muss systematisch eingegriffen werden.

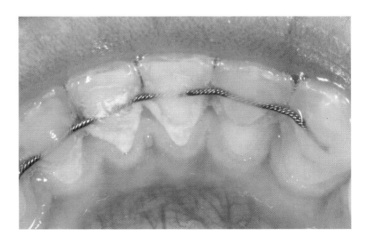

Abb. 4-11: Bei jedem festsitzenden oder herausnehmbaren Zahnersatz muss die Prävention von Zahnwanderungen auf die klinische Situation abgestimmt und in die Gesamtbehandlung integriert werden.

Die meisten Kriterien für eine stabile und gut funktionierende Okklusion konzentrieren sich auf den Frontzahnbereich, was naturgemäß Fragen der Ästhetik aufwirft. Der behandelnde Arzt sollte sich bewusst sein, dass die Klasse-I-Okklusion nicht immer schön ist, dagegen Okklusionsanomalien nicht immer hässlich sein müssen.

Nur wenige erwachsene Patienten akzeptieren Abstriche bei der dentofazialen Ästhetik oder bei den Bissverhältnissen. Da in den meisten Fällen aber auch kieferorthopädische Maßnahmen im größeren Stil auf Ablehnung stoßen, können wir diesen wir diesen Patienten nur eine palliative okklusionserhaltende Therapie anbieten (Abb. 4-11).

Prävention von Zahnwanderungen

Wie bereits festgestellt wurde, ergibt sich die perkussive Zahnfunktion aus dem Kontakt zwischen antagonistischen dentalen Elementen. Diese rhythmische und atraumatische funktionale Stimulation kann scheitern, wenn solche Kontakte fehlen, wird aber durch die Wirkung von Zunge und Lippen kompensiert, sodass die dentalen Elemente räumlich stabil bleiben. Diese palliative Stimulation ist jedoch nicht in jeder Situation gleichermaßen wirkungsvoll.

Bei ungünstig angeordneten Zähnen im unteren Frontzahnbereich elongiert sich stets der am weitesten lingual gelegene Zahn. Bei einer Klasse-II-Okklusion elongiert sich mit fortschreitendem Alter häufig das gesamte untere Frontzahnsegment. Zahnwanderungen

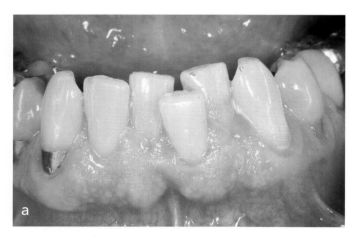 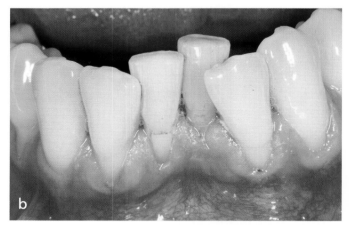

Abb. 4-12 a und b: Im Zusammenhang mit präventiven okklusionserhaltenden Maßnahmen sollten wir nicht jene üblicherweise 50- bis 60-jährigen Patienten vergessen, bei denen durch zunehmenden Engstand der unteren Schneidezähne der Unterkieferbogen schmaler wird. Wenn die Verhältnisse keine andere Behandlungsform zulassen, so verwendet man bei Patienten mit (a) Fehlokklusion oder (b) Abrasionserscheinungen in der Regel festsitzende oder herausnehmbare intra- und extrakoronale, von Eckzahn zu Eckzahn reichende Verankerungen.

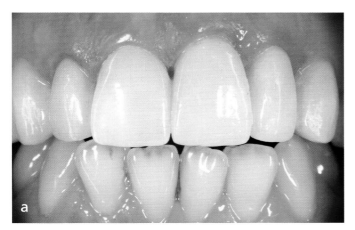
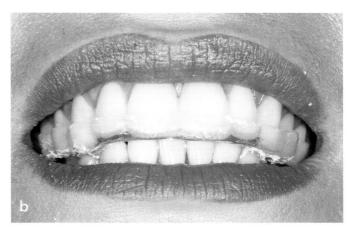

Abb. 4-13 a und b: Diese Präventivmaßnahmen dienen der Erhaltung natürlicher wie auch sanierter Gebisse. Die Abbildung zeigt eine Fehlokklusion mit offenen Bissverhältnissen. Zwölf einzelne Keramikverblendungen mit herausnehmbarer Acryl-schiene zur Okklusionserhaltung.

können immer dann auftreten, wenn die normale Stimulation beeinträchtigt ist.

Im jugendlichen Alter ist mit solchen Erscheinungen noch nicht zu rechnen. Jedoch schreiten diese Zahnwanderungen schleichend voran und beeinträchtigen die dentofazialen Ästhetik. Je nach Art der Okklusionsanomalie sollten daher möglichst frühzeitig Präventivmaßnahmen ergriffen werden. Hierzu eignen sich einfache therapeutische Mittel wie etwa ein Einschleifen der Okklusion, die verschiedensten Schienen, geklebte kieferorthopädische Retainer bis hin zur normalen, nachts zu tragenden Kunststoff-Bissschiene (Abb. 4-12 und 4-13).

Okklusionsentlastung

Bissschienen sind ein probates therapeutisches Mittel, um die Auswirkungen von Zähnepressen – d. h. Gingivarezession, Zahnhalserosion, knöcherne Überwachsungen und Muskelkrämpfe – zu mildern. Unter bestimmten Umständen kann es auch zu einer vorübergehenden Stabilisierung der Okklusion kommen. Ferner sollten die Schienen so beschaffen sein, dass sie eine vertikalisierte Okklusion simulieren, um die Muskeltätigkeit zu reduzieren.

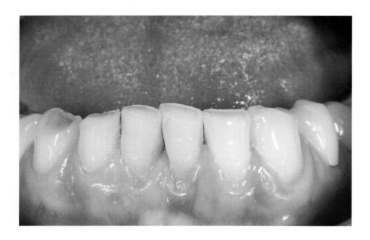

Abb. 4-14: Diverse Manifestationen der Abrasion. Der Verlust der strukturellen Integrität verursacht Dentinabrieb bis hin zu Rissen und Schmelzwandeinbrüchen.

Exzentrische Interferenzen und Vermeidungsmechanismen

Das Wissen um die Okklusionsverhältnisse und die diagnostischen Fertigkeiten schwanken von Zahnarzt zu Zahnarzt. Gewöhnlich konzentrieren sich die Bemühungen des Zahnarztes darauf, die Bedürfnisse des Patienten jeweils punktuell zu befriedigen. Aus diesem Grund findet häufig bei Zahnerkrankungen eine Gebisssanierung ohne eingehende Analyse der ätiologischen Faktoren statt. Zahnerkrankungen sind permanente Funktionsveränderungen oder Funktionsverlust der Zähne, der parodontalen Gewebe und der damit zusammenhängenden Strukturen.

Der Verlust anatomischer Zahnstrukturen ist auch dann als pathologischer Prozess zu werten, wenn keine kariösen Ursachen vorliegen. Okklusionsanomalien sind oft auch auf traumatische Einflüsse zurückzuführen, die zu strukturellen Abnutzungserscheinungen der inzisalen oder okklusalen Zahnflächen führen. Manchmal bilden sich an der bukkalen Zahnhalsseite im Front- und Seitenzahnbereich elliptisch gewölbte oder halbmondförmige Vertiefungen. Dieses pathologische Phänomen bezeichnet man als Erosion.

Diese Erosion ist für den Prothetiker hochlukrativ und wird auch besonders gern zum Anlass genommen, um mit neuen Materialien zu experimentieren. Erodierte Bereiche sind meist mit lokalisierter Gingivarezession und bukkalen Exostosen verbunden, und ein verstärktes Volumen des M. masseter nach Jahren des Zähnepressens ist nichts Ungewöhnliches.

Dies lässt darauf schließen, dass in vielen Fällen eine einfache Kunststoffschiene das Fortschreiten der Oberflächenerosion und damit zusammenhängende Strukturverluste eindämmen kann, indem die Entfaltung schädlicher Kräfte, die die Widerstandskraft des Kausystems übersteigen, reduziert wird. Diese präventive Maßnahme hat sich in der klinischen Praxis langfristig bewährt. Die Spekulationen über die Ätiologie der Erosion konnten damit aber nicht beenden werden, wenngleich psychische und physiologische Faktoren eine zentrale Rolle spielen dürften.

Okklusionsbedingte sowie physiologische und psychische Faktoren gelten auch als prädisponierende Faktoren für Bruxismus, wobei jedoch die eigentliche Ursache nur begrenzt untersucht worden ist. Abrasion als Okklusionsanomalie scheint nicht von Interesse zu sein, obwohl das Problem in der restaurativen Zahnheilkunde und der Parodontologie allgegenwärtig ist. Der Grund liegt darin, dass die okklusale Abrasion immer noch als normales physiologisches Phänomen gilt. Warum sich um inzisale bzw. okklusale Verschleißerscheinungen kümmern, wenn der Patient schmerzfrei ist und man über Ätiologie, Entwicklungsstadien und Behandlungsmöglichkeiten ohnehin nichts weiß? Warum, wann und wie soll man in ein Krankheitsgeschehen eingreifen, bei dem letzten Endes ohnehin auf prothetische Verfahren zurückgegriffen wird?

Im Umkehrschluss stellt sich die Frage jedoch so: Warum nicht schon eingreifen, wenn noch kein ästhetischer und funktionaler Schaden entstanden ist? Warum nicht eingreifen, wenn für jede Phase des Krankheitsgeschehens Behandlungsmöglichkeiten existieren? Die progressiven Veränderungen der inzisalen und okklusalen Flächen im Verlauf der Abrasion wurden inzwischen systematisiert, was die Früherkennung erleichtern sollte. Wie jeder Teil der Körpers bleiben auch die Zähne nicht von biologischen Alterungsprozessen verschont. Es kommt zu morphologischen Veränderungen und zu einer Farbsättigung. Gleich nach dem Zahnen zeigt das Gebiss entlang der Schneidekanten einen wellenförmigen Verlauf, deren erhabenen Teile als Kantenhöcker (Mamelons) bezeichnet werden. Im Verlauf des biologischen Alterungsprozesses verschwinden diese Kantenhöcker allmählich zugunsten der „normalen" inzisalen Kantenformen. Diese Anpassungsphase des Zahnschmelzes kann als physiologisches Entwicklungsstadium betrachtet werden.

Stadium I der Zahnabrasion ist auf den Schmelz begrenzt. Weil die Erkrankung hier rasch fortschreitet, ist dieses Stadium als funktionales Warnsignal zu werten.

Eine Früherkennung ist demzufolge sehr wichtig. Ohne präventive Maßnahmen dehnt sich die Abrasion auf das weniger widerstandsfähige Dentin aus. Im weiteren Verlauf kommt es zunächst zu Rissen in der Schmelzschicht, gefolgt von weiteren Brüchen in den Schmelzwänden, zu einer Zahnverkürzung und schließlich zur völligen Zerstörung der Okklusion. Es ist nur eine Frage der Zeit und der Resistenz gegen Parafunktionen, bis dieses Stadium V der Okklusionserkrankung erreicht wird (Abb. 4-14).

Als Nächstes gilt es, die Ursachen für die Parafunktionen zu ermitteln, die der Abrasion zugrunde liegen. Wir müssen die räumliche Ausbreitung der Erkrankung analysieren und erklären. Hierbei können uns die verschiedenen Arten des Aufbaus einer stabilen Okklusion helfen, die auf den vorangegangenen Seiten beschrieben wurden (Abb. 4-15).

Es könnte zum Beispiel sein, dass Frühkontakte im Seitenzahnbereich Vermeidungsmechanismen auslösen. Mit anderen Worten: Beim Schließen der Zahnreihen könnte ein Punktkontakt innerhalb des Unterkiefer-Bewegungsradius, aber außerhalb des Funktionsradius stattfinden. Der Frühkontakt wird von der Hirnrinde als Fremdkörper interpretiert und ruft auf diesem Weg eine neuromuskuläre Vermeidungsreaktion in Form einer Protrusion des Unterkiefers hervor. Solche autoprotektiven Vermeidungsreaktionen entstehen, wenn die normalen propriozeptiven Mechanismen, die den weiteren Verlauf des Zahnverschlusses nach dem Erstkontakt bestimmen, nicht greifen können.

Für die These einer mechanischen neuromukulären Antwort auf Störfaktoren finden sich überzeugende wissenschaftliche Belege (Abb. 4-16 bis 4-17). So konnte gezeigt werden, dass bei Vorliegen eines Störfaktors im Bereich der Molaren die horizontalen Fasern des M. temporalis, und die unteren Fasern des unteren Kopfs des M. pterygoideus lateralis stimuliert werden und gemeinsam den Unterkiefer um das Hindernis herumführen. Die vom Okklusionshindernis ausgelöste

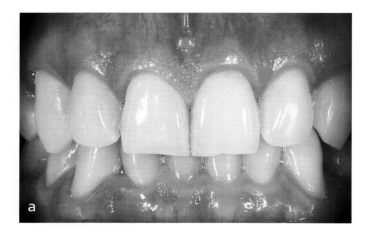

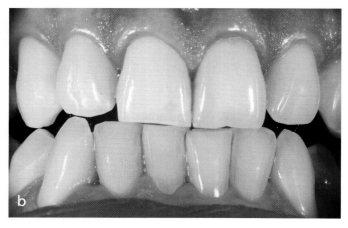

Abb. 4-15a und b: Korrekte vertikale und horizontale Relationen im Frontzahnbereich bei Schneide- und Eckzähnen mit beginnenden Verschleißerscheinungen trotz ausreichenden Freiraums in exzentrischer protrusiver Okklusion.

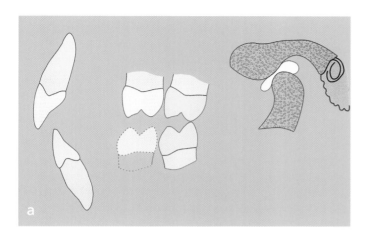

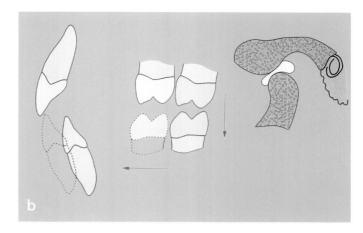

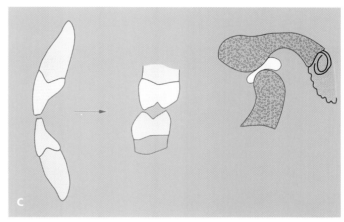

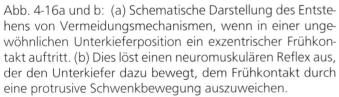

Abb. 4-16a und b: (a) Schematische Darstellung des Entstehens von Vermeidungsmechanismen, wenn in einer ungewöhnlichen Unterkieferposition ein exzentrischer Frühkontakt auftritt. (b) Dies löst einen neuromuskulären Reflex aus, der den Unterkiefer dazu bewegt, dem Frühkontakt durch eine protrusive Schwenkbewegung auszuweichen.
(c) Die unteren Schneidezähne reiben sich an den oberen Schneidezähnen, sodass beide an Substanz verlieren. (d) Dies verkleinert den seitlichen Freiraum immer weiter, bis der Verschleißprozess auch auf die Seitenzähne übergreift. Dieser Vorgang findet offenbar im Schlaf statt und lässt sich nicht bewusst kontrollieren.

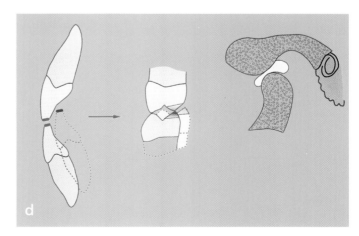

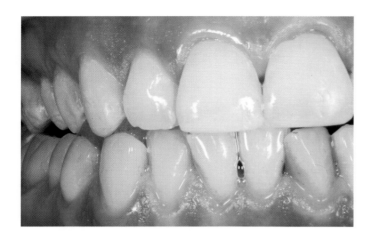

Abb. 4-17: Im Regelfall entziehen sich exzentrische Interferenzen der klinischen Wahrnehmung. Aus diesem speziellen Fall lässt sich die Möglichkeit eines Frühkontakts im Seitenzahnbereich (Höckerspitze über der Okklusionsebene) ableiten, der in einer lateralen exzentrischen Okklusion dem Eckzahnkontakt zuvorkommt.

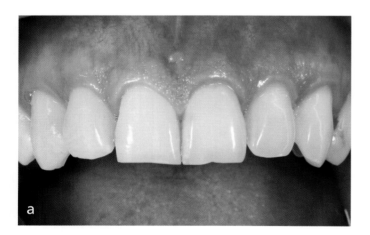

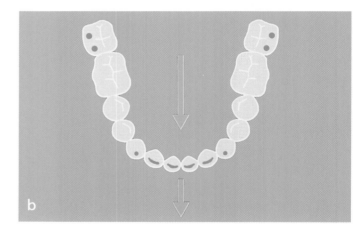

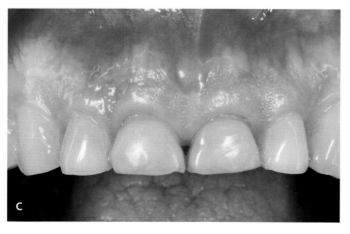

Abb. 4-18 a bis c: (b) Gleichzeitige bilaterale exzentrische Interferenzen drücken den Unterkiefer nach vorn. (a) Durch diese Belastung entsteht die Abrasion der oberen und unteren Schneidezähne In der Folge greift die Abrasion von den mittleren auf die seitlichen Schneidezähne und die Eckzähne über. (c) Es sind unbedingt schon in der Anfangsphase geeignete therapeutische Maßnahmen zu ergreifen, um ein Ausbreiten der Abrasion mit ihren unästhetischen Manifestationen zu verhindern. Interferenzen im Seitenzahnbereich können durch eine verlängerte Schneidezahnführung unterbunden werden.

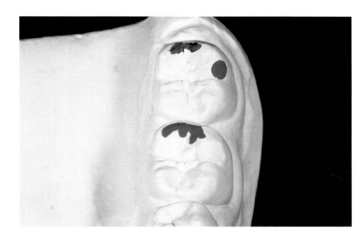

Abb. 4-19: Als Folgeerscheinung abradierter oberer und unterer Schneidezähne zeigen beide untere Molaren am mesialen Abhang der distalen Randleiste einen facettenartigen Abrieb mit beginnender Erosion im Seitenzahnbereich. Man beachte die Abrasionserscheinungen auf der bukkalen bzw. Arbeitsseite beider Molaren, die auf einen Substanzverlust des Eckzahns zurückzuführen sind.

Muskelkontraktion entspricht einer Bahn des Unterkiefers, der die klinische Position der abradierten Vorderzahnoberflächen widerspiegelt. Die These, dass das Hindernis entweder an der arbeits- oder der balanceseitigen Okklusionsfläche liegen kann, hat zur Definition zweier Interferenztypen geführt: (1) die arbeitsseitige exzentrische Interferenz und (2) die balanceseitige exzentrische Interferenz.

Nun sind die Entstehung und Funktionsweise von Vermeidungsbewegungen zwar ein interessantes Thema; wir müssen uns hier allerdings auf ihre Verläufe und Auswirkungen konzentrieren. In beiden Seitenzahnsegmenten gleichzeitig auftretende exzentrische Interferenzen führen zu Vermeidungsmechanismen, die den Unterkiefer gegen die oberen mittleren Schneidezähne drücken. Diese müssen nun die Überlastung durch die initiale protrusiv-retrusive Bewegung tragen (Abb. 4-18) und werden abradiert. Im weiteren Verlauf werden die mittleren Schneidekanten auf das Niveau der seitlichen Schneidezähne reduziert, sodass der abradierende Effekt der parafunktionalen Bewegung alle vier Vorderzähne erreicht und schließlich auf die Eckzähne übergreift (Abb. 4-19).

Diese Szenarien können infolge der unterschiedlichen Zahnlängen, Zahnpositionen und Bogenformen in der Praxis sehr verschieden aussehen. Eine Gemeinsamkeit haben sie jedoch alle: die Ausbreitung der angegriffenen Okklusionsflächen kann nur durch geeignete therapeutische Maßnahmen aufgehalten werden. Fortgeschrittene Fälle zeigen folgendes Bild: Abradierte Frontzahnmorphologie, veränderte Frontzahnrelationen, verminderter Winkel der Schneidezahn- und Eckzahnführung, reduzierte oder fehlende Disklusion im Seitenzahnbereich.

In diesem Fall sind der Facettierung und Abrasion des Seitenzahnbereichs Tür und Tor geöffnet. Die destruktive Wirkung von protrusiv-retrusiven Vermeidungsmechanismen auf die Frontzahnmorphologie führt zu einer zunehmend exzentrischen protrusiven Okklusion und zu Kontakten im Seitenzahnbereich.

Wenn das gesamte Frontzahnsegment durch protrusiv-retrusive Vermeidungsmechanismen abradiert wurde, ist als Nächstes eine Facettierung der mesialen Neigung der distalen Seitenleiste des ersten Molaren sowie eine Facettierung des mesialen Abhangs der Antagonisten zu beobachten (Abb. 4-19). Gleichzeitig wird der Eck-

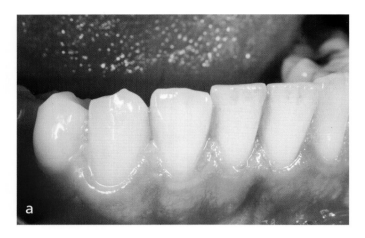

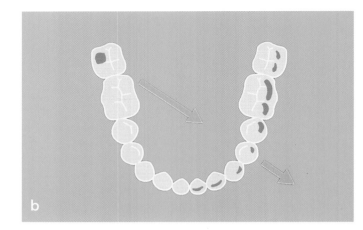

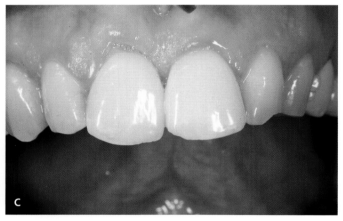

Abb. 4-20a bis c: (a) Einseitige exzentrische Interferenzen drücken den Unterkiefer gegen den oberen Eckzahn. Die resultierende Abrasion breitet sich im weiteren Verlauf auf das halbe Frontzahnsegment und danach lateral auf den Bereich der Prämolaren aus. (b) Durch frühzeitiges Erkennen und Behandeln kann (c) die sonst unaufhaltsame Ausbreitung verhindert werden.

zahn infolge der sich vertikal verändernden lateralen Zahnkontaktmuster allmählich abradiert, was die Prämolaren weiter überlastet und in exzentrischen Unterkieferpositionen zu Gruppenfunktionen führt. Die Abrasion greift immer weiter um sich, bis eine balancierte Okklusion entsteht. Dieses Phase des völligen Zusammenbruchs der Okklusion zeigt große Ähnlichkeiten mit dem Szenario, das aus den Vermeidungsreaktionen auf einseitige exzentrische Interferenzen entsteht, wo die neuromuskulären Schutzmechanismen den gegenüberliegenden Eckzahn angreifen.

Diese laterotrusiv-retrusive Friktion flacht den oberen Eckzahn zunehmend ab, sodass die Höckerspitze distalisiert wird und der untere Eckzahn, auf den dieselben Kräfte einwirken, einer analogen Abrasion an den gegenüberliegenden Oberflächen ausgesetzt ist (Abb. 4-20).

Die mit der Morphologie des Eckzahns und den Okklusionsrelationen verbundenen laterotrusiven Kontakte flachen die Zahnstruktur ab. Am Ende kommt es zu einer progressiven Abrasion unter Einbeziehung der seitlichen und mittleren Schneidezähne. Und wenn die

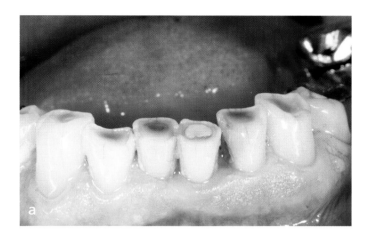

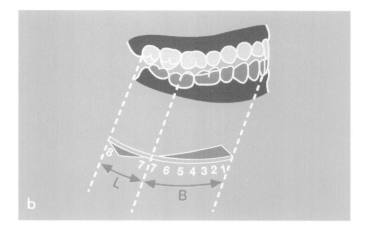

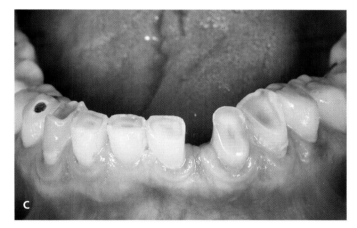

Abb. 4-21a bis 4-21c: Die völlige Zerstörung der okklusalen Flächen führt zu einer Spiralform. Der distale bukkale Höcker des zweiten unteren Molaren bleibt dabei normalerweise intakt, während der mesiale Höcker, der erste Molar und die Prämolaren vollständig abradiert werden und eine inverse Kippung aufweisen. (L = laterale Neigung; B: bukkale Neigung.)

inneren Neigungen der oberen bukkalen Prämolarenhöcker und die gegenüberliegenden äußeren Neigungen der unteren bukkalen Höcker komplett abradiert sind, kommt es zur Gruppenfunktion in exzentrischer Okklusion, und die kontralaterale Disklusion verschwindet. Irgendwann entsteht dann eine schwere Überbelastung durch die Balancekontakte, womit einer totalen Zerstörung der okklusalen Flächen nun nichts mehr im Wege steht.

Bei einer vollständigen Zerstörung der Okklusion ergibt das Zusammenspiel dieser zunehmenden Facettie-

rungs- und Abrasionsmuster, die sich negativ auf den tektonischen Aufbau der Okklusion auswirken, eine Spiralform. Sie ist gekennzeichnet durch eine generalisierte inverse Wilson-Kurve, die immer noch eine normale Neigung auf der Ebene des distalen bukkalen Höckers des zweiten Molaren aufweist, der erhalten blieb und bleiben wird. Diese Spiralform der Okklusionsebene stellt vielleicht den physiologischen Versuch dar, den parafunktionalen Kräften Widerstand entgegenzusetzen (Abb. 4-21).

An diesem Punkt können wir den Geboten der dento-

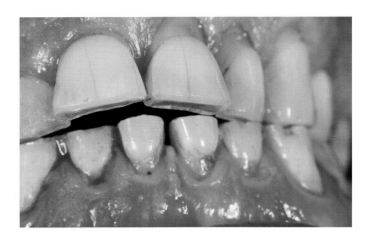

Abb. 4-22: Wie kann man abradierte obere und untere Schneidezähne bei offenem Biss anders erklären als durch die destruktive Einwirkung einer Unterkieferprotrusion?

fazialen Ästhetik und atraumatischer funktionaler Zahnverschlussmuster nur noch entsprechen, indem wir eine extensive Sanierung in Angriff nehmen.

Eindämmung der Abrasion

Klinische Beobachtungen haben gezeigt, dass eine atraumatische, langzeitstabile Okklusion optimale statische wie dynamische Parameter aufweist. Das Ziel der Sanierung – die Verhinderung weiterer Abrasion – besteht darin, alle Parameter, die für eine stabile Okklusion erforderlich sind, in die okklusale Architektur zu integrieren.

Bei der Entwicklung der Okklusionsindizes hat sich gezeigt, dass fortgeschrittener Zahnabrieb in erster Linie die Zahnmorphologie und die okklusalen Zahnflächen beeinträchtigt. Daraus lässt sich eindeutig ableiten, dass abradierte Zähne ausschließlich extrakoronal saniert werden sollten, in Form von Onlays oder Vollkronen.

Unter Vermeidungsmechanismen leiden zunächst die mittleren Schneidezähne oder Eckzähne und im weiteren Verlauf alle Zähne des Frontbereichs. Bei der Behandlung der Abrasion spielen daher auch ästhetische Überlegungen eine Rolle, wofür technische Kompetenz und ästhetisches Wissen erforderlich sind und was zahnfarbene Materialien für den Zahnersatz erfordert.

Vermeidungsmechanismen lassen sich als autoprotektive Unterkieferbewegungen beschreiben, die von unerkannten arbeits- bzw. balanceseitigen exzentrischen Interferenzen ausgelöst werden (Abb. 4-22). Diese Interferenzen können bei einer Okklusion entstehen, die eine ungenügende Vertikalisierung des Vorderzahnsegments aufweist, was zu reduzierten Freiräumen im Seitenzahnbereich bei exzentrischen Unterkieferpositionen führt.

Beobachtungen zufolge beträgt bei einer nichttraumatischen Okklusion die Entfernung zwischen den Höckerspitzen des oberen und unteren Seitenzahnsegments in exzentrischen Positionen bei protrusiver Ausrichtung durchschnittlich 2–3 mm und bei laterotrusiver Ausrichtung 2–3 mm (Balanceseite) bzw. 2 mm (Arbeits-

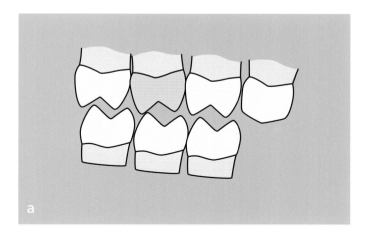

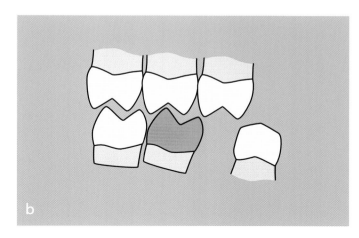

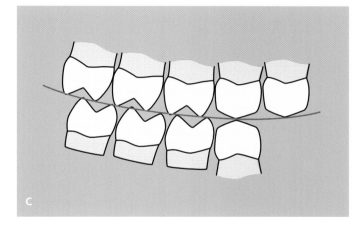

Abb. 4-23a bis c: Jeder Höcker, der sich über die Okklusionsebene erhebt, ist als potenzieller Frühkontakt zu werten. Beispiele: (a) Oberer zweiter Molar. (b) Unterer zweiter Molar. (c) Dasselbe Potenzial birgt eine übermäßig ausgeprägte Spee-Kurve mit von vorne betrachtet vollständiger Interkuspidation, auch wenn die Frontführung scheinbar ausreicht.

seite). Es gibt aber auch scheinbar optimale Okklusionsverhältnisse, die überraschend Symptome von Funktionsanomalien aufweisen (Abb. 4-15).

Aus klinischer Sicht finden sich in diesen natürlichen Gebissen mit optimaler Okklusion, die trotzdem Symptome von funktionalen Defiziten aufweisen, immer dieselben Faktoren, die am Entstehen von Vermeidungsmechanismen mitwirken. Zum Beispiel: ein nach mesial geneigter unterer Molar, dessen distaler Höcker in den interokklusalen Raum eindringt; eine mesiale oder distale Schieflage eines oberen Molaren mit analogem Eindringen in den interokklusalen Raum; eine ge-

nerelle Neigung der Zahnachsen nach lingual bzw. palatinal, besonders im betreffenden Frontzahnbereich; schlecht modellierte Kronen; Zahnbewegungen nach Extraktion des Antagonisten; Kontaktdefizite (Abb. 4-23 und 4-24).

Das Vorliegen eines oder mehrerer dieser Parameter und deren Auswirkungen auf die Sagittal- oder Frontalebene kann die Strukturen im funktionalen Bewegungsbereich verändern und eine unkontrollierte Okklusion mit spezifischen Unterkieferbewegungen fördern, die im Pantomogramm nicht erkennbar sind. Bei der Untersuchung der Faktoren, die zur Abrasion im

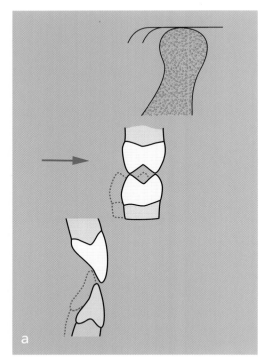

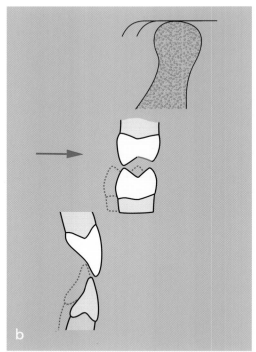

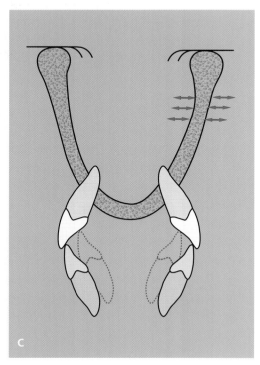

Abb. 4-24a bis c: (a) Eine mesiale Achsenneigung der oberen Seitenzähne mit Überlagerung der unteren bukkalen durch die oberen bukkalen Höcker kann – zumal in Gegenwart einer unzureichenden Seitenführung – potenziell dazu führen, dass die Seitenzähne beim Schließen der Zahnreihen zu stark belastet werden. (b) Bei der Sanierung ist darauf zu achten, dass potenzielle seitliche Interferenzen durch allmähliches Öffnen des Kontakts an inneren bukkalen Abhängen der bukkalen Seitenzahnhöcker beseitigt werden. Dies führt außerdem zu einem ästhetischeren Lächeln. (c) Diese Veränderung der Zahnmorphologie sollte während des Sanierungsprozesses systematisch angewendet werden, um die seitlichen Zähne von den traumatischen Einwirkungen gelockerter Gelenke oder Bennett-Bewegungen fern zu halten, sobald der erste Frontzahnkontakt hergestellt ist.

Frontzahnbereich führen, kommt der erfahrene Kliniker schon bald zu dem Schluss, dass die vertikalen Rotationsachse des Kondylus einen bisher nicht quantifizierten Einfluss ausübt, dass die Elastizität des Unterkiefers durchaus schädliche Effekte herbeiführen kann und dass die Lateralverschiebung des Kondylus, die angeblich keinen Einfluss auf die Position und Morphologie des Eckzahns ausübt, sehr wohl Effekte in Seitenzahnbereich haben kann, sobald der obere und untere Eckzahn unter der Wirkung neuromuskulärer Mechanismen in Kontakt kommen (Abb. 4-24).

Diese Feststellungen richten sich direkt an Kieferorthopäden, die sehr häufig Behandlungsergebnisse präsentieren, bei denen die Frontführung nicht ausreicht, der mesiale Höcker der oberen Molaren sich infolge einer fehlerhaften Headgear-Behandlung von der Sagittalebene der Okklusion abhebt oder die eine übermäßige frontale Achsenneigung aufweisen, die zu einem seitlichen Tiefbiss, d. h. einem übermäßigen vertikalen Überlappen der bukkalen Höcker der Prämolaren und Molaren führt, was wiederum der Kollision der Seitenzähne beim Schließen der Zahnreihen Tür und Tor öffnet.

Diese Feststellungen richten sich aber auch an Prothetiker, die bei ungenügender Frontzahnführung dieses Defizit durch eine geänderte Neigung der Sagittalebene, Anordnung der bukkalen und lingualen Seitenzahnhöcker auf dieser Ebene, Reduzierung der Spee-Kurve und progressive Öffnung der Frontalebene der bukkalen Höcker der oberen Seitenzähne kompensieren können. Ein solcher Aufbau im Seitenzahnbereich wird dabei helfen, seitliche Störfaktoren beim Schließen der Zahnreihen auszuschalten.

Hier ist die Sensibilität des Zahnarztes gefordert, um all diese widersprüchlichen Elemente zu erkennen und so die Ästhetik und Funktion zu verbessern.

Bei progressiver Abrasion ist eine therapeutische Intervention auf drei verschiedenen Ebenen erforderlich. Die aus klinischer Sicht am häufigsten beobachtete Art der Abrasion ist laterotrusiv und involviert einen oder beide Eckzähne in wechselndem Ausmaß. Die protrusive Abrasion erscheint weniger häufig, nicht weil sie sich einer Früherkennung entzieht, sondern höchstwahrscheinlich, weil Zahnärzte das Problem zunächst gern ignorieren, da die Patienten eine invasive Behandlung kaum akzeptieren werden. Trotzdem sind Frühstadien einer protrusiven oder laterotrusiven Abrasion als Warnsignale zu werten, die eine unverzügliche Therapie erfordern. Wird die Gelegenheit einer noch begrenzten Behandlung mit Restauration eines einzelnen Zahns oder seines Antagonisten versäumt, wird die Abrasion unweigerlich voranschreiten (Abb. 4-25).

Die zweite Gelegenheit für eine Intervention ergibt sich, wenn die Abrasion den gesamten Frontzahnbereich in Mitleidenschaft gezogen hat, die Morphologie der Seitenzähne jedoch noch intakt ist, sodass therapeutische Maßnahmen auf die prothetische Sanierung des Frontzahnbereichs beschränkt bleiben können (Abb. 4-26).

Wenn aber die Abrasion den Seitenzahnbereich erreicht, die exzentrischen Relationen durch Gruppenfunktion bestimmt werden und die vertikale Dimension nicht mehr vorhanden ist, ist nur noch eine Totalsanierung mitsamt Bisshebung möglich (Abb. 4-27).

Zur Eindämmung oder Verhinderung fortschreitender Abrasion müssen alle Möglichkeiten, die eine Bisshebung im Frontzahnbereich bewirken, genutzt werden. Das bedeutet: steilere Schneide- und Eckzahnführung zur Vergrößerung des seitlichen Freiraums bei exzentrischen Bewegungen, sodass beim Öffnen und Schließen der Zahnreihen im Seitenzahnbereich keine Kontakte auftreten. Aus klinischer Sicht lässt sich dies am besten durch eine umfassende Vergrößerung des vertikalen Überbisses mit geregelten morphologischen Veränderungen der lingualen Kontur der oberen Zähne erreichen (Abb. 4-28). Dieser Ansatz ermöglicht es dem ZNS, neue Engramme für das Öffnen und Schließen der Zahnreihen zu bilden.

Eine Untersuchung der bestehenden Relationen, ein

195

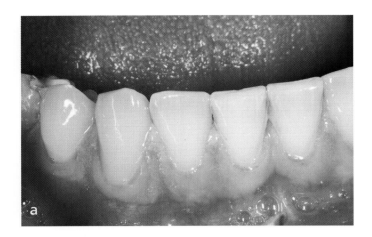

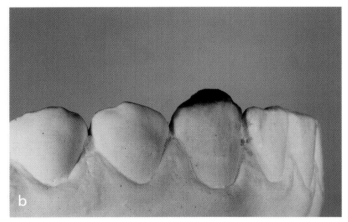

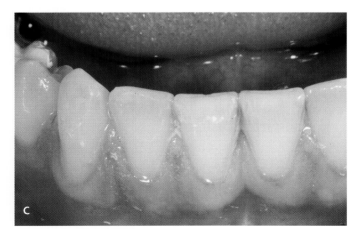

Abb. 4-25 bis c: (a) Beginnende Abrasion des unteren Eckzahns. (b) Eine mögliche Behandlung ist die Verlängerung
des Eckzahns und der vertikalen Relation der Okklusion, die
sich in eine steilere Eckzahnführung umsetzen lässt, indem
(c) die lingual-inzisale Seite des Eckzahns mit einer Keramik-
facette versehen wird.

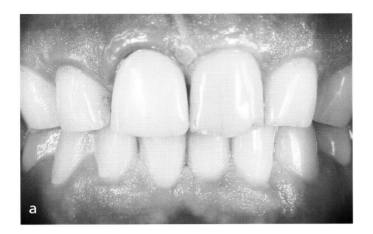

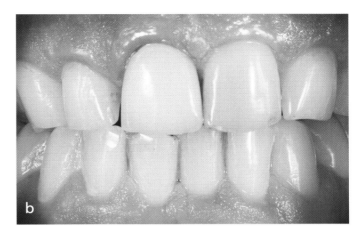

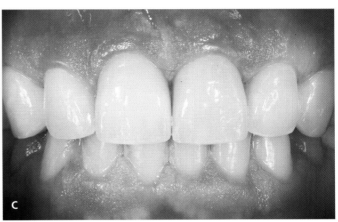

Abb. 4-26 a bis d: Ein flächendeckend abradiertes Frontzahnsegment bei intakter Seitenzahnmorphologie stellt die letzte Gelegenheit dar, die Behandlung auf die sechs oberen Vorderzähne zu begrenzen. Die unteren Zähne (deren Behandlung sich nach der in Ruheposition sichtbaren Zahnfläche richtet) werden lediglich eingeschliffen. (a) Frontzahnrelationen in zentrischer Okklusion. (b) Frontzahnrelationen in rechtsexzentrischer Okklusion. (c) Verstärkung der Frontzahnrelationen. (d) Rechtsexzentrische Okklusion mit steilerer Führung, die eine zu starke Belastung der Seitenzähne verhindert. Die unteren Zähne wurden aus ästhetischen Gründen rekonturiert.

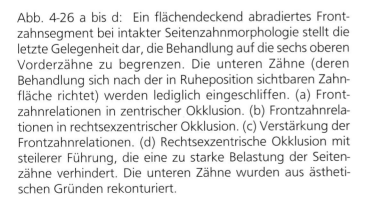

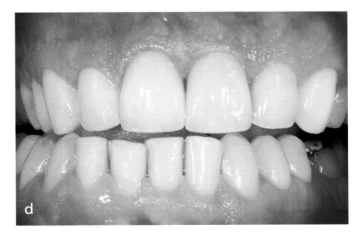

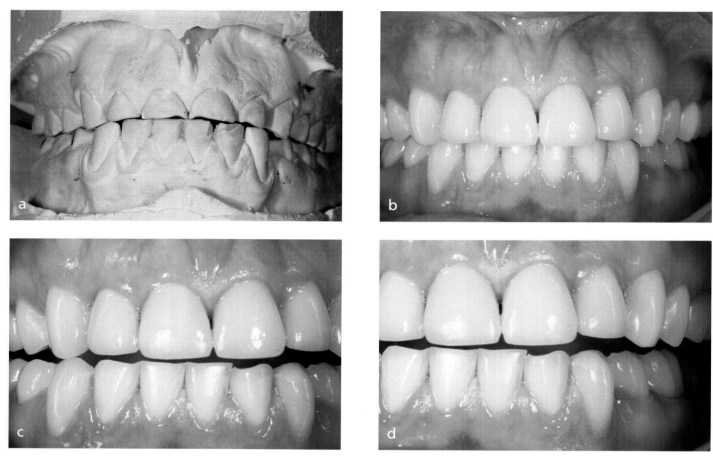

Abb. 4-27a bis d: (a) Vollständig abradiertes Gebiss einer 30-jährigen Frau. (b) Wiederhergestellte Frontzahnrelationen bei unveränderter unterer Zahnreihe mit Ausnahme der Eckzähne. Rechtsexzentrische Okklusion mit (c) Freiraum auf der Arbeitsseite und (d) einer Balanceseite, die eine Überlastung der Seitenzähne beim Schließen der Zahnreihen verhindert.

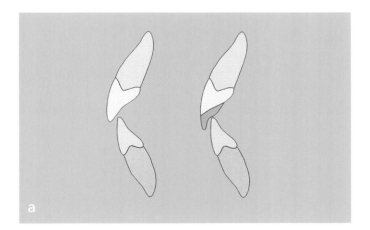
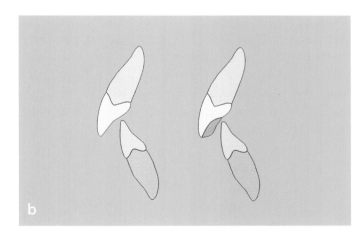
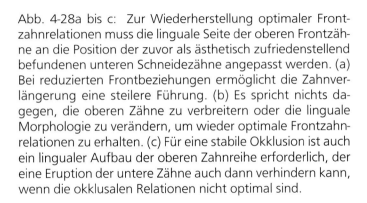

Abb. 4-28a bis c: Zur Wiederherstellung optimaler Frontzahnrelationen muss die linguale Seite der oberen Frontzähne an die Position der zuvor als ästhetisch zufriedenstellend
befundenen unteren Schneidezähne angepasst werden. (a)
Bei reduzierten Frontbeziehungen ermöglicht die Zahnverlängerung eine steilere Führung. (b) Es spricht nichts dagegen, die oberen Zähne zu verbreitern oder die linguale
Morphologie zu verändern, um wieder optimale Frontzahnrelationen zu erhalten. (c) Für eine stabile Okklusion ist auch
ein lingualer Aufbau der oberen Zahnreihe erforderlich, der
eine Eruption der untere Zähne auch dann verhindern kann,
wenn die okklusalen Relationen nicht optimal sind.

Einpassen in vivo der exzentrischen Position und eine
Erweiterung des seitlichen Freiraums wird die notwendigen morphologischen Veränderungen bestimmen,
während ästhetische Erwägungen (Gerichtetheit der
Okklusion, Zahnlänge, Zahn-Lippen-Beziehungen) Ort
und Art der sonstigen Modifikationen bestimmen werden.
Die Zähne sollten möglichst lingual mit Extension nach
bukkal präpariert werden, mindestens ebenso sehr aus
psychologisch-ästhetischen Überlegungen heraus wie

zur Stärkung der Widerstandsfähigkeit. Diese Präpara-
tionsweise verstärkt im Patienten das Gefühl, dass die
abradierten Zahnflächen wirklich saniert und nicht nur
noch weiter zerstört werden, nur weil der Zahnarzt eine
Vorliebe für bestimmte Okklusionsrelationen hegt.
Die sanierten Relationen im Frontzahnbereich müssen
ein atraumatisches Öffnen und Schließen erlauben,
d. h. es darf zu keinen zentrischen Interferenzen kommen. Glücklicherweise sind diese leicht zur erkennen
und immer gleich: laterotrusiv für die Eckzähne und

199

hauptsächlich protrusiv-retrusiv für die Schneidezähne. Abhilfe besteht einfach darin, störende Restaurationsflächen einzuschleifen. Zu beachten ist, dass die Wahrscheinlichkeit, solchen Interferenzen zu begegnen, nach dem Eingliedern des Zahnersatzes am höchsten ist und proportional zum Ausmaß der Schneide- oder Eckzahnführung ausfällt.

Vertikale Dimension (Bisshöhe)

In der zahnmedizinischen Literatur wurde noch nie ein eindeutiges klinisches Konzept für die vertikale Dimension der Okklusion, die Bisshöhe, vorgestellt. Diese Dimension ergibt sich aus der Entfernung zwischen zwei willkürlich gewählten Punkten – einer im Oberkiefer, der andere im Unterkiefer.

Praktisch betrachtet umfasst diese Dimension zwei Elemente: (1) die geringste Gesichtshöhe in zentrischer Okklusion (Bisshöhe) und (2) eine subjektivere Gesichtshöhe ohne Zahnkontakt mit dem Unterkiefer in Ruheposition (vertikale Ruheposition)

Die Ruheposition des Unterkiefers wird durch manuelles Führen des Unterkiefers neuromuskulär etabliert. Diese Position kann auf zwei anderen Wegen definiert werden: anhand der klinischen Ruheposition und anhand der EMG-Ruheposition, die einen Punkt der Muskeldehnung angibt, der minimale EMG-Aktivität erzeugt. Diese beiden Parameter sind durch unterschiedliche Gesichtshöhen gekennzeichnet: 5–12 mm über der vertikalen Dimension der Okklusion für die EMG-Ruheposition und 1–3 mm über der vertikalen Dimension der Okklusion für die klinische Ruheposition.

Man hat gesagt, dass die vertikale Ruheposition ganz und gar nicht statisch ist, da Tagesschwankungen und der Einfluss von Stellung bzw. Spannung beobachtet

wurde. Aus klinischer Sicht ist es wichtig, die Art der möglichen Beziehungen zwischen der klinischen Ruheposition und der Bisshöhe zu verstehen. Man geht heute davon aus, dass der Freiraum nach Eingliederung einer "höheren" Krone verschwindet. Dies scheint bei Einzelkontakten möglich, ist aber völlig falsch, wenn eine Bisshebung mit der Funktion in Einklang steht.

Es ist erwiesen, dass die klinische Ruheposition mit Bissveränderungen variiert. Eine Bisshebung korreliert mit einer größeren Gesichtshöhe in Ruheposition. Wir wissen, dass die Gesichtshöhe weder statisch ist noch durch die Muskeldehnung in Ruheposition begrenzt wird. Beobachtungen haben gezeigt, dass sich die Ruhelänge der Kaumuskeln unverzüglich anpasst, wenn der Biss erhöht wurde. Diese sofortige Anpassung ergibt sich aus einer neuromuskulären Reaktion, während sich eine physiologische Akzeptanz von Erhöhungen der Muskelruhelänge in einer strukturellen Neuordnung, die nach 21 Tagen stattfindet, manifestiert.

Dies kann als zentraler klinischer Parameter für die auf lange Sicht erfolgreiche Vergrößerung der vertikalen Dimension, die bei den meisten Patienten mit parodontal abgestützten Prothesen erforderlich ist, gewertet werden. Diese Patienten leiden an einem Verlust der Okklusion infolge von Abrasion oder Verlust von Seitenzähnen, sodass auf den Frontzahnbereich stärkere Kräfte einwirken, weil dieser plötzlich die gesamte Okklusion stützen muss.

In allen diesen Fällen ist eine Bisshebung unbedingt erforderlich – nicht nur, um genügend Platz für gut konturierten Zahnersatz zu erhalten, sondern auch, um gleichzeitig den ursprünglichen Aufbau der Strukturen im Seitenzahnbereich neu zu etablieren. Die Herstellung oder Wiederherstellung der Harmonie in der vertikalen Dimension muss einerseits subjektiv mit ästhetischer Sensibilität und andererseits objektiv durch vollständiges Erfassen der klinischen Realität angegangen werden.

Die ästhetische Sensibilität wird sich aber innerhalb der

Grenzen der physiologischen, morphologischen und Okklusionsparameter bei der Wiederherstellung der Kaufunktion und Verbesserung der dentofazialen und fazialen Ästhetik entwickeln müssen. Die Komplexität dieser Elemente erfordert einige Beachtung.

Physiologische Grenzen

Mit zunehmender Gesichtshöhe nähert sich die Kaumuskelaktivität im EMG einem Minimum. Jenseits dieses Punkts der Muskeldehnung bzw. der physiologischen Ruheposition im EMG findet eine reflexive Muskelkontraktion als Schutzmechanismus statt. Diese Einschränkung bei der Vergrößerung der Gesichtshöhe kann notwendig sein, um dramatische Defizite zu korrigieren. Eine ähnlich umfassende Vergrößerung während des Sanierungsprozesses ist weder vorstellbar noch möglich, weil die Fakten der Zahnmorphologie dem Grenzen setzen.

Morphologische Grenzen

Die Auswirkungen einer Bisshebung vervielfachen sich mit zunehmender Entfernung von der Rotationsachse des Unterkiefers. Dies könnte eine Verlängerung der Zähne im Frontzahnbereich erfordern, die über das realistische Normalmaß hinausgeht.

In diesem Bereich muss man jedoch bei der Entscheidung darüber, was ein „zu langer" Zahn ist, Maßstäbe anlegen, die eine größere ästhetische Toleranz erlauben. Diese Toleranz hängt von der beim Lächeln sichtbaren Zahnfläche ab und diese wiederum von der vertikalen Position der mittleren Schneidekanten in Relation zum Niveau der Lippenlinie in Ruheposition.

Bei zunehmender Gesichtshöhe sind diese zwei Parameter nur schwer zu trennen. Ihre Bewertung sollte z. B. mit dem Lippenaufbau, der nasolabialen Linienführung und anderen labialen und mentalen Parametern koordiniert werden.

Alle Entscheidungen, die willkürlich von der ästhetischen Sensibilität des Zahnarztes geprägt sind, müssen am Artikulator überprüft werden, um sicherzustellen, dass sie den Bedingungen einer funktionalen Okklusion entsprechen.

Okklusionsbedingte Grenzen

Ein willkürlich weites Öffnen des Artikulators, um die Zunahme der Gesichtshöhe zu simulieren, schafft unweigerlich unerwünschte Höcker-Höcker-Relationen im Seitenzahnbereich, die auch den talentiertesten Zahntechniker in Verlegenheit bringen. Durch eine Bisshebung wird aus einer Klasse-I-Okklusion eine Klasse-II-Fehlokklusion, und die interdentalen Relationen können nur wiederhergestellt werden, wenn man die normalen morphologischen Verhältnisse verzerrt. Hierfür gibt es aber Grenzen. Ein Zahn soll wie ein Zahn aussehen, damit er auch wie ein Zahn funktioniert, was häufig eine moderate Bisshebung erfordert.

Nun müssen diese Elemente des ästhetischen und funktionalen Wissens in sensiblen klinischen Anwendungen aufeinander abgestimmt werden.

Literatur

Amsterdam M, Abrams L. Periodontal prosthesis. In: Goldman HM, Cohen DW (eds). Periodontal Therapy, ed 4. St. Louis: Mosby, 1968.

Amsterdam M. Periodontal prosthesis: Twenty-five years in retrospect. Alpha Omegan 1974;67:8–52.

Assal J. Basculement mandibulaire provoqué par une surélévation des dents postérieurs: étude anatomique et électromyographique. Rêv mens suisse odonto-stomatol 1988;98(5):459–464.

Assal J. Modification de la position de la mandibule chez l'adulte suite à une surélévtion des dents postérieurs. Rév mens suisse odonto-stomatol 1986;96:1022–1035.

Carlsson GE, Ingervall B, Kocak G. Effect of increasing vertical dimension on the masticatory system in subjects with natural teeth. J Prosthet Dent 1979;41:284–289.

Celenza FV, Litvak H. Occlusal management in conformative dentistry. J Prosthet Dent 1976;36:164–170.

Celenza FV. The centric positions: Replacement and character. J Prosthet Dent 1973;30:591–598.

Celenza FV. The condylar position: In sickness and in health. Int J Periodont Rest Dent 1984;4:63–86.

Courtade GL. Occlusal rehabilitation. Dent Clin North Am 1963;Nov:577–679.

D'Amico A. The canine teeth: Normal functional relation to the natural teeth of man. J South Calif State Dent Assoc 1958;26.

Dawson PE. Evaluation, Diagnosis and Treatment of Occlusal Problems. St. Louis: Mosby, 1974.

Hellsing G. Functional adaptation to changes in vertical dimension. J Prosthet Dent 1984;52:867–870.

Hobo S, Takayama H. Effect of canine guidance on working condylar path. Int J Prosthodont 1989;2:73–79.

Hobo S, Takayama H. Reevaluation of the condylar path as the reference for occlusion. J Gnathol 1995;14:31–40.

Hobo S, Takayama H. Twin-stage procedure. Part 1: A new method to reproduce precise eccentric occlusal relations. Int J Periodont Rest Dent 1997;17:113–123.

Hobo S, Takayama H. Twin stage procedure. Part 2: A clinical evaluation test. J Prosthet Dent 1997;17:457–463.

Katana TR. The effects of cusp and jaw morphology on the forces on teeth and the temporomandibular joint. J Oral Rehabil 1989;16:211–219.

Kawamura Y. Neurophysiologic background in occlusion. Periodont 1967;5:175.

Kelly JE, Sanchez M, Van Kirk LE. An assessment of the occlusion of teeth of children. (Data from the National Health Survey: DHEW Publication no. (HRA) 74–1612.) National Center for Health Statistics, US Public Health Service, 1973.

Keough B. Occlusal considerations on periodontal prosthetics. Int J Periodont Rest Dent 1992;12:359–370.

Kornfeld M. Mouth Rehabilitation, ed 2. Vols 1–2. St Louis: Mosby, 1974.

Lee RL. Anterior guidance. In: Lundeen AL, Cills CH (eds). Advances in Occlusion. Postgraduate Dental Handbook Series, Vol 14. Boston: J. Wright, 1982.

Lous I. Treatment of TMJ syndrome by pivots. J Prosthet Dent 1978;40:179–182.

Lundeen HC. Occlusal morphologic considerations for fixed restorations. Dent Clin North Am 1971;15:649–661.

Luschei ES, Goldberg LJ. Neural mechanisms of mandibular control: Mastication and voluntary liting. In: Handbook of physiology, sect 1, vol 2. Brooks (ed). Amer Physiol Doc. Bethesda, MD: 1984:1237–1274.

Lytle JD, The clinician's index of occlusal disease: Definition, recognition, and management. Int J Periodont Rest Dent 1990;10:103–123.

Mac Adam DB. Tooth loading and cuspid guidance in canine and group function occlusions. J Prosthet Dent 1976;35:283–290.

Mac Donald JWC, Hannar AG. Relationships between occlusal contacts and jaw-closing muscle activity during tooth clenching. J Prosthet Dent 1984;52:862–867.

Mack MR. Vertical dimension: A dynamic concept based on facial form and oropharyngeal function. J Prosthet Dent 1991:66(4):478–485.

Mann AV, Pankey LD. Concepts of occlusion: The Pankey-Mann philosophy of occlusal rehabilitation. Dent Clin North Am 1963;Nov:621–636.

Manus A, Miralles R, Guerrero F. The changes in electrical activity of postural muscles of the mandible upon varying the vertical dimension. J Prosthet Dent 1981;45:438–445.

McHorris WH. Occlusal adjustment via cutting of natural teeth. Int J Periodont Rest Dent 1985;5:9–25.

McHorris WH. Occlusion: With particular emphasis on the functional and parafunctional role of the anterior teeth. Part II. Int J Periodont Rest Dent 1985;53:692–696.

McNeill C. The optimum temporomandibular joint condyle position in clinical practice. Int J Periodont Rest Dent 1985;5:53–76.

Okeson JP. Fundamentals of Occlusion and Temporomandibular Disorders. St. Louis: Mosby, 1985.

Pelletier LB, Campbell SD. Evaluation of the relationship between anterior and posterior functionally disclusive angles. Part II. Study of a population. J Prosthet Dent 1990;63:536–540.

Posselt U. Recent trends in the concept of occlusal relationship. Int Dent J 1961;11:331–342.

Ramfjord SP, Ash M. Occlusion. Philadelphia: Saunders, 1966.

Romerowski J, Bresson G. The influence of mandibular lateral translation. Int J Prosthodont 1990;3:185–201.

Romerowski J, Bresson M. Changing the teaching of dental anatomy to change the mental habits of dental practitioners. Int J Periodont Rest Dent 1985;5:53–67.

Rosenberg MM, Kay HB, Keough BE, et al. Periodontal and Prosthetic Management for Advanced Cases. Chicago: Quintessence, 1988.

Rugh JD, Drago LJ. Vertical dimension: A study of clinical rest position and jaw muscle activity. J Prosthet Dent 1981;45:670–675.

Schuyler CH. An evaluation of incisal guidance and its influence in restorative dentistry. J Prosthet Dent 1959;9:374–378.

Schuyler CH. Correction of occlusal disharmony of the natural dentition. NY State Dent J 1947;13:445–462.

Schuyler CH. Factors contributing to traumatic occlusion. J Prosthet Dent 1961;11:708–717.

Schuyler CH. Factors of occlusion applicable to restorative dentistry. J Prosthet Dent 1953;3:772–782.

Schuyler CH. Freedom in centric. Dent Clin North Am 1969;13:681–686.

Schuyler CH. The function and importance of incisal guidance in oral rehabilitation. J Prosthet Dent 1963;13:1011–1029.

Schweitzer JM. Oral Rehabilitation: Problem Cases. Vols 1–2. St Louis: Mosby, 1964.

Shanahan TEJ. Physiologic vertical dimension and centric relation. J Prosthet Dent 1956;6:741–747.

Slavicek R. Die funktionellen Determinanten des Kauorgans. München: Verlag Zahnärzt-medizinisches Schrift, 1984.

Takayama H, Hobo S. The derivation of kinematic formulae for mandibular movement. Int J Prosthodont 1989;2:285–295.

Tanaka A. Functional and precision occlusion with porcelain technics: Recovery of occlusal surface with one-bake techniques. Quintessence Dent Technol 1984;8:61–73.

Toolson LB, Smith DE. Clinical measurement and evaluation of vertical dimension. J Prosthet Dent 1982;47:236–247.

Turrel AJW. Clinical assessment of vertical dimension. J Prosthet Dent 1972;28:238-244.

Wheeler RC. Dental Anatomy. Physiology and Occlusion, ed 5. Philadelphia: Saunders, 1972.

Williamson EH, Lundquist DD. Anterior guidance. Its effect on EMG activity of the temporal and masseter muscles. J Prosthet Dent 1983;49:816–823.

Zwemer TJ (ed). Boucher's Clinical Dental Terminology, ed 3. St Louis: Mosby, 1982.

Grundsätze des ästhetischen Aufbaus

Die Grundsätze zur Integration von dentalen Elementen in den Rahmen der fazialen und dentofazialen Komposition gehen davon aus, dass die in der vorangegangenen Kapiteln erarbeiteten ästhetischen und funktionellen Faktoren befolgt und angewendet werden. Gefordert sind eine systematische Analyse von Details, eine objektive Synthese der gewonnenen Informationen und eine konsequente Realisierung des Zahnersatzes. Der Prozess verfolgt drei Ziele:

1 Wiederherstellung der fazialen und dentofazialen Harmonie
2 Erhaltung des morphopsychologischen Profils
3 Verbesserung der fazialen und dentofazialen Ästhetik

Trotz dieser ehrgeizigen Ziele, die das traditionelle Konzept der oralen Rehabilitation ersetzen, sollten wir uns vor übertriebenen Ansprüchen hüten.

Wir sind sehr wohl in der Lage, die dentalen Elemente so in die faziale Komposition zu integrieren, dass die faziale Harmonie und das morphologische Profil erfolgreich wiederhergestellt werden, auch wenn durch immer zahlreichere Untersuchungen und eine ständig verbesserte eigene visuelle Wahrnehmung das Bewusstsein für Fehlermöglichkeiten immer weiter geschärft wird. Jedoch muss das faszinierende Ziel, bei der Verbesserung der dentofazialen und fazialen Ästhetik planmäßig vorgehen zu können, Theorie bleiben, solange das ästhetische Zusammenspiel zwischen Individuen, Formen und Farben nicht geklärt ist.

In der Praxis kann ausschließlich der Zahnarzt selbst

diese Ziele verwirklichen. Er ist dafür verantwortlich, dass die dentofazialen Linien verbunden werden, das statische und dynamische Aussehen der Gesichtsstrukturen erfasst wird. Er ist es auch, der die architektonischen Aspekte der dentalen Elemente auswählt, adaptiert und reguliert.

Dieser konstruktivistische Ansatz bietet dem Zahnarzt Gelegenheit, geplanten Zahnersatz realistisch zu simulieren. Bei dieser Simulation sind Länge, Breite, Form und Position der Zähne sowie die Aufstellung des gesamten Frontzahnsbereichs zu berücksichtigen. Patientenanregungen sind zu berücksichtigen, das Einverständnis der Patienten ist einzuholen, und die Behandlungsmaßnahmen in Verbindung mit dem Zahnersatz sind zu bewerten. Dieser Ansatz steckt für alle Mitarbeiter des zahnärztlichen Teams den natürlichen Aufgabenbereich und die Grenzen des kreativen Freiraums ab. Aufgabe des Zahntechnikers ist es, die charakteristischen Eigenschaften des geplanten Zahnersatzes unter Einsatz seiner kreativen Fähigkeiten wiederzugeben und zu verbessern, um die restaurativen Materialien technisch perfekt zu nutzen.

Aus den spezifischen Arbeitsbedingungen ergibt sich eine selektive Arbeitsteilung zwischen dem Zahnarzt und seinen Mitarbeitern: Der Zahnarzt ist für die makroästhetische Gliederung der fazialen „Landkarte" zuständig, der Zahntechniker für die mikroästhetische Fertigstellung ihrer Elemente. Der Zahnarzt konzipiert, der Patient entscheidet, und der Zahntechniker führt aus.

Diese Rangordnung betont die Wichtigkeit der Unterscheidung zwischen initialer ästhetischer Bewertung und darauf folgender Restauration. Sie berücksichtigt die sich ergänzenden Fähigkeiten des gesamten Teams und umfasst alle Faktoren, die für die Integration von Zahnersatz in die komplexe faziale Komposition erforderlich sind.

Faziale Analyse

Das Studium der fazialen Landkarte spielt im zahnmedizinischen Routinebetrieb keine große Rolle und wurde seit jeher mehr aus höflicher Distanz betrieben. Mit steigenden ästhetischen Ansprüchen erlangte die Integration des Zahnersatzes in seine Umgebung aber einen größeren Stellenwert. Die Anatomie des Lächelns wurde deskriptiv analysiert, und die verschiedenen Typen des Lächelns wurden nach ihrer räumlichen Spannweite eingeteilt. Diese, auf der Lippenposition basierende Einteilung umfasst drei Arten des Lächelns, die als Mona-Lisa-Lächeln, Eckzahnlächeln und Seitenzahnlächeln definiert werden können.

Die ästhetische Qualität des Lächelns hängt nicht nur von der Anordnung der Zähne, sondern auch vom Erscheinungsbild der sie einrahmenden Lippen ab, deren Muskeldynamik willkürlich nicht steuerbar ist. Bei ernsthaften Entstellungen des Lächelns ist daher zu überlegen, ob man den Muskelansatz operativ verlagert und die muskulären Defizite durch spezielle Übungen kompensiert. Jedoch wurde von dieser Behandlungsmöglichkeit in der Vergangenheit wenig Gebrauch gemacht.

Beim Beratungsgespräch in der Zahnarztpraxis jedoch ist das anatomische Erscheinungsbild des Lächelns keineswegs die größte Sorge des Patienten. Es ist daher Aufgabe des Zahnarztes, den Zahnersatz auf die vorhandene Umgebung abzustimmen.

Die allgemeinen und besonderen Überlegungen zur fazialen Umgebung müssen im Verlauf der ästhetischen Bewertung immer wieder aufs Neue angestellt werden. Diese laufende Neubewertung umfasst die im ersten Kapitel beschriebenen Elemente, d. h. die Eigenheiten der beiden Lippen sowohl beim Lächeln als auch in Ruheposition, und die Erfassung von Komponenten wie Stirnhöcker, Jochvorsprung und Unterkieferwinkel – Parameter also, die sich auf Zahnform und räumliche Zahn-

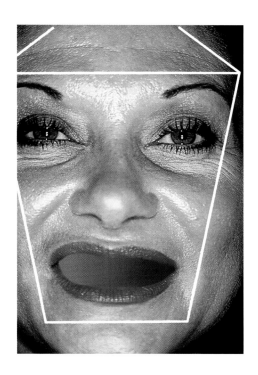

Abb. 5-1: Schematische Definition des vestibulären Rahmens.

position beziehen. Die Merkmale dieser Bezugspunkte erschließen sich nur selten auf den ersten Blick. In der Ästhetik sieht man umso mehr, je mehr man hinsieht – und dies gilt auch für die Bewertung der Elemente der dentofazialen und fazialen Komposition. Beim Aufbau von Zahnersatz gibt es oft Gelegenheit, besondere Merkmale zu untersuchen. Zu Beginn der Behandlung müssen lediglich die vertikalen und horizontalen fazialen Linienverläufe definiert werden, die als Ankerpunkte für Front- wie Seitenzähne dienen (Abb. 5-1).

Es gibt eine Denkschule, nach der der ästhetische Eindruck des Gesichts auf einer kraniofazialen Balance – d. h. auf optimalen proportionalen Verhältnissen zwischen verschiedenen Gesichtssegmenten – beruht und sich durch Aufrastern des Gesichts bestimmen lässt. Diese These einer optimalen, auf mathematischen Ge-

setzmäßigkeiten beruhenden fazialen Schönheit mag didaktische Vorzüge haben, nur werden dabei ethnische, zeitgeistige und individuelle Unterschiede ausgeklammert. Ganz abgesehen davon müssten dieser These zufolge die meisten Menschen als hässlich gelten.

Auch wenn wir annehmen, dass sich ideale Gesichtsproportionen in drei bestimmte vertikale und horizontale Segmente einteilen lassen, erreichten wir dadurch zunächst nichts anderes als ein attraktives Schema, das erst durch die Qualität und Ausdruckskraft von Augen, Nase und Mund lebendig wird (Abb. 5-2). Zur Bewertung des Gesichts eignet sich am besten ein morphopsychologischer Ansatz, der auf dieser Segmentierung aufbaut, aber jede faziale Grundzone mit einem besonderen qualitativen Ausdruck verknüpft. Diese Zonen

Abb. 5-2 a bis c: (a) Dieser Skizze der fazialen Proportionen nach Leonardo da Vinci liegt ein mathematisches Konzept der menschlichen Schönheit zugrunde. Sie unterteilt die faziale Komposition in drei ideale Abschnitte; Mund, Nase und Augen sind ideal groß und positioniert. Menschliche Schönheit entsteht jedoch aus vielfältigen ästhetischen und psychischen Parametern, wobei die individuelle Persönlichkeit besonderes Augenmerk verdient. (b) Ist das mittlere Gesichtsdrittel verkleinert, wirken oberes und unteres Gesichtsdrittel relativ größer, was ein Bild sich ergänzender Qualitäten geistiger Aufnahmefähigkeit und materieller Realisierung erzeugt. (c) Ist das mittlere Gesichtsdrittel, in dem sich die soziale und emotionale Veranlagung manifestiert, vergrößert, führt dies zu einer qualitativen hierarchischen Dominanz der Lebenstendenzen dieses Menschen mit aktiver widerspruchsfreier Beteiligung der beiden anderen.

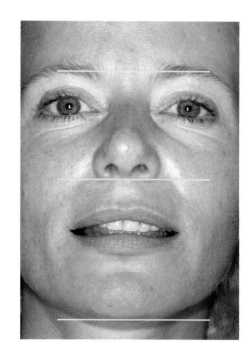

Abb. 5-3: Interessante faziale Komposition mit stark reduziertem mittlerem Ge-sichtsdrittel und kontrollierter Expansion der jeweils oberen Bereiche der drei Ge-sichtszonen. Dies bedeutet, dass die geistig-konzeptuelle Komponente oft ideali-siert oder mehr mit Liebe als mit Pflichtgefühl realisiert wird. Es lässt sich absehen, dass die Sanierung der dentalen Komposition, die bedeutend abradiert ist, dem Mit-telteil des unteren Gesichtsdrittels mehr Gewicht verleihen wird und ein qualitatives und quantatives Gegengewicht zum reduzierten mittleren Gesichtsdrittel herstellen kann, das ein zu starkes Gefühl des Ungleichgewichts entstehen lässt.

bilden zusammen mit dem Öffnen und Schließen der Rezeptoren Augen, Nase und Mund das Wesen der Morphopsychologie. Sie schreiben eindeutige Parame-ter der ästhetischen Qualität fest, gemäß dem Postulat aus einem vorangegangenen Kapitel, dass es keine Form gibt, die nichts aussagt (Abb. 5-2).

Die Gesichtszonen, in denen sich die Persönlichkeit wi-derspiegelt, drücken Charaktertrends und Unterschie-de durch die relative Extension oder Retraktion einer der genannten Zonen aus, die durch Öffnen und Schließen von Augen, Nase und Mund moduliert oder akzentu-iert wird. Hier tritt also ein Konzept des fazialen Un-gleichgewichts auf den Plan, das komplexer und subti-ler ist als das in der Philosophie seit jeher prioritär behandelte Konzept des fazialen Gleichgewichts und in dem dominante Elemente eine notwendige Vorausset-zung für die ästhetische Qualität bilden (Abb. 5-3).

Damit soll nicht bestritten werden, dass das Gleichge-wicht der fazialen Zonen durchaus ein Element der Sta-bilität darstellen kann. Die ästhetische Wirkung ergibt sich jedoch vorwiegend aus der Empfindung, dass zwi-schen einzelnen Zonen oder fazialen Rezeptoren ein Un-gleichgewicht herrscht, das mit einer für menschliche Schönheit charakteristischen psychologischen Qualität des Ausdrucks verbunden ist.

Für die erste faziale Bewertung zählen daher nicht so sehr quantitative und qualitative Aspekte der fazialen Zonen, sondern vielmehr die zwischen diesen Zonen herrschenden Ungleichgewichte, die zu verstehen viel Feingefühl erfordert. Sie prägen nicht nur die ästheti-sche Qualität, sondern auch deren individuellen Cha-rakter.

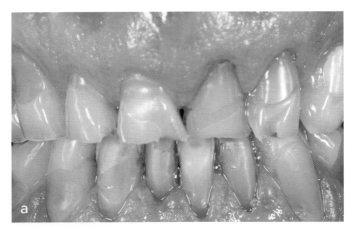
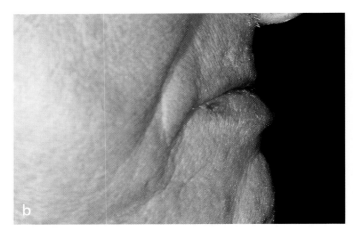

Abb. 5-4 a und b: (a) Frontbeziehungen in einem völlig abradierten Gebiss. Die Wiederherstellung normaler morphologischer Verhältnisse erfordert eine Bisshebung zur Festigung der fazialen Muskeln. (b) Vertiefung von Furchen und Falten.

Faziale Evolution und vertikale Dimension der Okklusion

Das untere Gesichtsdrittel ist insofern ein spezieller Fall, als es sich im Gegensatz zu den anderen beiden fazialen Zonen im Lauf der Jahre wesentlich verändern kann. Durch den alterungsbedingten Verlust des suborbitalen Muskeltonus entstehen wesentlich prägnantere Züge, Falten und eine schwerkraftbedingt nach unten gezogene Mundposition. Diese Situation in Verbindung mit destruktiven pathologischen Effekten wie Zahnabrieb oder Verlust der Abstützung im Seitenzahnbereich kann zu einer Gesichtsverkürzung führen. Hierbei vertiefen sich die perioralen Furchen und Falten, die Lippenform flacht sich ab, das Gesicht wirkt gealtert. Wenn zu diesem Alterungsprozess noch Zahnerkrankungen (Abb. 5-4) hinzukommen, müssen unbedingt noch vor dem Planen der Zahnposition und -anordnung die Bisshöhe und somit die Gesichtshöhe sowie der

Tonus der angebundenen Weichgewebe wiederhergestellt werden. Unter Gesichtshöhe sind zwei verschiedene Positionen zu verstehen: die vertikalen Dimension der Okklusion oder Bisshöhe und die vertikale Ruheposition. Die beiden unterscheiden sich durch die Position des Unterkiefers und zeigen markante Unterschiede bezüglich Gesichtshöhe, muskulären Spannungsverhältnissen und Gewebeform. Die vertikale Dimension der Okklusion ist durch Kontakte gekennzeichnet und kann als objektiverer Maßstab für die Gesichtshöhe gelten, während die vertikale Ruheposition haltungs- und spannungsbedingt subjektiver ist, über neuromuskuläre Positionierung hergestellt wird und eine längere Gesichtshöhe bei fehlenden Okklusionskontakten einschließt.

Wie wir wissen, hängen diese beiden Positionen eng zusammen, da sich Schwankungen der vertikalen Dimension der Okklusion über neuromuskuläre Reaktionen unmittelbar auf die vertikale Ruheposition auswirken. Deshalb ist diese vertikale Dimension als eine

Übergangsposition des Unterkiefers – und gleichzeitig als unvermeidlicher klinischer Bezugspunkt – zu werten. Die vertikale Ruheposition hingegen kann als zentraler funktionaler Parameter gelten, da alle Bewegungen des Unterkiefers ihren Ursprung in dieser Position haben und wieder zu ihr zurückkehren. Somit legt die vertikale Ruheposition die Position der Lippen und des Gesichts fest, die ihrerseits als Bezugspunkte für die ästhetischen Relationen dienen. Aus ästhetischer Sicht sind die vertikale Dimension und die vertikale Ruheposition eng miteinander verwandt, deren unterschiedliche Charakteristika in einem Zug bewertet werden müssen.

Klinische Ansätze zur Wiederherstellung der Bisshöhe

Eine allgemein anwendbare Methode zum temporären Bisserhöhung gibt es nicht. Unserer Erfahrung nach ist der Frontzahnreiter (Abb. 5-5) die geeignetste Methode. Dabei wird Komposit auf der lingualen Seite der oberen mittleren Schneidezähne anpolymerisiert, was sich sofort im Erscheinungsbild der Lippen und der fazialen Muskelspannung niederschlägt. Der Sinn dieser Methode besteht nicht nur darin, den Verlust an Zahnsub-

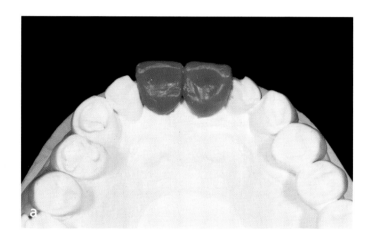

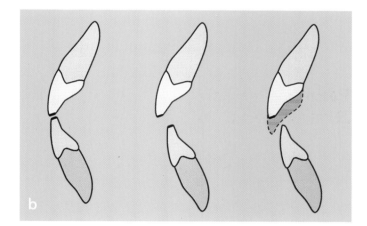

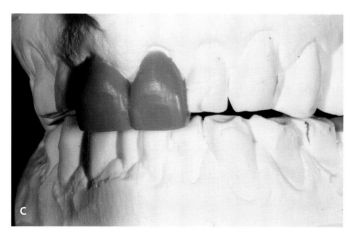

Abb. 5-5 a bis c: (a) Diese schematische Abbildung zeigt, dass bei der Bisshebung mit einem Frontzahnreiter an den oberen Schneidzähnen eine ausreichende Frontführung eingeplant werden sollte, damit der Frontzahnreiter als angenehm empfunden wird und wiederholbare Bewegungsmuster beim Schließen der Zahnreihen erlaubt. (b, c) Mit einem Wachsmodell kann die Bisshebung in Hinblick auf ihre morphologischen und interokklusalen Grenzen – d. h. normale Frontzahnlänge, ausreichender vertikaler und horizontaler Überbiss und mögliche morphologische Interkuspidation der Seitenzähne – getestet werden.

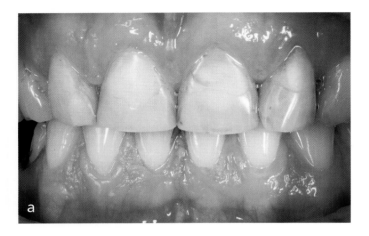

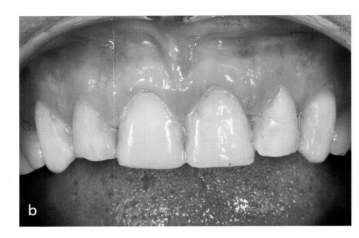

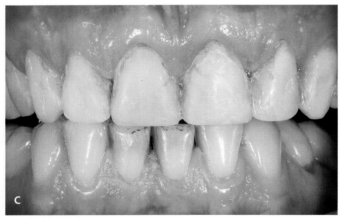

Abb. 5-6 a bis c: (a) Klinische Ansicht der Frontzähne. (b) Die Bisshebung wird durch Ankleben von Komposit am Cingulum der oberen mittleren Schneidezähne erreicht. (c) 24 Stunden später werden die sechs Frontzähne provisorisch geformt und die Frontzahnführung wiederhergestellt.

stanz temporär zu kompensieren, sondern sie wertet auch die Lippenzeichnung auf und strafft das untere Gesichtsdrittel durch eine unmerkliche Glättung der mentalen und labialen Furche und normalerweise auch durch eine ausgeprägtere Glättung der Nasolabialfurche. Auch die Einrollbewegung der Oberlippe gegen die Mundwinkel hin macht sich tendenziell weniger bemerkbar.

Was das Adjustieren der fazialen Form betrifft, so liegt der einzige Maßstab für die Wiederherstellung der vertikalen Dimension der Okklusion in der subjektiven Sen-

sibilität des Zahnarztes. Nach oben hin sind dem Aufbau hingegen klare okklusale, morphologische und physiologische Grenzen gesetzt, die vor und nach Anbringen des Frontzahnreiters zu kontrollieren sind.

Der Frontzahnreiter wird zunächst nach rein funktionalen Gesichtspunkten gestaltet. Wenn die Gesichtshöhe gefühlsmäßig zu klein bzw. zu groß ist, kann man zusätzliches Material auftragen bzw. überflüssiges Material wegschleifen. Die okklusalen Relationen sollten auf einen einzelnen, möglichst kleinen inzisalen Kontakt reduziert werden. Der Frontzahnreiter stellt nicht

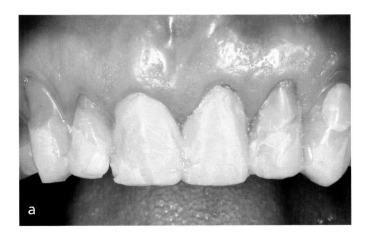

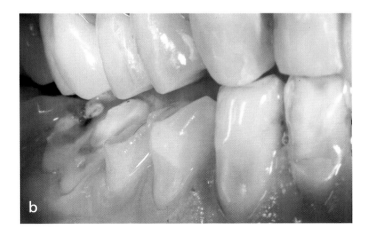

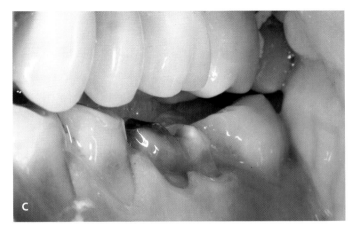

Abb. 5-7 a bis c: (a, b) Einen Tag später werden unerwünschte protrusiv-retrusive Interferenzen beseitigt, und die Frontzähne werden ausgearbeitet und ein Provisorium eingegliedert. (c) Nach der Bisshebung kann der provisorische Aufbau der interokklusalen Seitenzahnkontakte in Angriff genommen werden.

nur die Gesichtshöhe wieder her, sondern auch – in der Regel binnen 24–48 Stunden – das muskuläre Gleichgewicht (Abb. 5-6 und 5-7). Durch das neu gewonnene muskuläre Gleichgewicht bei einem einzelnen Schneidezahnkontakt ohne störende Seitenzahnkontakte kommt der Kondylus in seiner am weitesten anterosuperior gelegenen Position zur Ruhe. Die veränderte Kondylusposition manifestiert sich normalerweise nach 1–2 Tagen in einer Verkleinerung des seitlichen okklusalen Freiraums, was einen raschen provisorischen Aufbau der seitlichen okklusalen Kontakte erforderlich

macht, um eine Eruption der seitlichen Zähne zu verhindern. Gleichzeitig wird mit dem temporären Aufbau auch den ästhetischen und funktionalen Anforderungen an das Frontzahnsegment entsprochen (Abb. 5-6). In dieser Phase des Aufbaus kann man davon ausgehen, dass die vertikale Dimension der Okklusion wiederhergestellt und sichere biologische okklusale Beziehungen realisiert sind. Das neuromuskuläre Feedback ist wieder konstant, die interokklusalen Relationen sind wieder reproduzierbar und stabil. Über eine neuromuskuläre Neupositionierung des Unterkiefers konnten

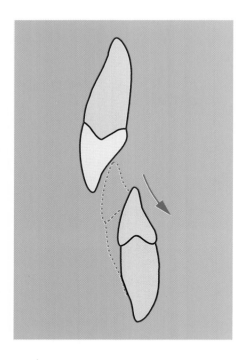

Abb. 5-8: Schematische Darstellung der Frontzahnrelationen bei einer Okklusion Klasse II/2 mit aufrecht stehenden Zähnen im Gegenkiefer. Bei der Bisshebung verliert der untere Schneidezahn den Kontakt mit den oberen Schneidezähnen, sodass zur Wiederherstellung der Kontakte die Achsenneigung der unteren Zähne verändert werden muss, weil sonst die oberen Schneidezähne unrealistisch breit ausfallen.

die faziale Höhe verstärkt und die perioralen Weichgewebe gestrafft werden.

Defizite im unteren Gesichtsdrittel sind am häufigsten beim starken Tiefbiss Klasse II/2 anzutreffen, wobei der Erhöhung der vertikalen Dimesion in diesen Fällen noch engere morphologische und okklusale Grenzen gesetzt sind (Abb. 5-8). Zwar kann ein Frontzahnreiter im Frontzahnbereich zweifellos auch hier den vertikalen Überbiss reduzieren, dabei werden aber gleichzeitig die interokklusalen Relationen zerstört, was die Stabilität der Okklusion gefährdet. Beim leichten Öffnen der Zahnreihen wird die Bahn der unteren Schneidezähne durch den Frontzahnreiter nach hinten verlagert. Hierdurch entsteht ein horizontaler Überbiss, der klinisch schwer

zu korrigieren ist, müsste doch die sagittale Achsenneigung im unteren Frontzahnbereich verändert und müssten zur Herstellung interokklusaler Kontakte vermutlich auch die oberen Vorderzähne verbreitert werden. Dies wäre aber denn doch ein zu umständliches Verfahren, um das ästhetische und funktionale Behandlungsziel zu erreichen.

Es gibt aber eine interessante Alternative, um den Biss auch in diesen Fällen zu heben. Anstatt eines Frontzahnreiters schafft man zwei Hindernisse an den zweiten Molaren, die beim Schließen der Zahnreihen als Interferenzkontakte fungieren. Dies verursacht ein Vermeidungsmuster im Sinne einer progressiven synergetischen Muskelaktion, in der der Unterkiefer eine kon-

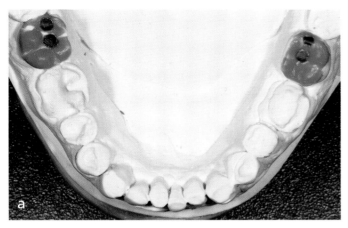
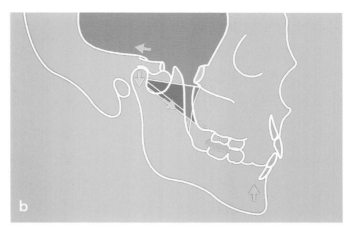

Abb. 5-9 a und b: Die 0,5–0,9 mm dicken Goldoverlays werden aufgewachst, gegossen, zementiert und an den zweiten Molaren aufgebracht. Eine an den gegenüberliegenden Eckzahn angepasste Vertiefung verhindert ein Ausbrechen des Unterkiefers nach vorne. Die Overlays werden als Frühkontakte wahrgenommen und führen über neuromuskuläre Reaktionen zu Vermeidungsmechanismen, die den Unterkiefer um diese Hindernisse führen, bis diese registriert werden und die Verschlussmuster in einer weiter vorne liegenden Unterkieferposition stattfinden. Die Abbildung zeigt einen Überblick über die elektromyographischen Aufzeichnungen zur Tätigkeit der hinteren Fasern des M. temporalis und des unteren Faserbündels des M. pterygoideus lateralis bei der Schwenkbewegung des Unterkiefers rund um das Hindernis im Seitenzahnbereich, bis Frontkontakte registriert werden. (Mit freundlicher Genehmigung von J. Assal.)

trollierte Schwenkbewegung vollführt, um die inzisalen Kontakte herzustellen (Abb. 5-9).

Diese automatische funktionale Anpassung geht innerhalb kurzer Zeit in eine physiologische Anpassung über. Nachdem sich die neuen Frontzahnrelationen stabilisiert haben, ist der interokklusale Freiraum im Seitenzahnbereich zu beseitigen (Abb. 5-10). Bis dahin hat sich der Kondylus nach hinten und unten verlagert, sodass die Vorderseite des Gelenks frei wird und die in geschlossenem Zustand in der Regel vorhandenen Kiefergelenksschmerzen abklingen. Es ist jedoch äußerst ratsam, die Position des Kondylus vor dem Eingriff und nach Stabilisierung der Verhältnisse zu kontrollieren (Abb. 5-11).

Die Wiederherstellung der fazialen Höhe mit Straffung der perioralen Weichgewebe muss Teil einer jeden Gebisssanierung sein. Erst dann lassen sich Okklusionsebenen bestimmen, die den funktionalen und ästhetischen Anforderungen am besten entsprechen.

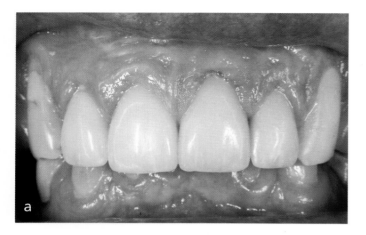

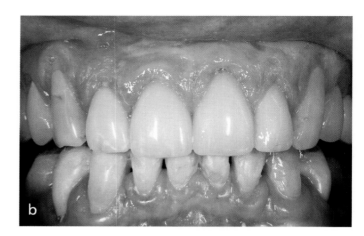

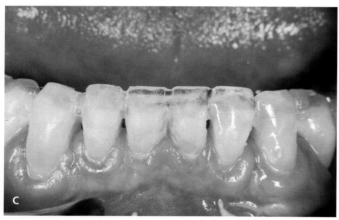

Abb. 5-10 a bis c: Patient mit Tiefbiss, zentrischen protrusiv-retrusiven Frühkontakten, Kiefergelenksschmerzen (a) vor und (b) nach Setzen der Drehpunkte im Seitenzahnbereich sowie während der Stabilisierungsphase. In diesem Fall mussten durch Vergrößerung und Modifikation der unteren Vorderzähne die Frontrelationen günstiger gestaltet und die Okklusion stabilisiert werden.

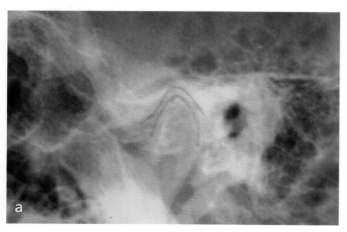

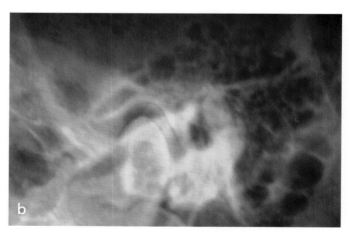

Abb. 5-11 a bis b: Kontrolle der Kondylusposition (a) vor und (b) nach Projektion des Unterkiefers. Der Kondylus hat sich nach hinten und unten verlagert, sodass die Vorderseite des Gelenks frei wird.

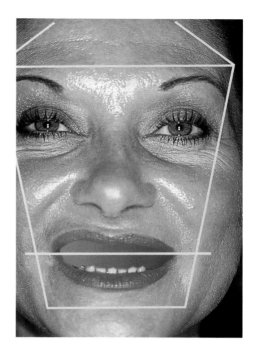

Abb. 5-12: Im Sanierungsprozess – egal ob es sich um eine Vollsanierung oder um eine Teilsanierung des oberen Frontzahnbereichs bzw. um festsitzenden oder herausnehmbaren Zahnersatz handelt – ist es aus ästhetischer wie auch funktionaler Sicht notwendig, zunächst die sichtbare Fläche der unteren Zähne und das Verhältnis der Okklusionsebene zum vestibulären Rahmen zu bestimmen, um der dentofazialen Komposition einen möglichst attraktiven Rhythmus aus konträrer Spannungsdynamik zu verleihen.

Integration des unteren Frontzahnbereichs

Welche Zahnanteile in Ruheposition, bei leicht geöffnetem Mund und entspannten Lippen, sichtbar sind, ist altersabhängig. Die sichtbaren Zahnanteile in der vertikalen Ruheposition, die am besten während des Sprechens zur Geltung kommen, haben starken Einfluss auf die faziale Ästhetik. Je nach Muskeltonus und Höhe der unteren Frontzahnebene tritt entweder die obere oder die untere Zahnreihe in Erscheinung. Ersteres signalisiert Jugendlichkeit, letzteres suggeriert durch Betonung des unteren Gesichtsdrittels Alter oder auch Verachtung.

Jeder Teilsanierung im Frontzahnbereich und jeder Vollsanierung muss eine Analyse der sichtbaren Zahnanteile vorausgehen. Die gegebenenfalls zu ergreifenden Korrekturmaßnahmen bestehen bei älteren Patienten üblicherweise in einer systematischen Reduzierung der unteren Zahnreihe (Abb. 5-12). Der alterungsbedingte Verlust des suborbitalen Muskeltonus ist zwar individuell unterschiedlich ausgeprägt, doch vor dem Phänomen an sich ist niemand sicher. Der sichtbare Überstand der unteren Zahnreihe sollte in Ruheposition maximal 1,5 mm betragen und zur Verstärkung der Aufwärtsdynamiken ein kantiges inzisales Erscheinungsbild aufweisen. Als gängigstes Mittel zur Erreichung dieses Ziels werden die unteren Vorderzähne abgeschliffen und rekonturiert. Wenn nötig, können auch Anteile des Parodonts reseziert werden. Dieser Ansatz setzt voraus, dass die Frontführung wiederhergestellt werden kann (Abb. 5-13 bis 5-15).

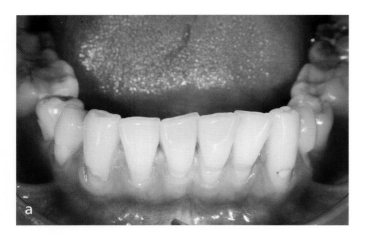

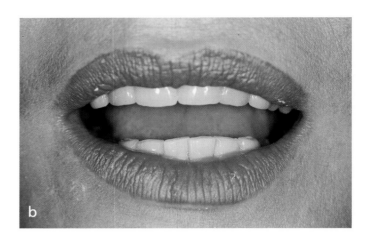

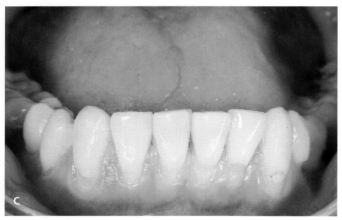

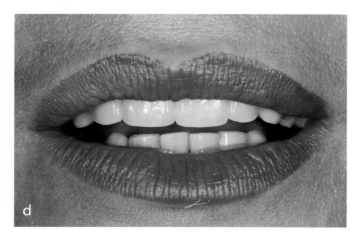

Abb. 5-13 a bis d: (a) Abradierter Frontzahnbereich, der (b) mit einem aufwärtsdynamischen linearen Erscheinungsbild in die Mundhöhle vordringt. Durch erhöhte Sensibilität wurden die Zähne lediglich moderat rekonturiert, die inzisale Ebene gesenkt und die Schneidekanten geschärft. (c) Aus funktionalen Gründen wurde die inzisale Kante des rechten unteren Eckzahns mit einem lingual-inzisalen Keramikverblendinlay versehen. (d) Sichtbare Anteile der oberen und unteren Zahnreihe und Okklusionsebenen nach abgeschlossener Behandlung. Eine Überdeckung der Wurzel durch das Parodont ist nur nach Ende der okklusalen Überlastung denkbar.

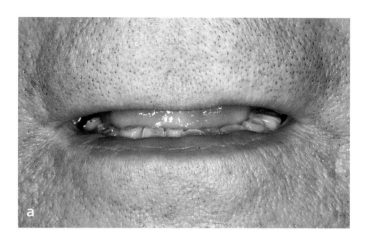

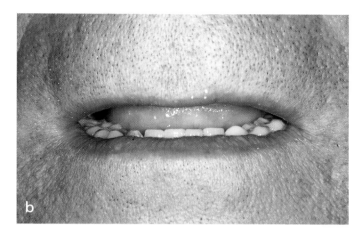

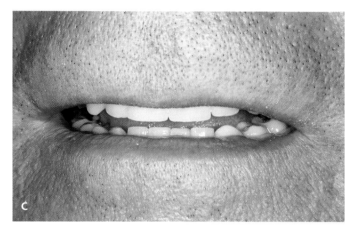

Abb. 5-14a bis c: (a) Bei diesem Patienten sind die unteren Zähne in Ruheposition zwar fast nicht sichtbar, dennoch ist der großflächige Zahnabrieb nicht zu verkennen. Die scharfkantigen unteren Zähne, die dem Zahnersatz eine Aufwärtsdynamik verleihen, müssen am Spiel (b) der in der dentofazialen Komposition enthaltenen und (c) im definitiven Zahnersatz realisierten gegenläufigen Dynamik mitwirken.

Dieser Aufbau des unteren Frontzahnbereichs muss durchgeführt werden, um die rhythmischen Qualitäten der dentofazialen Komposition so ästhetisch wie möglich zu gestalten. In Fällen, in denen der untere Frontzahnbereich weit in die Mundhöhle reicht, kann von ordnungsgemäßer Funktion und dentofazialer Rhythmik kaum die Rede sein. Nach Extraktion der Schneidezähne und Reduzierung des Kieferkamms kann der Fall eintreten, dass die unteren Schneidezahnkanten im Zahnersatz etwas über das Niveau der Unterlippe in vertikaler Ruhedimension verlegt werden müssen. Die-

selben Behandlungsziele gelten auch für komplett abradierte Gebisse, bei denen für ein möglichst ansprechendes Spannungsspiel in der dentofazialen Komposition der Zahn verlängert werden muss (Abb. 5-14).

Dass wir gleich zu Beginn der Behandlung so viel Arbeit in die untere Okklusionsebene investieren, gebietet die dentofazialen Ästhetik. Überdies müssen wir die obere Okklusionsebene einschließlich Zahnlänge und vertikalem Überbiss bewerten und die lingualen Konturen und die Morphologie der oberen Zähne an die statischen und dynamischen Funktionsanforderungen anpassen.

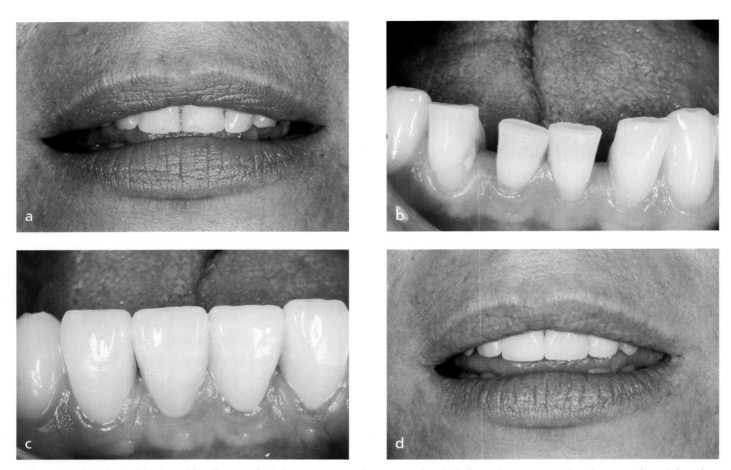

Abb. 5-15a bis d: (a, b) Die Fehlstellungen bei den unteren Zähnen werden bei dieser jungen Frau im vierten Lebensjahrzehnt von der Unterlippenstruktur verborgen. (c) Nach Sanierung und Elongation der unteren Zähne werden (d) moderate Anteile davon sichtbar, was günstig wirkt und die Okklusionsrelationen und die Frontzahnführung verbessert.

Diese erste Erfassung der Höhe der unteren Frontzahnebene und ihre Übereinstimmung mit den horizontalen Begrenzungslinien des vestibulären Rahmens muss Ausgangspunkt für jede ästhetische Sanierung sein. Hier erschließen sich nach Maßgabe des Parameters, den wir zuvor als visuelles Gewicht definiert haben, die zentralen ästhetischen Voraussetzungen für den späteren Zahnersatz und für eine rhythmisch balancierte dentofaziale Komposition.

Integration im Seitenzahnbereich

Unmittelbar nach der Sanierung des unteren Frontzahnbereichs wird der Seitenzahnbereich bearbeitet. Dabei werden in den meisten Fällen die Zähne nach Bedarf rekonturiert. Manchmal wird auch eine parodontologische Elongation mit nachfolgender Überkronung vorgenommen. Zur vorübergehenden Sicherung der interokklusalen Kontakte sowie der Stabilität und Funktion der Zähne ist es unbedingt erforderlich, das antagonistische obere Segment entweder an den lingualen Oberflächen mit einer provisorischen Füllung oder einem provisorischen Aufbau z. B. mit geklebtem Komposit zu versorgen. Mit der definitiven Festlegung der räumlichen und ästhetischen Eigenschaften der vorde-

ren Elemente sollte man aber bis zur letzten Aufbauphase warten.

Bei der Rekonstruktion der okklusalen Flächen im Seitenzahnbereich sind nicht nur die statischen interokklusalen Relationen und die dynamischen Funktionen, sondern auch ästhetische Faktoren zu berücksichtigen. Auch die oberen Eckzähne, die ja einen unübersehbaren Ankerpunkt der Restauration im Rahmen der fazialen Geometrie darstellen, sollten in die Rekonstruktion im Seitenzahnbereich nicht nur klinisch korrekt, sondern auch ästhetisch wirkungsvoll einbezogen werden.

In der Prothetik gilt seit langem, dass die Stellung der Zähne den Begrenzungslinien der fazialen Geometrie folgen sollte. Basis jeden Zahnersatzes ist die faziale Fläche, die vestibuläre Fläche – eine vereinfachte Variante des schon von Leonardo da Vinci postulierten fazialen Fünfecks. Die Spannungslinien dieser vesti-

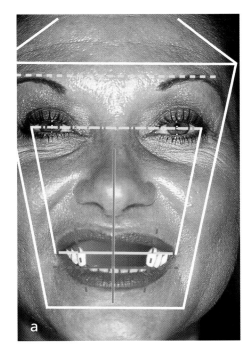

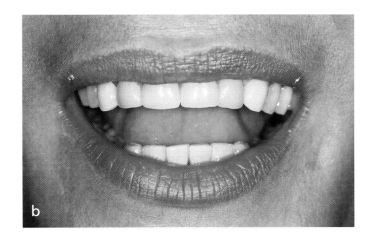

Abb. 5-16a und b: (a) Zahnpräparation im Seitenzahnbereich unter Einbeziehung der oberen Eckzahnverbindungslinie und der Richtung der Eckzahnachse in das faziale Liniensystem. (b) Diese Abbildung verdeutlicht, wie wichtig die korrekte Platzierung des oberen Eckzahns für die richtige Integration des Zahnersatzes ist.

221

buläaren Fläche sollten nicht nur für die Platzierung der Zähne, sondern auch für alle anderen integrierten Strukturen bestimmend sein. Ihre Spannungslinien sollten eine kollektive sensible Wirkung erzielen.

Augen, Nase und Mund verlaufen von Natur aus entlang charakteristischer horizontaler und vertikaler Spannungslinien. Eine bei voll entfaltetem Lächeln zwischen Augen- und Mundwinkel gezogene Linie verläuft nicht nur parallel zur vertikalen Seite der vestibulären Fläche, sondern definiert auch die Eckzahnachse, die ihrerseits die Achsenneigung des gesamten Seitenzahnbereichs vorgibt (Abb. 5-16).

Der parallele horizontale Verlauf von Pupillenlinie, Kommissurenlinie und vielen anderen Linien ist eine natürliche Vorgabe für den Verlauf der unteren Okklusionsebene. Diese wiederum gibt den Verlauf des oberen Frontzahnbereichs von Eckzahn zu Eckzahn vor und schafft einen ersten Bezugspunkt für die Position der Eckzahnspitzen. Diese von den Begrenzungslinien der vestibulären Fläche vorgegebenen Elemente sind bevorzugte Bezugspunkte zur natürlichen Integration von Restaurationen in die faziale Geometrie. Der Eckzahn ist ein zentrales Element der dentofazialen Ästhetik.

Position der Eckzähne

Die Stellung des Eckzahns entscheidet darüber, wie Front- und Seitenzähne in das faziale Schema integriert werden. Daher ist seine korrekte Platzierung von größter Bedeutung. Dabei darf man sich jedoch nicht auf einzelne Parameter verlassen. Glücklicherweise existieren zu diesem Thema vielfältige und einander ergänzende Daten. Die Eckzahnbasis liegt demnach 1,5–2 mm bukkal der ersten Gaumenfalte, und das Implantat muss 4,5–5 mm bukkal dieser Falte gesetzt werden; dies ist eine morphologische Konstante. Bei reduzierter Dicke der darüberliegenden Weichgewebe kann dieser Abstand auch größer sein.

Wenn dieser spezifische Abstand wesentlich überschritten wird, ist mit vorwärts oder seitwärts gerichteten Wanderbewegungen des Eckzahns zu rechnen.

Auf dem Studienmodell kann man auch sehen, dass eine zwischen den beidseitigen Eckzahnspitzen gezogene Linie exakt in ihrer Mitte die Gaumenpapille kreuzt (Abb. 5-17), womit also bereits ein zweiter Bezugspunkt für die räumliche Position des Eckzahns vorliegt. Einen dritten Bezugspunkt liefert die Frontalansicht, aus welcher der Eckzahn dem Verlauf einer vom inneren Augenwinkel gezogenen Linie folgen sollte (Abb. 5-18). Die definitive Festlegung schließlich erfolgt durch die Längenbestimmung des Eckzahns nach Maßgabe seiner fazialen Sichtbarkeit und seinen funktionalen Anforderungen.

Die Position des Eckzahns ist also fest in den vertikalen und horizontalen Begrenzungslinien des vestibulären Rahmens verankert (Abb. 5-18), und seine räumliche Position ist durch rein optische bzw. anatomische Parameter eingegrenzt. Seine ordentliche Platzierung wird somit zu einem zentralen Faktor der dentofazialen Ästhetik und schafft die räumlichen Vorgaben für die Okklusionsebenen im Front- und Seitenzahnbereich.

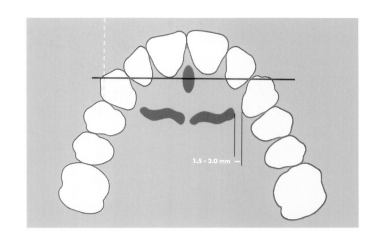

Abb. 5-17: Im Regelfall kreuzt eine zwischen den beidseitigen Eckzahnspitzen gezogene Linie in ihrer Mitte die Gaumenpapille, und die Eckzahnbasis ist 1,5–2 mm von der Spitze der ersten Gaumenfalte entfernt. Betrachtet man das Gesicht von vorne, so zeigt sich, dass eine von der Eckzahnspitze gezogene Linie im inneren Augenwinkel mündet.

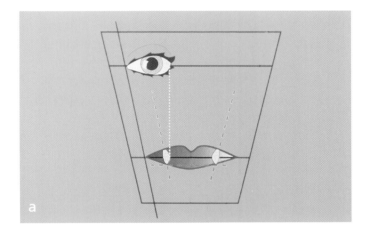

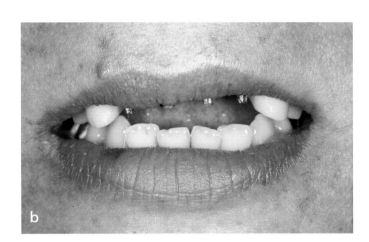

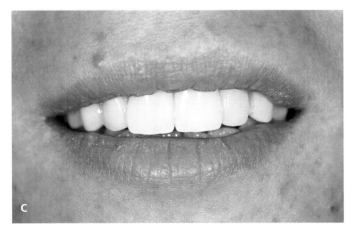

Abb. 5-18a bis c: (a) Schematische Darstellung der vom Eckzahn vertikal gezogenen Linie. (b, c) Der Linienverlauf von Eckzahn zu Eckzahn sowie die Achsenrichtung des Eckzahns sollten in jedem Fall den fazialen Begrenzungslinien entsprechen. Auch die Bedeutung einer korrekten Position des Eckzahns sollte keinesfalls unterschätzt werden.

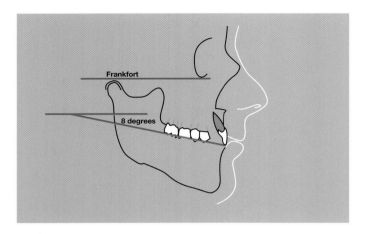

Abb. 5-19: Beim natürlichen Gebiss ist die sagittale Neigung der Okklusionsebene durchschnittlich 8 Grad gegen die Frankfurter Horizontale geneigt, sodass sich die oberen Seitenzähne beim Lächeln – von vorne betrachtet – in der Mundhöhle „verlaufen".

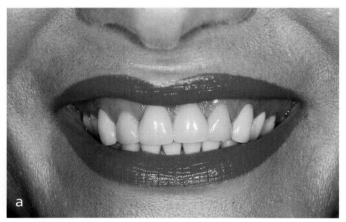

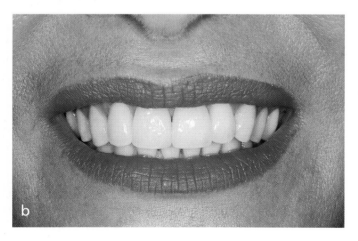

Abb. 5-20 a und b: (a) Die durch das freigelegte Weichgewebe beeinträchtigte ästhetische Seitencharakteristik des Lächelns wurde (b) durch parodontologische Elongation korrigiert, wobei die Furkationen der Molaren belassen wurden. Aus der vorigen Skizze geht hervor, dass die seitliche Okklusionsebene in Normalfall 8 Grad gegen die Frankfurter Horizontale geneigt ist. Die abweichende sagittale Neigung in dieser Komposition entspringt ästhetischen Erwägungen. Dies wirft die wichtige Frage auf, wie sich die Neigung beim Schließen der Zahnreihen auswirkt.

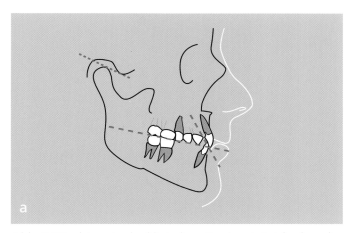
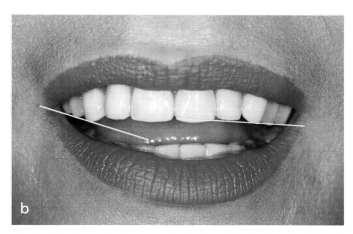

Abb. 5-21 a bis c: In der klinischen Praxis zeigt sich, dass die mechanische Interkuspidation durch die Kondylenbahn, die Schneidezahnführung und die sagittale Neigung der Okklusionsebene reguliert wird. Bedenkt man, dass die Kondylenbahn eventuell nicht therapeutisch veränderbar ist und die Schneidezahnführung aufgrund ästhetischer oder morphologischer Beschränkungen möglicherweise nicht ausreicht, so stellt sich die Frage: Kann eine Modifikation der sagittalen Neigung dieses Manko ausgleichen? (b) Links steiler oder rechts flacher?

Seitliche Okklusionsebene

In der Dynamik eines Lächelns mit seinen seitlich angehobenen Mundwinkeln gehen die ästhetischen Ansprüche dahin, dass die sichtbare Zahnfläche von vorn nach hinten kontinuierlich abnehmen soll. Im Regelfall wird diese Tendenz durch die natürliche sagittale Neigung der seitlichen Okklusionsebene unterstrichen, die bei natürlichen Gebissen durchschnittlich 8 Grad gegen die Frankfurter Horizontale (Ohr-Augen-Ebene) geneigt ist (Abb. 5-19).

Ein extrem „seitliches" Lächeln, bei dem Molaren in ganzer Länge, zuweilen sogar mit ihrem Parodont, sichtbar sind, kann sehr unästhetisch erscheinen. Die nahe liegende Gegenmaßnahme besteht darin, die sagittale Neigung der seitlichen Okklusionsebene zu verstärken, wobei die sichtbaren Seitenanteile entweder durch kie-

ferorthopädische Intrusion bzw. parodontologische Elongation korrigiert werden (Abb. 5-20), was aber mit klinischen Schwierigkeiten verbunden oder kontraindiziert sein kann.

Eine Extrusion von oberen Seitenzähnen in zahnlose Abschnitte des Unterkieferbogens kann bei jedem Lácheltyp zu denselben unharmonischen Ergebnissen führen, sodass dem Zahnarzt nichts anderes übrig bleibt, als die Sichtbarkeit einzelner oder aller Zähne durch parodontologische Elongation oder Eingliederung einer Krone von geringerer Länge zu korrigieren. Andererseits haben ästhetische Mängel des Lächelns, entstanden durch eine falsch geneigte seitlichen Sagittalebene mit sichtbaren Seitenzähnen, im zahnärztlichen Routinebetrieb noch nie eine sonderlich große Rolle gespielt. Das Hauptaugenmerk liegt vielmehr auf dem funktionalen Gebot, durch die Neigung der seitlichen Okklu-

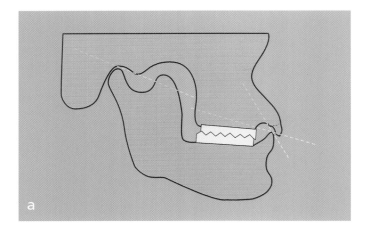

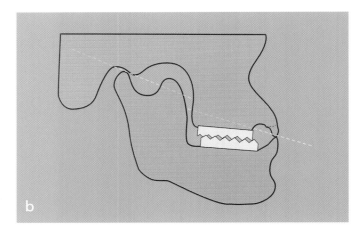

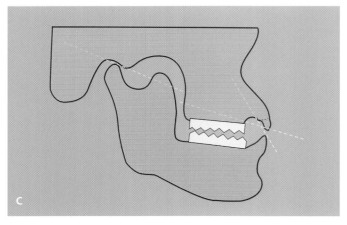

Abb. 5-22 a bis c: (a) Bei einer bestimmten durchschnittlichen Neigung der Kondylenbahn und einer annähernd normalen (8 Grad) Neigung der Okklusionsebene kann (b) bei mäßiger Schneidezahnführung ein Druck auf die Seitenzähne nicht verhindert werden. (c) Bei steiler Schneidezahnführung wird ein Druck auf die Seitenzähne beim Schließen der Zahnreihen wahrscheinlich.

sionsebene Druck auf der Seitenzähne beim Schließen der Zahnreihen zu verhindern.

Die Interkuspidation der Seitenzähne wird durch drei Faktoren reguliert (Abb. 5-21):

– Überbiss im Frontzahnbereich
– Kondylenbahn
– Okklusionsebene

Folgerichtig liegt der Schlüssel zu einem ästhetischen Lächeln im Seitenzahnbereich darin, dass der Linien-

verlauf von vorn nach hinten ansteigt und die Frontrelationen unabhängig von der Neigung der Kondylenbahn eine zuverlässige Separierung der Seitenzähne beim Schließen der Zahnreihen bei Zahnverschlussmustern erlauben. Diese optimalen Voraussetzungen sind jedoch in der klinischen Realität oft nicht gegeben.

Bei einer Okklusion, bei der die Schneidezahnführung parallel zur Kondylenbahn verläuft und die Okklusionsebene der Kondylenbahn entspricht, entstehen beim Schließen der Zahnreihen beinahe zwangsläufig seitliche Interferenzen, selbst wenn die Winkel der Seiten-

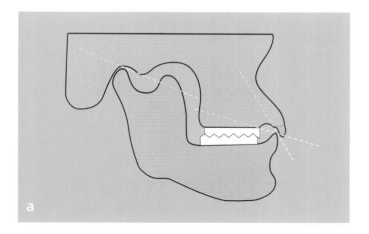

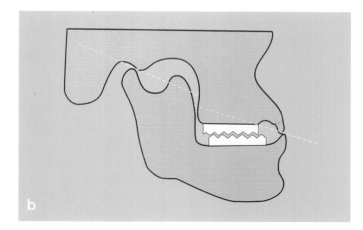

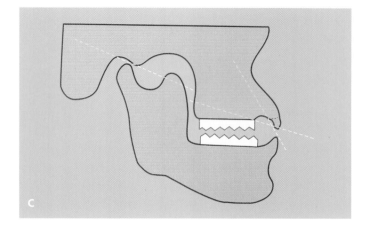

Abb. 5-23 a bis c: (a) Wenn die Neigung der Kondylenbahn jener der parallel zur Frankfurter Horizontale verlaufenden Okklusionsebene entspricht, kann (b) bei mäßiger Schneidezahnführung ein Druck auf die Seitenzähne verhindert werden, und (c) es wird durch eine steile Schneidezahnführung zu keinem Druck auf die Seitenzähne beim Schließen der Zahnreihen kommen.

zahnhöcker flach gehalten sind (Abb. 5-22). Umgekehrt sind seitliche Interferenzen sehr viel unwahrscheinlicher und bei den Seitenzahnhöckern ausgeprägtere Winkel möglich, wenn die Schneidezahnführung der Kondylenbahn entspricht und die Okklusionsebene flach ist, d. h. annähernd der Frankfurter Horizontale entspricht bzw. schräger zur Kondylenbahn verläuft (Abb. 5-23). Diese Beobachtungen zeigen, dass die ästhetische Seitencharakteristik des Lächelns gegebenenfalls geopfert werden muss, um dafür eine optimale Funktion sicherzustellen. Reichen die Frontrelationen nicht aus, um

eine steile Frontführung zu erreichen, so ist es besser, die Neigung der seitlichen Okklusionsebe zu senken, um beim Schließen der Zahnreihen Druck im Seitenzahnbereich zu verhindern.

Seitliche Okklusionsebene und Bisshebung

Die Bisssenkung als Begleiterscheinung des Gebissverfalls und des fazialen Höhenverlusts führt normalerweise zu einer Beeinträchtigung der Frontrelationen. Um im Seitenzahnbereich korrekt sanieren zu können, müssen unbedingt die funktionalen Auswirkungen im Frontzahnbereich analysiert werden, da diesbezüglich ein enger Zusammenhang besteht.

Der Ehrgeiz, durch Elongation der oberen Zähne wieder ordentliche Frontrelationen herzustellen, ist zwar schwer zu zügeln, doch sollte die Länge der oberen Zahnreihe nicht über das normale Maß hinausgehen. Bei der unteren Zahnreihe ist das Risiko, durch übermäßige Elongation den ästhetischen Rhythmus der dentofazialen Komposition zu stören, noch größer.

Die Grenzen des morphologisch Normalen sind tief im menschlichen Empfinden verwurzelt. Wir sollten daher stets bemüht sein, Zahnlänge und Frontrelationen in einen morphologisch normalen Zustand zu bringen. Anstatt dieses Ziel aufzugeben, sollten wir lieber eine Abflachung der seitlichen Okklusionsebene – d. h. eine Elongation der seitlichen oberen Zahnreihe mit Reduzierung der Höckerwinkel – im Behandlungskonzept vorsehen, um die infolge der Bisshebung geringeren Abstände im Frontzahnbereich zu kompensieren und beim Schließen der Zahnreihen Druck auf die Seitenzähne zu verhindern.

Der durch die Bisshebung im Seitenzahnbereich entstehende interokklusale Freiraum wird normalerweise besser durch Maßnahmen im Oberkiefer aufgefüllt, auch wenn die parodontale Abstützung eher eine Elongation im Unterkiefer nahe legen würde. Diese funktional ausgerichteten Behandlungsformen scheinen sich auf die dentofaziale Ästhetik weniger negativ auszuwirken als Veränderungen an den Frontzahnrelationen. Die Bisshebung ist nach wie vor ein komplizierter Eingriff. Nur der erfahrene, kompetente und sensible Zahnarzt kann alle Parameter, die in diese kompensatorischen Maßnahmen einfließen, unter Kontrolle halten und die ästhetischen Bedürfnisse des Patienten ohne funktionale Zugeständnisse befriedigen.

Integration der vorderen und seitlichen Okklusionsebene

Die Sanierung des oberen Frontzahnbereichs gehört zur zahnärztlichen Routine und wird gemeinhin unter dem technischen Gesichtspunkt verstanden – d. h. kunstgerechte Gewebeversorgung, Auswahl geeigneter Materialien und Farben sowie Mitarbeit eines kompetenten Zahntechnikers. Diese Faktoren sind bestens geeignet, eine hohe dentale und dentofaziale ästhetische Qualität zu erreichen, wenn kein funktionales Krankheitsgeschehen vorliegt und der Tonus der suborbitalen Muskeln intakt scheint.

Leider gehen der alterungsbedingte Tonusverlust der Muskeln und die zunehmende Sichtbarkeit der unteren Zahnreihe nur an wenigen Menschen vorüber. Nicht notwendigerweise an den Alterungsprozess gebunden sind Abrasionserscheinungen, die schon in jungen Jahren eintreten können. Diese biologischen und akzidentellen Alterungserscheinungen erschweren die Sanierung der sechs oberen Vorderzähne bei ästhetisch anspruchsvollen Patienten enorm. Sowohl die Vollsanierung als auch die Teilsanierung im oberen Frontzahnbereich erfordern, dass die vorderen Okklusionsebenen sensibel und sorgfältig analysiert und reloziert werden.

Eine Situation, bei der nur die sechs oberen Frontzähne von der Abrasion betroffen sind, während die Morphologie des unteren Frontzahnbereichs intakt ist, bil-

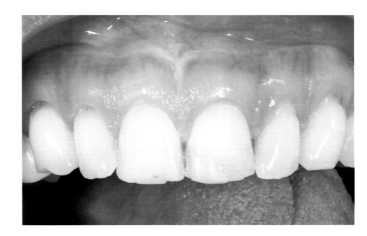

Abb. 5-24: Abrasionserscheinungen im Frontzahnbereich; geringere Implikation des Seitenzahnbereichs.

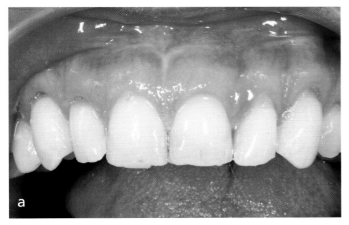

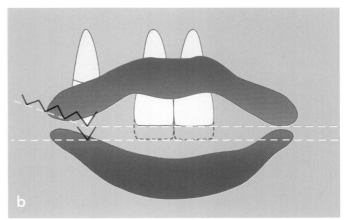

Abb. 5-25 a und b: Bei der Festlegung der vorderen Okklusionsebene spielen Eckzahnmorphologie und Eckzahnposition eine zentrale Rolle. Die Wiederherstellung dieser Parameter führt im Bereich vom Eckzahn bis zum zweiten Prämolaren zu einer Diskrepanz, die korrigiert werden muss.

det theoretisch eine ideale Voraussetzung für die Behandlung – leider aber nicht praktisch (Abb. 5-24). Unsere Grundkenntnisse der Funktion verraten uns nämlich, dass einfache „Reparaturen" im oberen Frontzahnbereich – mit Wiederherstellung einer die Frontführung ermöglichenden Zahnlänge – nicht verhindern, dass die Abrasion erneut auftritt und letztlich auch auf den unteren Frontzahnbereich übergreift.

Um wieder gute funktionale Verhältnisse herzustellen, müssen wir die oberen Zähne verlängern, wodurch sich die interokklusale Dimension vergrößert. Dadurch verlagert sich die Okklusionsebene nach unten, was aber im Bereich der Prämolaren zu einer Diskrepanz zwischen der vorderen und der seitlichen Okklusionsebene führt (Abb. 5-25). Dies umso mehr, wenn der Zahnabrieb bereits den bukkalen Höcker des ersten bis hin zum

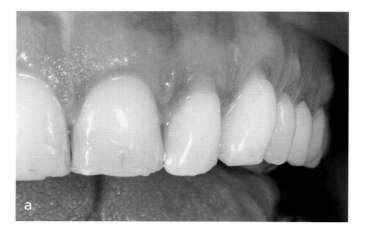

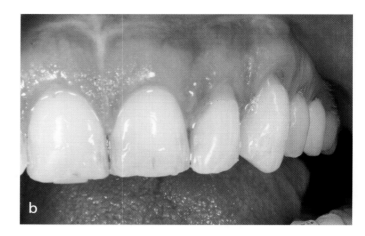

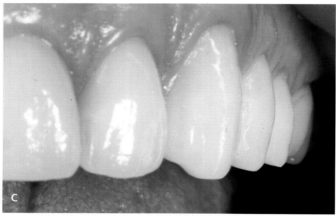

Abb. 5-26 a bis c: Progressive Korrektur des Linienverlaufs von vorne nach hinten nach Festlegung der vorderen Okklusionsebene.

zweiten Prämolaren erfasst und zerstört hat bzw. wenn sowohl die oberen als auch die unteren Vorderzähne Abrasionserscheinungen zeigen.

Um einen fließenden Übergang zwischen der vorderen und seitlichen Okklusionsebene zu erreichen und damit der Patient sich nachher nicht über eine „reduzierte Mundbreite" beklagt und den Behandlungserfolg infrage stellt, muss der Sanierungsprozess unbedingt auf den ersten und zweiten Prämolaren ausgeweitet wer-

den (Abb. 5-26). Der Effekt abrupter Übergänge auf die Ästhetik des Lächelns ist aus der Nähe nicht sichtbar, sondern zeigt sich erst ab einer gewissen Entfernung, wenn die perspektivischen Phänomene wirksam werden (Abb. 5-27).

Der therapeutische Ansatz zur Sanierung des oberen Frontzahnsegments ändert nichts an der Tatsache, dass dem Betrachter die dentofaziale Balance (d. h. das Gewicht der dentofazialen Komposition) stets als erstes ins

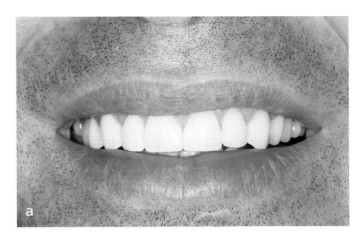

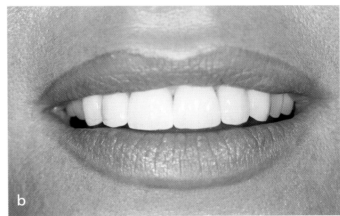

Abb. 5-27 a und b: Wird gegen die Diskrepanz zwischen vorderer und seitlicher Okklusionsebene nichts unternommen, so empfindet der Patient dies als eine Mundverschmalerung. Aus einer gewissen Entfernung betrachtet, geht der Linienverlauf nach einer (a) oder zwei (b) Seiten hin unvermittelt in einen Schatten über.

Auge springt. Wie weit der Sanierungsprozess ausgedehnt wird, ändert nichts an den Indikationen für das Absenken der nach Muskeltonusverlust in den unteren Abschnitt der dentofazialen Fläche vorgedrungenen Zahnreihe. Die geplante Teilsanierung des oberen Frontzahnbereichs muss jedoch sehr häufig seitlich ausgeweitet werden, um die vordere und die seitlichen Okklusionsebenen harmonisch miteinander zu verbinden (Abb. 5-28).

Diesem Rekonturieren der unteren Zähne sind jedoch sehr enge Grenzen gesetzt, wenn wir das ethische Gebot, dass gesunde Strukturen zu erhalten sind, ernst nehmen.

Indem wir also zu Beginn des Sanierungsprozesses unser Augenmerk zunächst auf das dentofaziale Gleichgewicht richten, schaffen wir die Voraussetzung, den Zahnersatz mit entsprechenden rhythmisch-ästhetischen Qualitäten in die faziale Komposition zu inte-

231

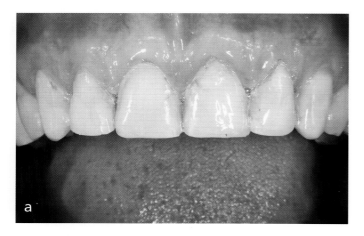

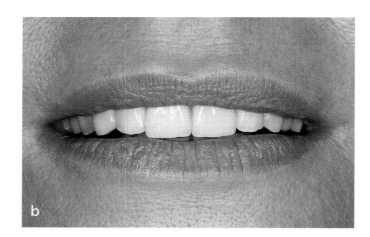

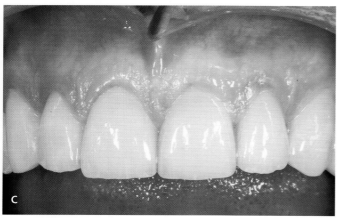

Abb. 5-28 a bis c: (a) Dieser temporär restaurierte Frontzahnbereich zeigt eine deutlichen Diskrepanz im Bereich der Eckzähne und Prämolaren. (b) In der definitiven Komposition wurde dies korrigiert, sodass (c) der Betrachter unabhängig von seiner Entfernung die seitlichen Linienverläufe fließend erkennen kann.

grieren. Wie wir gesehen haben, müssen – da bei jedem Behandlungskonzept die funktionalen über die ästhetischen Anforderungen zu stellen sind – gleichzeitig mit der unteren vorderen Okklusionsebene auch statische und dynamische Funktionsparameter bearbeitet werden. Dieser konstruktivistische Ansatz schafft ein Gefühl der Solidität und entspricht der menschlichen Vorliebe für mathematische Ordnung. Nun können wir uns auf die Herstellung und ästhetische Ausgestaltung der einzelnen Zähne konzentrieren. (Abb. 5-29).

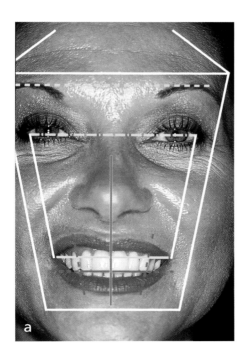

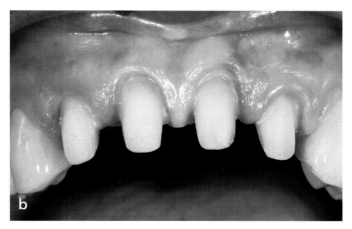

Abb. 5-29 a und b: Nachdem der untere Frontzahnbereich sowie der obere und untere Seitenzahnbereich fertig aufgebaut wurden, sind nur noch die Vorderzähne selbst, deren morphologisches und räumliches Erscheinungsbild bereits während der provisorischen Versorgung sukzessive verfeinert wurde, einfach im Labor zu duplizieren und in die Komposition zu integrieren.

Integration des oberen Frontzahnbereichs

Festlegen der Zahnformen

Ästhetik in der Zahnheilkunde bedeutet nicht nur, einen Zahn wiederherzustellen, sondern er muss auch naturgetreu in seine Umgebung (Zahnhalteapparat, Okklusion, periorale Strukturen) integriert werden. Da die Eigenschaften Charakteristik des Zahns bzw. der Zahnreihen naturgemäß vom ästhetischen Wesen dieser Strukturen bestimmt werden, muss der Zahnarzt, der sich für eine bestimmte Zahnform entscheidet, dieses Wesen auch begreifen.

Der Zusammenhang zwischen diesen verschiedenen Faktoren beruht auf einer ästhetischen Logik, die dem Leitsatz „Formen schaffen Beziehungen, Beziehungen schaffen Formen" unterliegt. Die Zahnform ist integraler Bestandteil eines relationalen Systems und von Natur aus vorgegeben. Der Aufbau des Zahnhalteapparats bestimmt und wird bestimmt vom Wesen und Erscheinungsbild der dentogingivalen Beziehungen, die ihrerseits die Zahnform an der Schmelzzementgrenze festlegen.

Bei der klinischen Präparation des mittleren Schneidezahns, der den Blickfang unserer Komposition darstellen wird, bleibt die Zahnkonturierung auf die Linie der parodontalen und interokklusalen Beziehungen beschränkt (Abb. 5-30). In der Frontal- und Sagittalebene folgt dieser Linienverlauf der Gingiva hinauf bis zur Spitze der Interdentalpapille, die auf den darüberliegenden

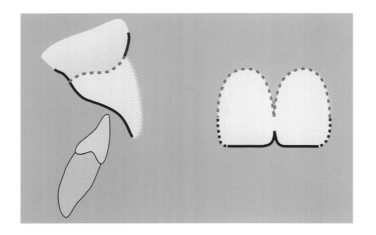

Abb. 5-30: Das Erscheinungsbild der oberen Vorderzähne ist durch parodontale, dentofaziale und faziale Faktoren funktionaler und ästhetischer Art geprägt. Zunächst fließen die gingivalen und funktionalen relationalen Linienverläufe in das morphologische Erscheinungsbild des künftigen oberen Schneidezahns ein. Die Charakteristik der Schneidekanten und mesialen Winkel ergibt sich aus deren enger Verbindung zum Erscheinungsbild der Unterlippe, während die distalen Wölbungen und Zahnwinkel den fazialen Strukturen entsprechend geformt sein werden.

Kontaktpunkt zeigt. Die dynamischen und statischen Aspekte des Schließens der Zahnreihen skizzieren wiederum in der Sagittalebene die linguale Zahnmorphologie. Da dieser Abschnitt des Linienverlaufs keine geeigneten intraoralen Bezugspunkte enthält, müssen wir uns zur Fertigstellung des Aufbaus an die perioralen und fazialen Strukturen halten.

Entsprechende Bezugspunkte können wir etwa dem anatomischen Aufbau der Unterlippe – insbesondere dem Verlauf ihrer vertikalen Dicke und oberen Randzeichnung – entnehmen. Diese Parameter geben nicht nur Aufschluss über die räumliche Position der oberen Zahnreihe, sondern auch über das Erscheinungsbild der Schneidekanten und interinzisalen Winkel. Die Besonderheiten der Unterlippe untersuchen wir am besten in der Ruheposition, in der von den Mundwinkeln ausgehend eine leichte, einem Viertel der normalen Lächelbreite entsprechende Zugspannung auf das weiche Gewebe wirkt. Aus den subtilen anatomischen Merkmalen, die in dieser Ruheposition im Zentrum des oberen Unterlippenverlaufs wahrzunehmen sind, können wir Erkenntnisse über die Charakteristik des interden-

talen inzisalen Raums und des inzisalen Linienverlaufs gewinnen.

Nachdem die Schneidekanten (gerade oder konvex) sowie die mesialen inzisalen Winkel festgelegt wurden, fehlt nun noch die Charakteristik der distalen Zahnwinkel, um die Zahnkontur zu vervollständigen.

Da in der unmittelbaren Nähe keine prägnanten anatomischen Merkmale vorhanden sind, können uns bestimmte anatomische Merkpunkte der fazialen Komposition wertvolle Anhaltspunkte liefern. Zieht man beispielsweise eine Linie vom seitlichen Stirnhöcker zum Jochvorsprung und weiter bis zum Unterkieferwinkel, so ergibt sich ein Verlauf, der – umgedreht und entsprechend verkleinert – die distale Kontur und den distalen Winkel des mittleren Schneidezahns vorwegnimmt (Abb. 5-30).

Eine Linie also, die bei mehr oder weniger offenen bzw. geschlossenen Augen vom Stirnhöcker zum Jochvorsprung gezogen wird, entspricht dem distalen Winkel des oberen mittleren Schneidezahns, d. h. eine gerade Linie verlangt einen eckigen Winkelverlauf, und gekrümmte Linien verlangen entsprechend rundere Winkel. Der aus der Frontperspektive wahrnehmbare Linienverlauf vom Jochvorsprung zum Unterkieferwinkel entspricht im großen den Variationen und Krümmungen der distalen Zahnkontur.

Diese Faktoren der Charakterentsprechung lassen sich bei den meisten Menschen leicht nachvollziehen. Gelegentliche Abweichungen können an der prinzipiellen Richtigkeit dieser Beobachtungen nichts ändern.

Räumliche Zahnposition

Bei einem Viertel der normalen Lächelbreite, wenn der Mund bei ruhendem Unterkiefer leicht geöffnet und das Lippengewebe einer leichten seitlichen Zugspannung ausgesetzt ist, können wir dem Erscheinungsbild der Unterlippe grundlegende Informationen zur Position der Zähne in der Sagittal- und Frontalebene entnehmen. Dieses „Spannungszentrum" ist zusammen mit den dentogingivalen und interokklusalen Relationen das abschließende Kriterium für die ästhetische Position der Zähne.

Für die dentofaziale Ästhetik sind diese dental-perioralen Beziehungen deshalb so wichtig, weil die Lippenstrukturen ihrem Wesen nach unverändert bleiben, während sich die fazialen Weichgewebe im Laufe der Jahre fortschreitend verändern. Wenn die ursprünglichen Okklusions- und parodontalen Relationen durch pathologische Prozesse unkenntlich gemacht sind, kann nur noch das Erscheinungsbild der Lippe die richtige räumliche Position der Zähne andeuten. Es muss jedoch betont werden, dass zur genauen Bestimmung dieser für die dental-perioralen Beziehungen maßgeblichen Bezugspunkte viel Geduld und wiederholte Untersuchungen erforderlich sind.

Dabei zeigt sich, dass lokale Vorsprünge am oberen Unterlippenrand stets mit einer verlängerten bzw. stärker bukkal geneigten und Vertiefungen mit einer verkürz-

ten bzw. stärker lingual geneigten Zahnposition einhergehen. Dies gilt für die seitlichen ebenso wie für die oberen mittleren Schneidezähne. Je höher das Zahn-Gingiva-Niveau, umso stärker ist der Zahn bukkal geneigt und umso kürzer erscheint er in der Vertikalebene. Umgekehrt ist, je länger der Zahn in der Vertikalebene erscheint, das Zahn-Gingiva-Niveau umso tiefer und die sagittale Neigung umso lingualer. Als Fazit dieser Beobachtungen sind Zahn-Gingiva-Niveau, Zahnposition und dental-labiale Relationen in der dentofazialen Ästhetik untrennbar miteinander verbunden.

Mancherorts wird die These vertreten, dass für eine ästhetisch ansprechende Front der Gingivasaum beim mittleren Schneidezahn und Eckzahn hoch, beim seitlichen Schneidezahn hingegen niedrig angesetzt werden muss. Dieser Gedanke sollte jedoch nicht unkritisch übernommen werden und ist auch im Hinblick auf die natürliche Zahnanordnung zu relativieren. Eine ästhetisch ansprechende Front lässt sich nämlich auch dann erzielen, wenn der Gingivasaum bei den seitlichen Schneidezähnen höher liegt als bei den mittleren Schneidezähnen und Eckzähnen bzw. wenn die sagittale Zahnneigung und dentolabialen Relationen mit abweichenden Gingivaverhältnissen verbunden sind. Umso wichtiger ist es, dass wir diese Parameter eingehend analysieren und anhand von Studienmodellen Bogenform und Platzangebot untersuchen, da diese wesentlich über Stellung oder Fehlstellung des Zahns entscheiden.

Das Platzangebot ist überhaupt der zentrale Faktor schlechthin, da der Zahn spezifische ästhetische Beziehungen zur Lippenmorphologie unterhält. Diese mannigfaltigen Parameter korrekt einzuschätzen und umzusetzen, stellt für den nach ästhetischer Perfektion strebenden Zahnarzt eine permanente Herausforderung dar (Abb. 5-31 bis 5-33).

235

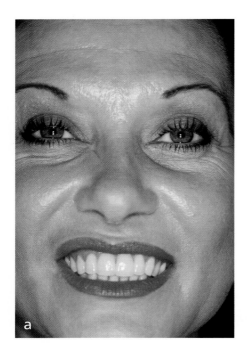

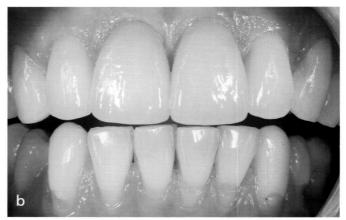

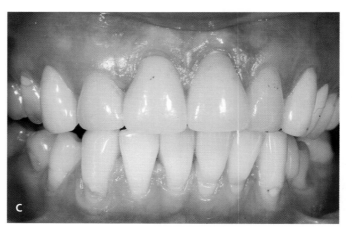

Abb. 5-31 a bis c: (a) Definitive faziale Komposition (b) nach Aufbau des oberen Frontzahnbereichs, dessen (c) morphologisches Erscheinungsbild und räumliche Zahnanordnung den angebundenen fazialen Strukturen besser entspricht als der vorherige Zahnersatz.

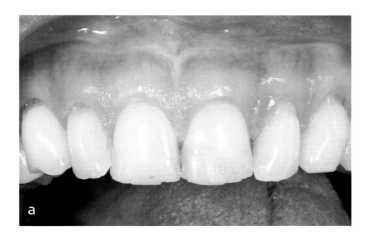

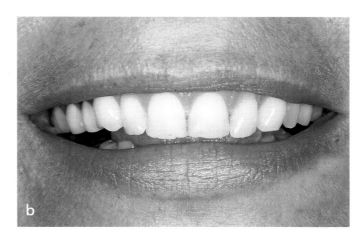

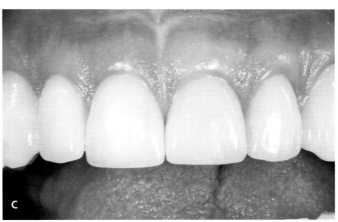

Abb. 5-32 a bis c: (a) Dentale Komposition mit stark fortge-schrittener Abrasion. (b) Beim Lächeln erscheint die Zahn-anordnung gestört; das sichtbare gingivale Gewebe ist unästhetisch. (c) Die Zähne im Oberkiefer wurden entspre-chend den Gesichtsparametern (distaler Winkel und Krüm-mung) der Gingivakontur angepasst, die durch die par-odontologische Elongation entstanden ist, und zum Verlauf der Unterlippe mit Elongation des oberen rechten mittleren Schneidezahns in Beziehung gesetzt. Dies lenkt die Auf-merksamkeit auf die Unterlippe. (d) Beim Lächeln reflektiert die Komposition die natürliche Integration ihrer Elemente: Einheit in der Vielfalt.

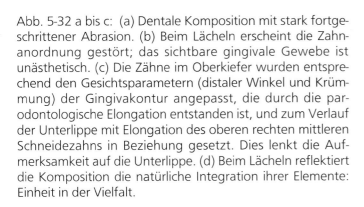

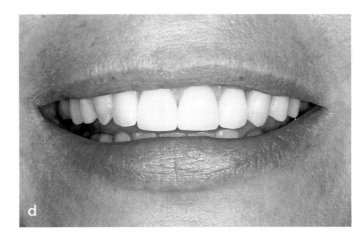

237

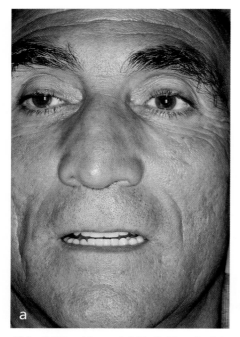

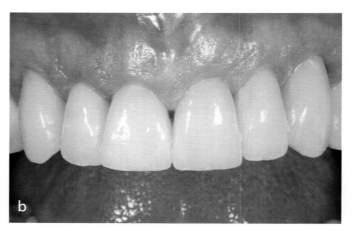

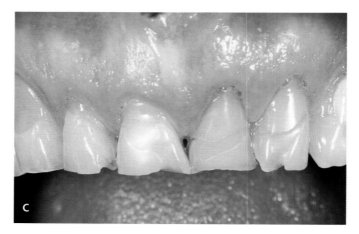

Abb. 5-33 a bis c: (a) Definitive faziale Komposition nach Vollsanierung, die als gescheitert gelten muss, weil die Breitenverhältnisse im Unterkiefer nicht stimmen. (b) Die oberen mittleren Schneidezähne mit rechten distalen Winkeln und geraden distalen Kanten entsprechen den fazialen Parametern. (c) Klinische Ausgangssituation.

Funktionale Integration des oberen Frontzahnbereichs

Der ästhetische Aufbau der oberen Schneidezähne soll seinem Wesen nach unterschiedliche Elemente wie den Zahnhalteapparat, die Zähne im Gegenkiefer sowie die perioralen Strukturen ästhetisch zusammenführen und die ästhetischen Reaktionskette „Formen schaffen Beziehungen, Beziehungen schaffen Formen" wiederherstellen. Die definitive Eingliederung der oberen Schneidezähne kann niemals am Beginn, sondern immer nur

am Ende der Sanierung stehen, nachdem die Integration in die faziale Geometrie und das faziale Liniensystem feststeht und jene Elemente, deren rhythmische Eigenschaften aufgrund ihre optischen Gewichts am auffälligsten sein dürften, entsprechend organisiert wurden. Erinnern wir uns auch, dass die Okklusionsebene des unteren Frontzahnbereichs, die Beziehungen der unteren Vorderzähne zu den interokklusalen Relationen und Okklusionsebenen im Seitenzahnbereich sowie die Okklusionsebene des oberen Frontzahnbereichs (d. h. die Eckzahnverbindungslinie) zu diesem Zeitpunkt bereits festgelegt sind. Das morphologische und räumliche Er-

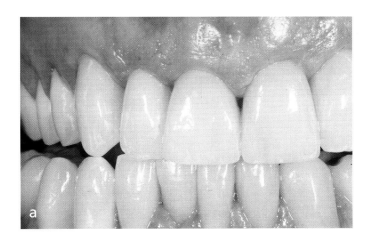
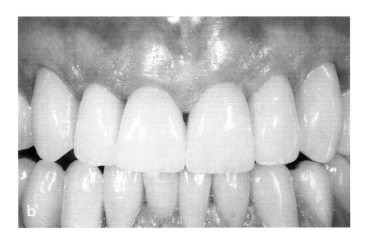
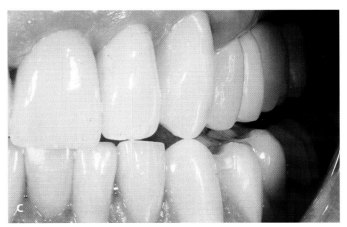

Abb. 5-34 a bis c: Kontrollierte seitliche interokklusale Freiräume bei exzentrischer Okklusion. (a) rechts, (b) protrusiv und (c) links.

scheinungsbild der Vorderzähne selbst wurde im Verlauf dieses Sanierungsprozesses sukzessiv auf die umliegenden Strukturen abgestimmt.

Diese Parameter müssen nunmehr lediglich dupliziert werden, was an sich einfach ist, aber Präzision erfordert. Der Zahntechniker muss den materiellen Aspekt der Sanierung kreativ ausarbeiten und eine möglichst steile Schneidezahnführung erzielen, ohne dabei das Öffnen und Schließen der Zahnreihen zu behindern. Die konkave linguale Fläche des oberen Zahns ist so zu modellieren, dass sie sich harmonisch an die Zahnoberfläche des Antagonisten anpasst, wobei abgeflachte Bereiche, die den Zahnersatz für ablenkende Interferenzen anfällig machen, zugunsten von natürlichen parabolischen Verläufen zu vermeiden sind.

Wegen der geringen Festigkeit der meisten Materialien, die heute zum ästhetischen Aufbau verwendet werden, sollten nach dem Einkleben des Porzellanersatzes die Möglichkeit von ablenkenden Interferenzen beim Öffnen und Schließen der Zahnreihen sowie die seitlichen interokklusalen Freiräume in exzentrischer Okklusion kontrolliert werden (Abb. 5-34). Dies ist der letzte Schritt eines Sanierungskonzepts, das den ästhetischen und funktionalen Aspekt der Prothetik zu einem stimmigen Ganzen zusammenführt.

Abschließende Überlegungen

Der einzige Daseinszweck von Formen besteht im Schaffen von Zusammenhängen. In der wissenschaftlichen Auseinandersetzung mit Ästhetik erfassen wir das Wesen dieser Zusammenhänge und etablieren ein System von dynamischen Beziehungen zwischen geraden und gekrümmten Linien und Formen, deren Zahl ins Unendliche geht und die eine spezifische Resonanz herstellen.

Ein bewusster ästhetischer Aufbau basiert auf dem Festlegen dynamischer Punkte auf einer geordneten geometrischen Fläche. Dadurch etablieren wir zwischen den mannigfaltigen Formen und zwischen ihnen und dem ästhetischen Rahmen eine Rhythmik aus wechselseitigen Zusammenhängen, die eine permanente Aktivität von Auge und Geist erfordern und als dynamisches Gleichgewicht definiert werden können.

Wenn die Zahnheilkunde der dentofazialen Ästhetik und dem Wohlbefinden des Patienten dienen soll, so müssen wir diese Dynamik wahrnehmen und umsetzen.

Kreative Ästhetik vermittelt durch die Wahrnehmung des Wesens von Formen und Zusammenhängen einen Gefühlswert. Die dentofaziale Ästhetik greift diese Definitionen auf und reagiert auf dieselben Grundsätze. Mit der in diesem Buch vorgeschlagenen Untersuchung einiger Elemente der dynamischen Resonanz und eines sequenziellen ästhetischen Aufbaus dieser Elemente im täglichen Routinebetrieb haben wir versucht, die Hindernisse, die ein umfassendes ästhetische Wissen in der Zahnheilkunde bislang verhindert haben, aus dem Weg zu räumen.

Literatur

Ackerman F. Le Mécanisme des Mâchoires. Paris: Masson & Cie, 1933.

Bauer A, Gutowski A. Gnathologie. Einführung in Theorie und Praxis. Berlin: Quintessenz, 1975.

Fradeani M, Bottachian R, Tracey T, Parma-Benfenati S, Stein J, de Paoli S. The restoration of functional occlusion and esthetics. Int J Periodontics Restorative Dent 1992;12: 63–71.

Goldstein RE. Change Your Smile. Chicago: Quintessence, 1984.

Hulsey CM. An esthetic evaluation of lip-teeth relationships present in the smile. Am J Orthod 1970;57:132–144.

Lorgnes C. Les proportions du corps humain d'après les traités du Moyen Age et de la Renaissance. L'Information d'Histoire de l'Art Mai-Juin 1968.

Lucia VO. Modern Gnathological Concepts. St Louis: Mosby, 1961.

Lucia VO. Principles of Articulation. Dent Clin North Am 1979;23:199–211.

Mack MR. Vertical dimension: dynamic concept. J Prosthet Dent 1991;68:479–486.

Magne P, Magne M, Belser U. The diagnostic template: A key element to the comprehensive esthetic treatment concept. Int J Periodontics Restorative Dent 1996;16: 561–569.

Martone AL, Edwards LF. Anatomy of the mouth and related structures. Part I. The face. J Prosthet Dent 1961;11 : 1009–1018.

Matthews. The anatomy of a smile. J Prosthet Dent 1978; 39:128–134.

Monteith BD. Evaluation of a cephalometric method of occlusal plane orientation for complete dentures. J Prosthet Dent 1986;55:64–70.

Morchio S. Choix des dents artificielles: Les cinq composantes de l'harmonie. Prosth Dent 1996;116:29–35.

Peck S, Peck H. A concept of facial esthetics. Angle Orthod 1970;40:284–318.

Schäffer H, Richter M. Functional preprosthetic orthodontic and prosthetic reconstruction with resin-bonded fixed partial dentures. Int J Periodontics Restorative Dent 1991;11:127–148.

Shawell HM. The art and science of complete-mouth occlusal reconstruction: A case report. Int J Periodontics Restorative Dent 1991;11:439–458.

Shawell HM. The bioesthetics of complete porcelain occlusal rehabilitation. Int J Periodontics Restorative Dent 1990; 10:257–279.

Sicher H. Temporomandibular articulation in mandibular overclosure. J Am Dent Assoc 1948;36:131–137.

Silverman MM. Occlusion in Prosthodontics and in the Natural Dentition. Washington: Mutual, 1962.

Stewart Bruce. Restoration of the severely worn dentition using a systematized approach for a predictable prognosis. Int J Periodontics Restorative Dent 1998;18: 47–56.

Tjan AHL, Miller GD. Some esthetic factors in smile. J Prosthet Dent 1984;51:24–28.

Tweed CH. The diagnostic facial triangle in the control of treatment objectives. Am J Orthod 1969;55:651–657.

Zaffagnini I. Saggi di Estetica. Parma: Pratiche, 1999.

Zide MF. Evaluation of facial esthetics. JDC Dent Soc 1981; 55:27–40.

Sachregister

Fundstellen mit besonders wichtigen Definitionen sind durch **Fettdruck** hervorgehoben.